잘란잘란 말레이시아

잘란잘란 말레이시아

1판 1쇄 인쇄 2018년 4월 26일
1판 1쇄 발행 2018년 5월 3일

지은이   장우혜
펴낸이   장보혜, 장우혜
펴낸곳   도서출판 야호

등록   2018년 4월 3일(제2018-097호)
주소   서울시 강남구 광평로51길 22, 101-504
연락처   yaaho.books@gmail.com
편집   장우혜
인쇄   (주)신사고하이테크
ISBN   979-11-963626-0-7 (03980)

ⓒ 장우혜, 2018

이 도서의 국립중앙도서관 출판예정도서목록(CIP)은 서지정보유통지원시스템 홈페이지(http://seoji.nl.go.kr)와 국가자료공동목록시스템(http://www.nl.go.kr/kolisnet)에서 이용하실 수 있습니다.(CIP제어번호: CIP2018011703)

잘란잘란 말레이시아

Jalan-Jalan Malaysia

쿠알라룸푸르에 둥지를 틀고 말레이시아를 산책하다.

*잘란은 '길', 잘란잘란은 '산책하기'라는 뜻

글과 사진 장우혜

도서출판 야호

여는 글

"한국에서 사십 년 살았으면 충분하잖아? 다음 사십 년은 말레이시아에서 해볼 거야!"

친구가 이민을 결정하고 이렇게 말했을 때 박수가 절로 터졌다. 한국보다 물가가 낮지만 경제 전망이 밝아 사업하기에 유리하고, 따뜻한 기후는 부모님을 모시기에 좋다며 친구는 말레이시아를 선택했다. 그녀를 만나려고 떠나면서 나도 말레이시아와 인연을 맺게 되었다. 이 나라를 처음 방문했던 해에는 친구의 민박 일을 도우면서 쿠알라룸푸르에 한동안 머물었고, 그 이듬해 미처 가보지 못한 다른 지역을 여행하기 위해서 다시 그곳에 돌아갔다.

말레이시아에 있는 동안 나는 거의 매일 거리로 나섰다. 그럴 수 있었던 이유는, 맛있는 음식과 경계심 없는 현지인들 때문이었다. 말레이시아는 말레이인, 중국인, 인도인이 함께 사는 나라다. 다름에 익숙한 말레이시아 사람들은 이방인에게도 관대한 편이다. 먼저 말을 건네고 웃어주는 그들 덕분에 여행자는 혼자여도 심심할 틈이 없다. 텔레비전을 틀면 말레이어, 중국어, 타밀어에 아랍어가 쏟아지고 종종 한국 드라마도 방영되는가 하면, 현실에서는 영어가 통용되어 여행하는 데 불편함이 적다. 말레이시아 사람들은 민족에 따라 종교는 물론 먹는 것까지 조금씩 다른데, 음식 종류가 다양하면서 값도 싸니 여행자에겐 천국과 같다. 아침에는 카레에 빵을 찍어 먹고 점심은 코코넛 향이 가득한 밥을 먹었으니 저녁은 중국식 샤부샤부다. 낮에는 이슬람이나 힌두, 혹은 중국 사원을 돌아보고 저녁이면 다국적 여행자들과 잔을 부딪친다. 민족·언어·종교·음식·생활양식 중 어떤 것도 하나에만 머물지 않는 곳이 말레이시아다.

이런 다민족 사회의 배경에는 지리적 조건이 큰 몫을 했다. 말레이시아 영토는 말레이반도와 보르네오섬 북부로 이뤄진다. 그중 말레이반도와 인도네시아 수마트라섬을 가르는 믈라까 해협은 유럽과 아시아를 잇는 길목에 있어 일찍부터 유럽의 관심을 받았다. 이 해협의 무역을 주름잡던 믈라까 왕국은 16세기 초반 포르투갈에 점령되었고, 그 후 이 지역은 네덜란드와 영국의 지배를 차례로 받았다. 그중 영국은 믈라까 해협을 포함한 말레이반도와 보르네오섬 북부를 차지하고, 고무·주석 산업과 더불어 무역에 열중했으며 농장이나 광산에서 일할 중국인과 인도인의 이주를 장려했다. 이 두 민족은 20세기 중반 말레이시아 국가 성립 후에도 그대로 남아 선주민인 말레이인과 더불어 현재 인구를 구성하게 되었다. 하지만 여러 민족이 한 테두리에서 같이 사는 일은 쉽지 않았다. 민족 갈등은 독립 후 얼마 되지 않아 유혈 충돌 사태로 번졌으며 사회 통합의 걸림돌이 되고 있다. 이에 말레이시아 정부는 사회 안정을 위한 명목으로 선주민인 말레이인을 우선한 정책을 고수하는 한편, 경제 성장을 통해 부의 분배를 약속하고 있다. 말레이시아는 고무·주석·천연가스·팜유 같은 천연자원을 바탕으로 제조업과 관광 및 금융 산업이 발달했으며, 주변 나라에서 많은 노동자가 찾아올 정도로 경제적 안정을 이뤘다. 전체 노동력의 오 분의 일을 이루는 외국인 노동자뿐만 아니라 세계 각국에서 온 유학생과 관광객까지 더해 말레이시아의 국제적인 양상은 더욱 강해지고 있다.

사실 처음 말레이시아에 갔을 때, 내가 이 나라에 대해 아는 거라곤 고무와 주석뿐이었다. 체류 기간이 길어지면서 궁금한 점이 생기기 시작했다. 어쩌다가 세 민족이 함께 살게 되었을까? 언제부터 그렇게 된 거지? 왜 말레이시아 사람들은 식민국이었던 영국에 대한 악감정이 없을까? 식당이나 호텔 직원 중엔 왜 이렇게 외국인이 많고, 식당 운영에 있어 민족 구분이 확실한 이유는 뭘까? 무슬림 여자들은 왜 머리카락과 귀를 가려야 하지? 이런 날씨에 옷으로 팔다리를 다 가리면 너무 덥지 않을까? 이 나라 사람들은 어쩜 이렇게 슬슬 말도 잘 건네고 잘 웃을까? 이런 두서없는 질문에 대한 해답은 그곳에 머무는 동안 현지인 친구들과 그들의 가족 혹은 책과 인터넷을 통해 얻었고, 그것을 글로 풀어 이 책이 되었다.

본문은 크게 다섯 장으로 나뉜다. 말레이시아에서 가장 오랜 시간을 보낸 쿠알라룸푸르에서의 경험을 중심으로 내용이 전개

되며, 전체 흐름에 시간순서는 크게 고려하지 않았다. 1장 <여행의 시작>은 다문화 사회를 인식하면서 말레이시아에 적응하는 과정을 담는다. 2장 <수도와 사람>에서는 쿠알라룸푸르의 주요 명소와 그곳에서 만난 이들을 소개하며, 3장 <종교와 생활> 편은 민족에 따른 종교와 기념일, 의생활과 언어를 다룬다. 4장 <음식과 시장>은 민족별 음식 문화와 열대과일 및 쿠알라룸푸르의 재래시장을 안내하고, 마지막 5장 <자연과 산책>에서는 쿠알라룸푸르의 산과 공원 및 기타 말레이시아 지역을 이야기한다.

무엇보다 나의 관심은 먹거리와 시장, 그리고 사람에 있었다. 적어도 하루 한 끼는 외식했지만 가격이 비싸지 않아 부담이 적었고, 상인이나 점원, 혹은 우연히 식당에서 옆자리에 앉은 사람과의 한두 마디 대화가 즐겁기도 했다. 뜨겁게 달아오른 거리를 산책하듯이 거니는 게 나의 일이었고 종일 땀에 흠뻑 젖어 돌아다녀도 기분이 좋았다. 저녁이면 찬물에 샤워한 뒤 옷을 갈아입고 앉아서 열대과일을 골라 먹는 재미를 알았기 때문이다. 맛있는 음식을 실컷 즐기다가 으스스한 냉방 기운과 건물 사이의 뜨거운 공기가 지겨워지면 열대우림을 찾았다. 너무 깊이 빠져드는 것 아닌가 하는 우려도 있었고 집에 돌아갈 날짜를 걱정하기도 했다. 그래도 해가 뜨면 이런저런 고민은 베개 밑에 접어두고 다시 길을 나섰다. 그 뜨겁고 촉촉했던 열여섯 달의 기록을 이제 시작한다.

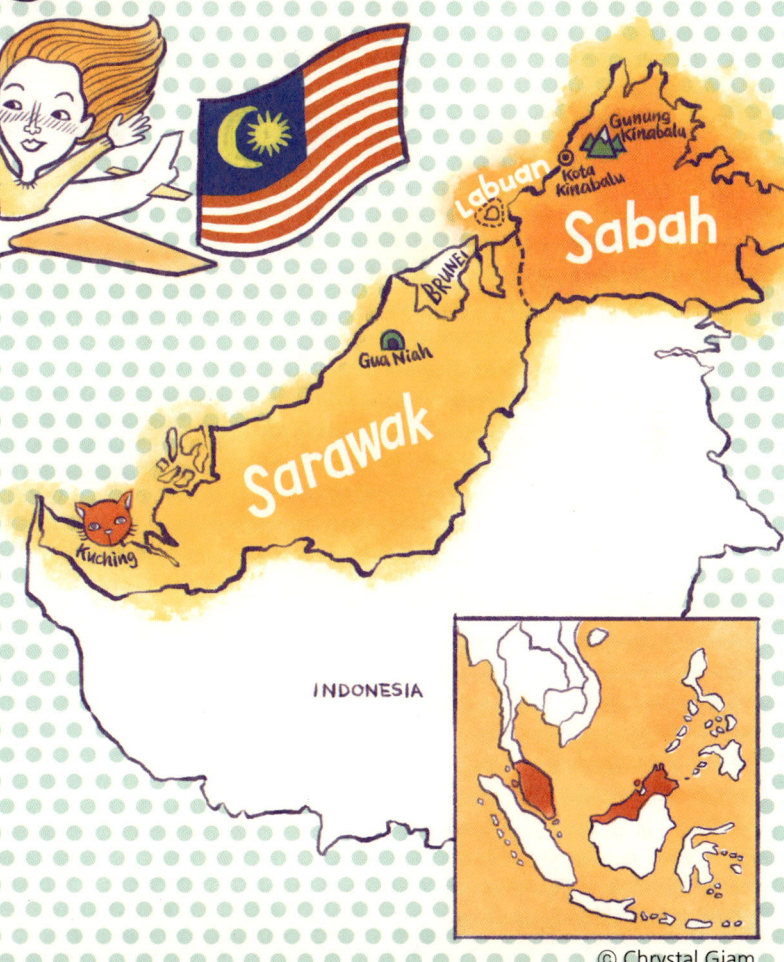

차례

	여는 글	4
여행의 시작	쿠알라룸푸르, 진흙으로 빚은 도시 /첫걸음	14
	어디에서 왔소? /민족	22
	만약 당신이 /갈등	32
	나의 뒤를 바라봐준 그대가 있어 /만남	40
수도와 사람	그래도 젓가락은 여전히 /차이나타운	52
	말이 전부가 아니기에 /르부 푸두	60
	알고 보니 속속들이 /브릭필즈	68
	세상에 흥미를 잃지 않은 눈으로 /케이엘센트럴	78
	따로 그리고 함께 사는 말레이시아 /깜뽕바루	86
	누구나 주인공이 되는 /케이엘씨씨	98
	별이 빛나는 언덕 /부낏빈땅	108
종교와 생활	여행의 방법 /공연	120
	기억할 것, 그리고 기회를 노려 즐길 것 /기념일	126
	취하지 않는 말레이시아 /라마단과 할랄	132
	흑백사진으로 설명할 수 없는 나라 /전통 옷	142
	수다 마깐? 밥 먹었어요? /말레이어	154

음식과 시장	부드럽고 새콤하게 /뇨냐 음식	170
	마막 갈까? /인도 음식	184
	말레이시아 로작이에요! /말레이 음식	202
	마깐 라! /중국 음식	218
	탐스러운 선물 /열대과일	236
	먹고 떠들고 꼬이고 혹하고 /재래시장	258
자연과 산책	땅에 내려앉는 첫 햇살 /쿠알라룸푸르 등산	276
	끊임없이 끌어안고 /쿠알라룸푸르 공원	290
	잘란잘란 짜리 마깐 /끌랑과 믈라까 외	304
	나비처럼 팔랑팔랑 /삐낭과 랑까위	316
	이끼 숲과 안내인, 그리고 딸기 /캐머론하일랜드	328
	행동만이 변화를 /플랜테이션	336
	야생이 덮고 덮친 /따만느가라	346
	평화의 순간 /꼬따끼나발루	356
	아이처럼 숨김없이 /말레이반도 동부	366
	닫는 글	380
	참고문헌	384

일러두기

이 책은 지구라는별[Earth Star Publications 한국어 임프린트] 출판사에서 2017년에 출간된 책을 재출간한 것이다.

본문의 말레이어 표기는 가능한 현지어에 가깝게 적었다.
단, 쿠알라룸푸르처럼 널리 알려진 단어는 외래어표기법을 따랐다.

여행의 시작

쿠알라룸푸르,
진흙으로
빚은 도시 |첫걸음

가벼운 옷으로 갈아입고 침대에 누웠다. 천장에 달린 선풍기 바람이 훅훅 더운 공기를 가른다. 창밖 수영장에서 인공폭포가 거친 소리를 내지만 시원한 감은 없다. 깜박 잠이 들었나 보다. 난간 위를 불안하게 걷는 꿈을 꾸다가 숨을 몰아쉬면서 눈을 떴다. 더위와 소음에 짓눌려 여기가 어딘지 잠시 헤매는데, 창을 뚫고 쏟아지는 빛이 꿈 깨란다. 그렇지. 여긴 말레이시아 수도 쿠알라룸푸르. 난 지금 친구가 내어 준 방에 누워있다.

첫 외출에 앞서 입고 온 낡은 바지의 두 다리를 잘랐다. 지금껏 시도한 적 없던 짧은 길이다. 후후, 여행인데 이 정도는 괜찮겠지. 햇볕을 받은 허벅지가 쑥스럽지만 몸은 한껏 가벼워진 기분이다. 그런데 막상 밖에 나가보니 짧은 바지를 입은 사람은 많지 않다. 오래 살던 더위에도 적응되어 그런가 싶다. 새벽 비행기를 타고 오느라 잠을 설쳤기 때문인지, 아니면 날이 더워서인지 금세 지친다. 앉아서 쉴만한 데 없을까? 음식점 말고, 스타벅스 말고, 현지 냄새가 나면서 그럴싸한 카페. 흠, 잘 모르겠다. 하나같이 동네 식당 정도로 보인다. 어쩔까 고민하다가 승천이라도 할 듯이 김을 뿜는 한 식당에 들어간다. 식당은 벽도 창문도 없이 활짝 트였고, 벽 위쪽에 붙어 있는 냉방장치에서 하얀 김이 쏟아진다. 메뉴판에서 제일 먼저 눈에 띄는 것은 'Kopi-O'다. 코피라······. 커피겠구나. 그런데 'O'는 무슨 뜻일까? 그 밑에 'Kopi Susu'나 'Kopi Kosong' 같은 것도 적혀있다. 역시 코피 오가 제일 기본으로 보이지만 그래도 자신이 없어서 코피 주세요, 하고 얼버무린다. 잠시 후 두꺼운 유리잔에 담아 나온 커피는 매우 달다. 마치 커피라는 음료를 처음 마시듯 까맣고 뜨거운 액체를 바라본다. '평범'한 카페 찾기가 이렇게 어려워서야!

나중에 안 사실이지만, 사람이 붐비는 곳이라면 쿠알라룸푸르에도 내가 익히 알던 커피전문점이 흔하다. 정말 있어야 하는데 없는 것은 분위기 좋은 카페가 아니라 내 머리 속의 현지 정보였다. 여행지에 대한 관심보다 비행기 타는 사실이 더 중요했다. 고풍스러운 건물의 카페에 앉아서 커피잔 드는 상상에만 들떴으니, 쿠알라룸푸르라는 도시의 역사가 이백 년이 채 안 된 사실도 몰랐다. 강남역에서 창덕궁 찾은 꼴, 이 도시에서 고풍은 조금 무리다.

그렇다면 나에게 가장 낯선 풍경은 무엇일까? 아마도 이 나라의 국교라는 이슬람이 아닐까? 그래서 오래된 이슬람 사원을 첫 목적지로 정했다. 독립광장에서 차이나타운을 향한 르부 빠사르브사르Lebuh Pasar Besar를 따라서 걷다 보면 다리 하나를 지난다. 다리 위에 서서 강을 거슬러 바라보니 두 개의 물줄기가 만나는 곳에 사원이 하나 있다. 1909년에 세워진 마스지드 자멕Masjid Jamek이다. 유려한 지붕을 얹고 야자수에 둘러싸인 자멕 모스크는 1965년 국립 모스크가 생기기 전까지 말레이시아의 대표 이슬람 사원이었다. 끌랑Klang강과 곰박Gombak강이 만나는 이 강어귀가 쿠알라룸푸르 역사 관광의 출발점이다. 지금은 시멘트 축대가 단단히 올려져 있지만 예전에 강 주변은 온통 진흙밭이었다고 한다. 강이 얕아져 더는 배가 올라갈 수 없는 이곳에서 물과 땅의 운송수단이 교차하며 시장이 형성되었고, 어귀(쿠알라)와 진흙(룸푸르)이라는 두 단어는 사람들 입에 오르내리며 도시 이름이 되었다. 다리 위에 섰다. 강이라지만 폭이 좁고 흙탕물이라 볼품없다. 그러나 가만히 다리 아래를 보노라니 강물이 살갗에 닿은 듯 으스스하다. 누런 물살은 한 치 속도 비치지 않고 사납게 흐른다. 비가 내리면 강물은 삽시간에 불어나 낮은 곳으로 달려들 것이다. 큰비가 오면 강이 범람하곤 했다는 사실이 실감 난다.

빠사르브사르 길을 계속 걷다 보면, 'Jalan Hang Kasturi'와 'Jalan Tun H S Lee'를 지나치게 되고 'Jalan Yap Ah Loy'에 닿는다. '잘란'은 길을 뜻하는 모양이다. 그런데 무슨 길 이름이 이

렇게 길고 복잡한지. 표지판을 읽어 보려고 애쓰는데 한 아저씨가 말을 건넨다.

"쿠알라룸푸르를 만든 사람이 누군지 알아요? 바로 얍아로이에요. 여기 왔으니 이 사람을 꼭 알고 가야지, 암. 이 도시는 중국인이 세웠다는 걸 잊지 마시오!"

아저씨 말이 뜬금없지만, 주장한 김에 좀 더 얘기해보라고 부추긴다.

"쿠알라룸푸르에 주석 광산이 많았다는 건 알죠? 몰라요? 에이, 광산 개발한다고 중국인들이 정글에 투입됐는데 전염병 돌아서 많이 죽기도 했잖아. 아무튼, 그때 얍아로이는 중국인 까삐딴이었어. 캡틴! 대장 말이야. 광산 개발하고 광산 땜에 전쟁 난 것도 다 정리한 다음, 길이며 건물이며 잘 갈고 닦아서 쿠알라룸푸르를 일으킨 분이란 말씀이지."

이렇게 말하고 가슴을 슬쩍 펴는 그는 중국계로 보인다. 한 나라의 수도를 비약적으로 발전시킨 사람이 같은 민족이라니 자부심을 느낄만하다. 아저씨 말씀에 따르면 얍아로이는 매우 많은 상가와 광산을 소유했을 뿐만 아니라 질 좋은 진흙이 널린 끌랑 강가에 벽돌 공장을 세웠으며, 덕분에 홍수와 화재에 약했던 구식 건물은 벽돌로 대체되었다고 한다. 그 벽돌을 쌓아서 집을 짓고 그런 집들이 모여 도시를 키웠을 테다.

길 이름 못지않게 간판 읽기도 난관이다. 로마자 알파벳인데 잘 안 읽어진다 싶으면 말레이어고, 한자뿐만 아니라 국적을 알 수 없는 글자도 눈에 띈다. 광고 속에서 춤추는 글자들 때문인지, 고가 기둥을 도배한 광고 때문인지, 아니면 심심치 않게 등장하는 공사장 때문인지 도시 분위기가 어수선하다. 고층 건물 두어 채를 지나자 하늘 선이 쑥 꺼지며 허름한 건물이 얼굴을 내민다. 칠은 벗겨졌으나 건물을 치감은 붉은 등이 그래도 영업 중이라고 흔들리는데, 주변은 이상하리만치 한적하다.

그때다. 당땅따따당. 북 소리가 콘크리트 무리를 뚫고 날아온다. 좁은 거리 두세 개를 얼른 지나치자 한길에 사람이 바글바글하다. 춤판이 벌어졌다. 허리 높이부터 사람 키를 훌쩍 넘는 길이의 기둥 십여 개가 거리에 놓여있다. 탈을 쓴 춤꾼 둘이서 기둥을 하나씩 밟고 오른다. 중국식 사자춤이다. 아슬아슬. 춤이라기보다 곡예 수순이다. 둘이서 하나의 탈을 나눠쓰고도 실수가 없다. 저도 모르게 입을 벌린 구경꾼 표정이 하나하나 인상적이다. 무슬림 여자끼리 뭉쳐있기도 하고 피부색이 다른 이들이 귓속말을 주고받기도 한다. 저들 속에 얼마나 다양한 민족과 언어, 종교와 풍습이 뒤섞여있을까? 이민족의 힘을 빌려 개척한 도시가 나라의 수도인데 그렇다고 약탈과 정복으로 얽힌 관계는 아니라니, 한민족을 강조하는 사회에서 자란 나는 얼떨떨하다.

얍아로이의 후예가 나눠준 빵을 먹은 게 두 시간 전이다. 아저씨가 하나 더 권할 때 먹어둘 걸 아쉽다. 하지만 정말 그랬다면 정신을 잃고 어디론가 실려 갔을지도 모른다고 상상하며 자신을 달랜다. 우선 뭐라도 먹어야겠는데 쉽지 않다. 모든 음식이 맛있어 보인다. 한 간이 식당 앞쪽에 국수와 고명을 담은 그릇이 쌓여있다. 국수만 먹으면 섭섭할까봐 반찬 십여 종류가 가지런히 준비되어 있고 튀김 요리도 곁들여있다. 닭 날개와 닭 다리 튀김 사이에 놓인 주먹만 한 이름 모를 새는 발라낼 것도 없는지 통째로 튀겨냈다. 옆 가게에서는 한 남자가 기름진 반죽을 쉬지 않고 부쳐댄다. 흘끗 둘러보니 익힌 빵을 카레에 찍어 먹는 모양이다. 그 냄새가 기막히게 좋다. 뭘 먹는담? 먹고 싶은 게 많다고 다음 끼니를 미리 당겨올 수 없고 그런다 해도 위는 하나요 음식을 버릴 수도 없을 뿐더러 지갑도 얇다. 식당 골목에서 우물쭈물하다가 구경한 척하며 지나친다.

한참을 더 걸으니 잘란 뚱아Jalan Tengah라는 좁은 길이다. 고층 건물로 위압적인 큰길 풍경과 달리 아기자기한 밥차가 모여서 직장인의 도시락 문제를 해결해주고 있다. 여기다! 양복 입은 이들 틈에 끼어들어 4링깃짜리(당시 1Ringgit은 약 350원) 닭고기 볶음밥과 연두부가 둥둥 뜬 두유를 고른다. 이것이 나의 첫 말레이시아 밥이구나! 감동하려는데, 아차! 수저가 없다. 사람들은 도시락을 사서 사무실로 돌아가는 것 같다. 몇몇은 아무 데나 걸터앉아 손으로 밥을 먹는다. 오른손으로 반찬 국물에 밥을 비벼 적당히 손에 집고, 엄지손톱으로 음식을 입에 밀어 넣는다. 그들의 야무진 손놀림을 경이롭게 바라보다가 나는 아직 자신이 없어 편의점을 찾는다. 그리고 밥보다 비싼 젓가락을 모시고 KL 타워에 오른다.

높은 데서 굽어본 도시는 태양에 승복한 듯 조용하다. 춤판이 벌어졌던 그 도시 맞는가? 하긴, 남산에 오르면 서울도 얌전해지지. 서울이나 쿠알라룸푸르나 혼잡한 건 마찬가지다. 다만 서울은 천만 인구라는 숫자로, 쿠알라룸푸르는 구성원의 다양함으로 그 복잡함을 대변한다. 도시락을 푼다. 매운 양념을 입혀 기름에 바짝 튀긴 닭고기와 깍지콩, 당근, 피망을 넣고 볶은 귤빛 밥이다. 볶음밥 색깔조차 무지개구나! 젓가락 사이로 흩어지는 밥알을 집기 위해 애쓰고 쿠알라룸푸르를 향해 두유를 쳐들며 여행 첫날을 자축한다. 이야, 전망 좋다!

끌랑 전쟁과 얍아로이[1]

쿠알라룸푸르는 19세기 중반 주석 광산 개발로 시작된 젊은 도시다. 1857년 슬랑오르Selangor 주의 말레이 왕족은 광산 경험이 많은 중국인들을 이 일대에 보냈다. 주석 광산의 잠재력은 컸으나 전염병이 번지고 홍수와 화재가 잦아 상황은 열악했다. 엎친 데 덮친 격으로 광산 수익과 세금 징수권을 차지하려는 쟁탈 내전으로 치달았으니, 이를 끌랑 전쟁Klang War(혹은 Selangor War)이라고 한다. 얍아로이는 전쟁이 한창일 무렵 쿠알라룸푸르의 중국인 대표Kapitan로 임명되었다. 싸움이 극에 달한 1873년 얍아로이가 지지한 무리가 승리하면서 그의 정치적 입지도 굳어졌다. 그는 탁월한 지도력을 바탕으로 전쟁 후 황폐해진 도시를 재정비했고, 밀림 속 작은 마을을 광산 도시로 탈바꿈하는 데 성공했다. 급기야 1880년 슬랑오르의 주도는 끌랑에서 쿠알라룸푸르로 옮겨졌다.

어디에서
왔소? |민족

수영장 폭포 소리에 눈을 떴다. 밤새도록 뒤척였다. 끊이지 않는 소음을 깨고 나온 기분이다. 창문은 닫혀있는데 방 안의 공기가 살아있는 것만 같다. 새로운 곳에 왔다고 귀가 열린 것일까? 모기향이 너무 진해서 잘 못 잤는지도 모른다. 모기 물린 데도 그렇지만 물갈이하는지 팔다리가 매우 가렵다. 신경질적인 긁기를 멈추려고 책장으로 눈을 돌렸다. 말레이시아 여행안내서를 집어 들고 지도 부분을 펼쳤다.

말레이시아는 인도차이나반도에서 적도 쪽으로 길게 빠진 말레이반도와 보르네오섬 북부를 차지한다. 말레이반도 쪽을 서말레이시아, 보르네오 쪽은 동말레이시아로 부르는데, 먼 거리에도 불구하고 한 나라로 뭉친 모양이 왠지 부자연스럽다. 이는 19세기부터 20세기 중반까지 이 땅을 지배했던 영국이 남긴 결과로서, 독립 후 1965년에 이르러 현재의 국경이 완성되었다. 영국으로서는 말레이반도와 북부 보르네오를 차지함으로써 믈라까 해협을 통해 중국으로 가는 해역을 확보한 셈이니, 더 못 가져 아쉽긴 해도 마음에 드는 그림이었을 것이다.

유럽인을 동남아시아까지 이끈 것은 지리학이나 항해술의 발전과 더불어 당시 화폐 가치가 있을 만큼 귀했던 향신료와 귀금속에 대한 욕망이었다. 인도에서 수입된 향신료는 현재의 터키와 이탈리아 지역을 거치면서 가격이 급등했는데, 그 비용과 번거로움을 줄이고자 유럽 각국은 바닷길을 모색하기 시작했다. 그중에서도 가장 절실했던 나라는 대륙 끝자락에서 대서양을 마주한 포르투갈과 스페인이었다. 1499년 포르투갈의 바스쿠 다가마가 동인도 항로를 개척한 이후, 스페인·네덜란드·프랑스·영국이 잇달아 동남아시아 식민지 설립에 가담했다.[2]

당시 인도에서 남중국해로 넘어가는 가장 빠른 바닷길인 믈라까 해협의 중심은 단연 믈라까Melaka(영어 이름은 말라카Malacca)였다. 1511년 포르투갈이 믈라까 왕국을 점령한 이후 네덜란드의 지배를 거친 믈라까는 1824년에 이르러 영국의 손에 떨어졌다. 내륙에서 거둔 원료의 물자 수송에 중요한 거점인 삐낭Pinang(영어 이름은 페낭Penang)과 싱가포르, 믈라까를 모두 확보한 영국은 이 지역에 대한 직접 통치를 뜻하는 해협식민지Straits Settlements를 건설했고, 이를 기점으로 말레이반도 내륙은 물론 보르네오섬 북부까지 영향을 미친 영국 식민 시대가 열렸다.

오랜 항해 끝에 살아남은 모험가는 흙을 디딘 안도와 신대륙 발견이라는 희열에 몸을 떨었을 것이다. 하지만 인도에서 향신료를 구하고 포교하는 일이 여의치 않자 바스쿠 다가마는 무력으로 해양도시를 제압했고, 후추를 찾지 못한 콜럼버스는 금이라도 갖고 돌아가기 위해 원주민을 학살하고 사람을 팔았으며, 어떤 항해자들은 아프리카나 아시아의 선주민을 유럽에 데려가 원숭이 우리에 넣고 전시하기도 했다.[3]

식민지가 된 많은 나라는 자유 무역을 강요하는 강대국과 불평등 조약을 맺고 그들의 배를 불려주는 희생양으로 전락했다. 반항에는 가차없는 응징이 돌아왔다. 일례로 영국은 급증하는 중국 차

수입으로 인한 국내 적자를 메꾸기 위해 중국에 아편을 팔고 급기야 전쟁까지 일으키지 않았던가? 생명에 대한 경외심을 갖고 이미 터전을 잡은 이들을 존중한다면, 과연 발길 닿는 곳마다 깃발을 꽂는 일이 가능할까? 후추와 금에서만 가치를 찾는 눈동자라면 다른 목숨 앞에서 한치도 흔들리지 않았을 것이다.

오늘은 쿠알라룸푸르에 남은 영국의 흔적을 찾을 예정이다. 사실 나는 뭘 볼지 아직 모르고 있다. 어제 혼자 걸었던 곳에 다시 가게 될 것도 모른다. 아는 게 있다면 곧 친구의 친구들을 만날 거고 그들이 부자라는 사실이다. 어젯밤 친구는 이렇게 귀띔해 주었다.

"가스와 에너지 관련 일을 하는 부자야!"

누군가가 가난하다고 소개받은 적이 있던가 잠시 생각해 보는데, 친구가 덧붙였다.

"여름옷으로 꾸며봤자 돈 많은 티도 잘 안 나고, 동네 아저씨처럼 좋은 사람들이야."

그러나 이미 내 머리 속에는 부자라는 딱지가 콕 박혀 버렸다. 편견 없이 행동하겠다고 생각하면서도, 근방에서 제일 맛있으면서 싼 카페 같은 건 묻지 말자고 다짐했다.

드디어 등장한 두 아저씨. 정말로 옆집 문을 열고 나온 것처럼 보이는 그들은 자신들이 말레이시아인이지만 인도계라는 점을 강조한다. 그리고 이런저런 걱정할 것도 없이 나는 그들이 하는 말을 잘 알아듣지 못하겠다. 그들의 말씨는 춤과 노래가 언제 튀어나올지 모를 발리우드 영화 같다. 두 아저씨가 우리를 어떤 클럽에 데려가 주겠단다. 대낮부터 클럽에 가는 것도 이상한 데 '가자'가 아니라 '데려가 주겠다'는 건 또 뭘까?

도착하고 보니 어제 걸으면서 봤던 건물이다. 흰색 외벽에 짙은 밤색 나무판자를 과감히 대어 꾸민 건물이 길게 뻗어있다. 나직하고 단정한 분위기가 아무래도 춤추자고 모이는 곳은 아닌 것 같다. 이곳은 영국 식민 시절 상류층의 사교 모임으로 발족한 이래 현재까지 그 전통을 유지하고 있는 로열 슬랑오르 클럽Royal Selangor Club이다. 회원만 들어갈 수 있는 곳이라서 회원인 아저씨들이 데려가 주겠다고 한 것이다.[4] 아저씨들은 쿠알라룸푸르에서 제일 싸고 맛있는 맥주를 이 클럽에 딸린 술집에서 마실 수 있다고 자랑한다. 이쯤 되면 동네 카페 정보를 물어도 괜찮을 것 같다.

클럽 건물이 앞마당처럼 안고 있는 잔디 광장은 본래 빠당Padang(들판)으로 불렸는데, 이곳에서 독립을 선언한 이후 다따란 므르데까Dataran Merdeka(독립광장)라는 새 이름을 얻었다. 광장은 식민 정부 사무실로 쓰였던 술탄압둘사맛 건물과 대로를 가운데 두고 마주한다. 술탄압둘사맛 건물Bangunan Sultan Abdul Samad은 잘란 라자Jalan Raja를 따라 150m쯤 뻗어있다. 땅 넓은데 뭐가 걱정이냐는 투로 한없이 늘어진 건물이다. 그리고 그 뒤로는 현대식 고층 건물이 들쑥날쑥 솟아있다. 그래도 클럽에서 보는 전망이 안정적인 이유는, 제멋대로 자란 도시의 역사를 받쳐주는 넓은 잔디밭 덕분인 것 같다.

술탄압둘사맛 건물은 독립 후 대법원으로 사용하다가 근래에는 정보통신부 등 몇몇 정부 부처가 나눠 쓰고 있다. 수십 개의 아치와 구릿빛 돔 장식에 야자나무가 어울린 술탄압둘사맛 건물 주변은 쿠알라룸푸르가 자랑하는 관광 명소가 되었다. 이쯤에서 나는 조선총독부를 생각했다. 경복궁 근정전을 삐딱하게 가로막고 있던 조선총독부는 일제강점기 상징으로 여겨졌고, 많은 논란 속에 1995년 건물이 해체되었다. 그 뒤 경복궁은 옛 조선 시대 모습을 되찾았다. 하지만 복원된 광화문 일대를 보면 마음이 불편하다. 상처를 봉합하고 흉터를 말끔하게 지웠지만 마음이 후련하지 못한 이유는 뭘까. 말레이시아 사람들은 어떻게 옛 식민통치 건물을 원형 그대로 보존하고 활용하게 되었는지 궁금해졌다.

아저씨들이 쿠알라룸푸르 시내를 보여주기로 하여 차에 올랐다. 거짓말처럼 내가 혼자 걸었던 길을 그대로 따라간다. 거리마다 어제 만났던 인물들이 그대로 박혀있는 것 같다. 시장터가 있는 저 골목 어귀에서 인도인 청년을 잡아 세웠고, 그가 무심하게 가리킨 골목 끝에서 만난 중국인 아주머니는 내 방향을 틀어주었다. 서양인 노부부와 서로의 하루를 독려했던 대로를 따라가다 왼쪽으로 돌면 춤판이 벌어졌던 한길이다. 사자춤을 용춤이라고 말해 준 대여섯 명의 소녀는 모두 천으로 머리카락을 가렸었다. 폐허가 된 건물 몇 채를 지나 접어든 언덕길은, 말이 안 통해도 나를 끝까지 돕던 여자가 데려다준 KL 타워 길이다. 저마다 피부색과 옷차림이 다르고 쓰는 말도 제각각이니 누가 내국인이고 누가 외국인인지 종잡을 수 없다.

너도나도 이방인으로 보여서 그런지 낯선 이에게 접근하기가 어렵지 않았다. 하지만 대범하게 붙잡아도 길만 물을 뿐, 진짜 하고 싶은 말은 차마 못 꺼냈다. 자꾸 사람을 멈춰 세운 이유는 혼자 걷기 심심했기 때문이다. 여행 속의 만남이란 싫다고 피할 수 없고 원한다고 아무 때나 이뤄지지 않는다. '어디에서 왔니? 거긴 어땠어? 어디로 갈 거야?' 여행하다 만났으니 주된 주제가 장소이긴 하지만, '난 어디까지 가봤다'로 발전되면 대화는 피곤해진다. 반대로 '너희 나라 얘기 좀 해줘, 넌 어떤 사람이니? 그런 멋진 성격은 어떻게 갖게 된 거야?' 하고 묻는다면 당황스러워도 엉뚱함에 호감이 간다. 같은 곳을 여행한 적이 있거나, 아무리 해도 갈증이 가시지 않을 만큼 걸어본 경험이 있거나, 이도 저도 아닌데 밑도 끝도 없이 말이 잘 통할 때가 있다. 그럴 때면 서로의 눈에 쏙 빨려 들 것만 같다.

그런 만남에 목이 말라 싸구려 숙소를 얼마나 방황했던가. '뭐라고 말을 걸지? 저 사람도 나와 같은 마음일까? 아닐지도 몰라!' 하마 누가 말을 걸어줄까 기다렸고, 행여 말 붙여 올까봐 긴 몸을 꼬불치기도 했다. 내가 남을 모르듯 아무도 나를 온전히 이해 못하고 결국 인간은 고독하다지만, 내 얘기를 들어줄 귀와 맞장구쳐 줄 입이 곁에 있길 바란다.

내 기분을 아신 걸까, 저녁을 먹은 후 친구의 어머니께서 말동무가 되어 주셨다. 당신 딸과 함께했던 여행을 돌아보며 이야기꽃을 피우신다. 오토바이를 타고 다니며 푸껫섬의 참모습을 발견하고 이런저런 추억을 더듬는 그분의 얼굴에 푸른 섬의 햇살이 가득하다. 모녀의 여행 이야기를 한 시간쯤 들었을까. 순간 머리 속이 쩍 갈라진 기분이다. 언제 우리 엄마 얘기에 지금처럼 귀 기울인 적이 있던가! 밥 먹으면서 엄마의 일상을 흘려듣기 전, 엄마는 상을 차리기 위해 족히 두 시간을 서 계셨을 텐데. 식탁에 의자 따라오듯 시종일관 엄마를 당연시하고 밥 먹으면서도 내 일만 생각한다. 그런데도 엄마는, 당신이 만들어준 귀를 잠시도 열어주지 못하는 자식의 옹졸함을 알면서도 좀체 변하지 않는다. 가슴이 덜컹 내려 앉는다. 하지만 당장 집으로 달려가지 못한다. 이번에도 엄마의 너그러움을 바라며 서울에 전화를 건다.

말레이시아의 중국인과 인도인

동남아시아는 인도차이나반도와 말레이 제도를 아우른다. 이 지역은 일찍이 인도와 중국 사이의 해역이라는 지리적 조건을 안고 역사가 발전했다. 계절풍을 타고 온 인도와 중국 상인들은 이 지역에 자국의 문명을 전해주고 향신료 같은 현지 산물을 갖고 돌아갔으며, 그들 중 어떤 이들은 혼인을 통해 현지인과 자연스럽게 교류했다.[5] 인도 문화가 고대 동남아시아에 끼친 영향은 매우 뚜렷하다. 인도 불교를 근간으로 한 스리위자야Srivijaya 왕국은 세계에서 가장 큰 불교 사원인 보로부두르를 세웠고, 앙코르와트와 발리 사원의 부조를 비롯해 말레이시아와 인도네시아의 인형극 와양은 인도 고대 서사시 라마야나를 전승했다.[6] 중국의 경우 정치적 영향력은 비록 베트남에 국한됐지만, 상업에 특출난 재능을 지닌 중국인은 동남아 곳곳에서 화인 사회를 형성했다.[7] 13세기 말부터는 인도를 통해 이슬람이 전파되었고, 16세기에 이르러 유럽 문화까지 이식되며 동남아는 더욱 복합적인 사회로 발전했다.

중국인과 인도인이 말레이시아에 대대적으로 이주한 것은 19세기 영국 식민 시절에 기인한다. 당시 불안정한 국내 상황과 식량 부족에 시달리던 중국이나 카스트제도에 억눌린 인도와 달리, 말레이반도와 보르네오 북부 지역은 상대적으로 정치가 안정되었고 광산과 농장에서 일할 많은 노동자가 필요했다.[8] 이에 영국인들은 마음이 느긋한 말레이인 대신 경제성이 있다고 판단한 중국인과 인도인을 불러들였다. 광산 경험이 많은 중국인은 주석 광산에서 일했고, 수많은 상가·광산·농장을 소유했던 얍아로이처럼 어떤 이들은 경제 분야에서 활약하기도 했다. 인도인은 고무 농장과 건설 현장에 자리 잡았고, 영어를 구사하는 이들은 군인이나 경찰로서 식민기구를 위해 일했다.[9] 한편 식민 정부는 각 주의 이슬람 통치자를 우대하고 말레이 민족이 땅의 주인임을 인정하면서 그들이 되도록 농촌에 머물도록 했다. 이런 영국의 '분리통치정책'은 말레이시아의 국가 성립 과정에 걸림돌이 되었을 뿐만 아니라 말레이시아 민족 분쟁의 씨앗이 되었다.[10] 영국이 물러난 뒤에도 많은 중국인과 인도인은 고국으로 돌아가지 않고 말레이시아에 정착했고, 현재 말레이시아 인구의 약 30%를 이룬다.

만약
당신이 |갈등

수영장을 청소하는 아저씨는 컴퓨터 게임 슈퍼마리오의 마리오를 닮았다. 물속에서 진행되는 일이라 그런지 아저씨의 행동은 중력을 벗어난 우주인 같다. 진공청소기처럼 생긴 기계에 달린 긴 관을 물속에 집어넣고 바닥에 깔린 이물질을 빨아들이거나 잠자리채와 비슷한 그물망으로 부유물을 뜬다. 하루도 쉬지 않는 마리오 아저씨의 노력과 매일 한 차례씩 수영장 물을 다 갈아버릴 듯 쏟아지는 빗줄기에도 불구하고 부유물은 여전히 많다.

그래도 헤엄치는 재미에 수영장 출근을 멈출 수 없다. 개헤엄과 개구리헤엄만 반복하는 모양새가 조금 우스울지 모르나 물에 뜨는 기분이 좋다. 나는 개구리다, 개구리다. 열심히 주문을 외우는데, 한 빡빡머리 남자가 참견했다.

"평영은 이렇게 팔과 다리를 동시에 뻗어야 해."

"어? 어떻게?"

하지만 내가 따라 할 새도 없이 잠수해버린 그는 작은 몸으로 수영장 바닥을 훑으며 멀어지는가 싶더니 어느새 내 옆에 다시 나타났다.

"안녕? 나는 알리야. 터키에서 왔어. 스무 살이고, 여기에서 학교 다니고 있어. 너는 몇 살이야?"

새끼 돌고래처럼 팔딱거리는 질문이다. 네 나이에 열 살을 더해도 모자라지 않는다고 했더니, 그가 침을 꼴깍 삼키며 말했다.

"나, 나이는 중요하지 않아!"

며칠 후 알리는 건설회사에서 일한다는 친구를 소개해 주었다.

그 친구는 자신을 아프가니스탄인이라고 소개했다. 그러자 알리는 자기 아버지 고향도 아프가니스탄이라고 일러줬다. 마침 밥때 만났는데, 그들은 주변에 아는 식당이 없다면서 난처한 기색을 보였다. 그래서 나는 근처에 중국 식당이 있는데 가겠냐고 물었다. 내 말이 떨어지자마자 그들이 얼굴을 찌푸렸다. 아차, 할랄! 큰 실례였다. 중국 식당에는 채소요리가 많기도 하고 그들이 돼지고기만 안 먹으면 되겠지 하는 생각에 분별없는 말이 나왔다.

무슬림의 식탁에는 어떤 고기든지 적절한 종교적 의식을 갖춰 도살한 것만 오를 수 있다. 그들은 낯선 음식점을 이용할 때면 입구에 할랄 인증 표시가 있어야 안심한다. 중국 식당은 일반적으로 할랄로 여겨지지 않는다. 그래서 이 친구들이 선택한 식당은 버거킹이었다. 이번엔 내가 찡그릴 차례였다. 패스트푸드점은 일 년에 한 번 갈까 말까 하기도 하거니와, 할랄 음식 섭취를 위해 미국식 즉석음식점을 안전하게 여긴다는 사실이 좀 이상했다. 감자튀김을 씹으면서 알리의 친구에게 무슬림의 금식에 관해 물어봤다.

"이슬람력에 따라 라마단 달에 해가 떠 있는 동안 음식 섭취를 삼가는 거야. 무슬림의 5대 의무 중 하나지만 아픈 사람이나 어린아이는 하지 않아. 여의치 않게 금식을 못 하면 다음에 채워야 하고, 때에 따라서 기부로 대신할 수도 있어."

"돈이 있으면 기부로 대신해도 된다는 거야?"

약점이라도 잡은듯이 내가 물었고, 그는 불경한 내 뜻에 발끈했다.

"부자라고 돈으로 해결한다는 게 아니야. 중요한 건 굶주린 이들의 배를 채워주는 마음으로 주위를 둘러보는 거야. 금식은 개인적 욕망을 자제하는 연습과도 같아. 몸과 마음을 정화하고 어려운 이웃을 이해하라는 신의 뜻이야. 너는 우리가 평소에도 기부하는 사실을 모르겠지?"

그의 마지막 말은, 너는 누군가를 위해 살긴 하느냐는 뜻이 되어 내 정곡을 찔렀다. 그는 나를 이슬람이라면 돼지고기나 히잡, 일부다처제, 명예살인만 생각하는 이방인으로 취급했다. 그가 옳게 봤다. 나는 이슬람을 모른다. 몇 가지 자극적인 논점을 좋지 않게 생각했고, 그게 내가 아는 전부였다. 소수의 과격한 극단주의자를 제외한 대다수 무슬림은 예언자의 가르침에 따러 평화를 기원한다는 건 생각해본 적이 없다.

이슬람 세계를 텔레비전 뉴스로만 접해 본 나에게 미국과 이슬람은 결코 가까울 수 없었다. 버거킹에서 와퍼를 먹다가 나 때문에 흥분한 알리의 친구를 찬찬히 살펴봤다. 말레이시아에서 유학을 마치고 건축 설계사로 일한다는 스물일곱 살 청년이었다. 혼자 사는 이십 대 남자들이 버거킹에서 와퍼 먹는 게 특이할 것도 없었다. 이슬람 국가에서 장사하려면 할랄 식품을 다뤄야 하는 게 당연하고, 종교가 달라서 물건을 팔지 않겠다는 기업 이야기도 못 들어봤다. 그들의 권유에 따라 후식은 던킨도너츠에서 먹었다.

그 후에 만난 또 다른 알리의 친구는 이라크인이었다. 덩치가 어찌나 크고 단단하던지 어느 조직의 중간 두목 정도가 아닐까 싶었는데, 그 또한 꽃 같은 스무 살, 알리의 학교 친구였다. 이라크라고 하니 전쟁이 생각났다. 하지만 "한국은 전쟁 중 아니야?", "너희 나라 위험하지 않아?" 같은 질문을 받은 경험이 떠올라 잠자코 있었다. 사실 그가 스타벅스에 앉아서 세계적인 여가수 리아나의 동영상을 보여주며 "진짜 죽이지 않냐?"라고 말했기에, 내전 이야기를 꺼낼 분위기도 아니었다.

알리가 소개해준 친구들과는 다시 만날 일이 없었다. 그러나 알리를 알게 된 후 쿠알라룸푸르에 사는 아랍인이나 페르시아인이 눈에 띄기 시작했고, 그 수가 꽤 많음을 알았다. 언젠가 알리는 아프가니스탄의 오래된 불교 조각 사진을 보여주면서, 자신은 모든 종교를 사랑한다고 말했다. 낯간지러운 그 말의 순도를 의심하기도 했지만 그런 표현을 할 줄 아는 그가 밉지 않았다.

한번은 우연히 어떤 모임에 가게 되었다. 한국을 좋아하는 말레이시아인들, 일명 '친한파'의 회동이었다. 이번에야말로 국적이라도 등에 업고 친구를 사귈 것 같았다. 꼭 가고 싶긴 한데 낯선 장소에서 모르는 사람들을 만나자니 혹시 위험하진 않을까 걱정도 됐다. 불안한 마음에 침대 위에 쪽지를 남겼다.

따만데사 아라리오 식당에 갑니다. 애블린이라는 친구의 연락처도 남겨요. 돌아오지 않거든 경찰 불러주세요!

그런데 친한파들의 얼굴을 보자, 지나친 기우였음을 알았다. 일이 끝나자마자 달려온 참가자들은 회시원 냄새가 풀풀 났다. 하나같이 나 같았고 내 친구들을 닮았다. 그들은 점심을 일곱 번도 더 먹을 만큼의 회비를 내고 반찬을 하나하나 음미하며 한국을 여행한 추억을 곱씹고, 파전에는 막걸리, 김치찌개에는 소주라며 원샷을 외치고, 최근 유행하는 한국 드라마나 TV쇼를 이야기했다. 한국 어디 어디에 가봤고, 한국어를 어떻게 배웠는지 저마다 할 말이 많았다. 주최자인 애블린과 내 옆자리에 앉은 크리스탈은 한국어로 대화해도 불편함이 없었다.

모임 장소에 도착하는 일만 신경을 쓰다 보니 어떻게 돌아갈지 아무 계획이 없었다. 내가 택시를 타겠다고 했더니 모두가 말렸다. 그들은 늦은 시각에 대중교통을 이용하면 절대로 안 된다고 주의를 시키고, 심지어 전철을 타지 말라는 이도 있었다. 이 사람들 왜 이렇게 심각하지? 훈계는 계속되었다.

"가방을 차창 밖에서 보이게 놔두면 절대로 안 돼요. 주유하는 동안 차 안에서 기다릴 땐 꼭 문을 잠그고, 주차장에서도 수상한 사람이 없는지 조심해요. 오토바이를 타고 달리다가 걸어가는 사람의 가방을 낚아채는 것은 흔한 수법이죠."

근래에는 현금입출금기에서 돈을 뽑자마자 누군가 둔기로 머리를 사정없이 때리고 돈을 빼앗거나, 신호대기 중인 차량의 창을 깨고 가방을 탈취하는 게 자주 보고된다고 했다. 상대적으로 부유한 중국계는 주요 표적이다. 나를 범죄에 대한 자각이 없는 어린이를 다루듯 했던 그들은 모두 중국계였고, 그날 모인 열서너 명 중에 대중교통을 이용한 사람은 나뿐이었다.

불편했다. 적나라한 범죄의 진상보다 민족 구분이 암시된 가해자와 피해자 이야기가 그랬고, 대중교통 이용에 대한 민족별 관점 차이가 그랬다. 그 후 여러 번 느낀 바지만 다른 민족은 중국계만큼 대중교통 이용에 민감하게 반응하지 않았다. 여러 민족이 어울려 빚는 다채로운 흥이 있으면서도 방석 아래에 자갈을 깔고 앉은 듯한 어색함도 더러 느낀다.

침팬지 연구와 보호 활동에 평생을 바친 제인 구달 박사는, 같은 문화를 공유한 집단이 다른 집단을 구분하고 그 집단에 대해 다르게 행동하는 양상이 극단적일 경우 폭력으로 나타난다고 했다.[11] 그런 예는 많다. 일본의 침략 전쟁과 나치의 인종 말살 계획, 아프리카와 발칸 반도의 정치·종교 분쟁이나 이스라엘과 팔레스

타인 분쟁, 캄보디아 대량 학살, 그리고 여기 말레이시아에서도 인종 폭동이 있었다. 우리는 전쟁 속에 살고 있다. 도대체 싸움을 일으키는 자는 누구인가?

물론 나는 아니라고 생각했다. 그런데 크리슈나무르티라는 사상가가 이런 말을 했다고 하여 나를 혼란스럽게 했다.

"만약 당신이 '나는 인도사람이요'라거나 '무슬림이요', '기독교인이요', '유럽사람이요'라고 말한다면, 이는 폭력이다. 왜냐하면, 자신을 다른 사람과 분리하기 때문이다."[12]

그는 믿음이나 국적, 전통 등으로 타자를 구분하는 것은 폭력을 낳는다고 했다. 하지만 나는 가장 먼저 뿌리를 배웠고 무언가를 이해하는 방편으로 속성을 따져서 구별해왔다. 그래서 민족이나 국적을 알려는 의식은 당연하다고 생각했는데, 그런 내 안에 폭력성이 도사리고 있단 말인가?

곰곰이 생각해보자. 말레이시아에 온 후 사람을 보고 반사적으로 내 뇌에서 일어나는 일이 무엇이던가? 민족이나 종교를 추측하는 것이다. 그리고 생각은 곧 말이 되어 나오기 마련이다. 한번은 중국식 이름을 가진 친구에게 인도 사람 같아 보인다고 말한 적이 있다. 친구는 아무 말도 하지 않았다. 그 잠깐의 침묵을 생각하면 아직도 마음이 뜨끔하다. 사정에 따라 민감할 수 있는 주제였고, 나도 언제든지 괴물이 될 수 있는 존재였다. 별생각 없이 뱉는 말로 얼마나 많은 잘못을 저지르고 있을까? 알리의 친구를 정색하게 한 실수가 되풀이될까 봐 덜컥 겁이 났다.

나의 뒤를 바라봐준
그대가 있어 |만남

꽁하니 감추지 않는 첫인상부터 좋았다. 원할 땐 애태우지 않고 짜잔 나타난다. 피곤하고 지친 날에는 부드럽게 보듬어주고, 어쩌다 지루해지면 매끄럽고 탄탄한 자태를 뽐낸다. 갖은 매력을 펼쳐 놓은 그 앞에 서면 나도 모르게 상기되는데, 그의 이름은 바로 국숫집이다.

말레이시아 국숫집에서 가장 눈길을 끄는 것은 국수 종류다. 국수 전문점 앞쪽에는 모양이나 두께, 재료가 다른 국수가 쌓여있기 마련이다. 넙데데한 쌀 면과 가느다란 쌀 면, 씹는 맛이 좋은 밀가루 면 외에도 칼국수처럼 납작한 밀가루 면이나 달걀노른자를 많이 넣어 노란색을 띠는 면과 당면도 있다. 한 가지만 선택하기 어렵다면 두 가지 면발을 섞어서 주문하기도 한다. 격식을 따지지 않는 식당에서는 요리법도 변화무쌍하니, 원하는 국수를 골라서 볶아달라고 하거나 국물에 말아 달라고 할 수 있다.

수많은 국수 중에서도 내가 제일 좋아하는 면은 넓적한 면적에 양념을 충실히 간직하는 쌀 면발이다. 하지만 그 이름을 어떻게 발음하는지 몰라서 주문하려니 곤혹스럽다. 수줍게 "저기……. 케이테우…….''라고 했더니 식당 아주머니가 걸쭉하게 되묻는다. "뭐? 꾸웨띠아우 말이유?" 아! 나도 사랑하는 면발의 이름을 마음껏 부르고 싶다! 좋다. 말레이어를 배우겠다.

전철로 오가다 본 YMCA를 찾았다. 한 단계가 두 달 과정, 딱 좋다. 바로 등록하고 수업에 참여했다. 말레이어는 배우기 쉽다는 이야기를 들은 적이 있어 결심하기 쉬웠다. 새로운 언어를 찔러보는 건 새 학기에 교과서 받는 기분과 비슷하다. 끝까지 들춰보지 않아도 공부하겠다는 의욕은 자못 훈장감이다.

  수업 첫날, A4용지 크기의 복사본 수업 자료를 받았다. 하늘색 표지에 <바하사 말레이시아Bahasa Malaysia>라고 쓰여있다. "말레이시아 말이라는 뜻이에요."라고 말문을 연 강사의 이름은 누리타. 학생들은 대개 이 도시에서 일하는 외국인이다. 누리타는 유행 가요를 가르쳐 주고 낱말 게임을 시킨다. 훈남하고 짝꿍 되어 퀴즈를 풀고 하이파이브도 한다. 이거 정말 신나는군! 그토록 따분하던 교실 안에 다시 들어왔는데 온몸의 세포가 발랄해진다.

  실전에 적용해야 진짜 실력. 알고 있는 단어 몇 가지로 물건값을 치르고 목적지에 닿으니 신통방통하다. 그리고 말레이어를 알면 '레츠 고 마깐Let's go makan(밥 먹으러 가자)'처럼 말레이어, 중국어, 타밀어가 녹아있는 맹글리쉬Manglish(말레이시아식 영어)를 이해하는 데 도움된다. 그런데 간신히 말레이어로 묻고 뿌듯한 내 마음을 아는지 모르는지, 영어 문장이 돌아오기 일쑤다. 사실 영어만 조금 할 수 있다면 쿠알라룸푸르를 여행하는 데 큰 어려움은 없다. 그래도 말레이어로 말하기를 포기하지 않는 이유는, 다른 나라에서 머무는 동안 나름의 바른 자세를 갖고 싶기 때문이다. 한두 마디로 사람들을 웃기는 것도 기분 좋다. 그들처럼 발음할수록 배꼽 잡고 웃는다. 그리고 무엇보다 배움에서 오는 성취감이 짜릿하다. 낮에는 그들이 만들어주는 음식을 먹고 여행하며 저녁에는 그들이 쓰는 말을 배운다.

어느 날 YMCA 언어 담당 용 선생이 나를 불러 세웠다.

"혹시 주변에 한국어 가르칠 사람 있나요?"

"글쎄요. 그런데 그거 자격증이 필요한가요? 꼭 그런 게 아니라면 제가 해도 될까요?"

용 선생에게 나 자신도 놀랄 말을 하고 말았다. 그런데 더 기막힌 반응이 돌아왔다.

"한국 사람인데 완벽한 조건을 갖춘 거죠!"

일단 시작하면 언제 멈출지 당신도 모르는 것 같은 용 선생 말씀을 줄이면, 한국어를 배우려는 문의는 많은데 가르칠 사람이 없어 수업을 못 한다는 요지였다. 말레이시아인의 한국 사랑은 유난하다. 지하철에서 한국어로 된 책을 보고 있는 나에게 한국어를 배운 적이 있다며 알은체했던 여학생처럼, 한국에 대한 그들의 관심은 당차고 순진하다. 거리에서 한국인을 구별해 내는 능력은 놀라울 정도인데 한국 드라마를 보면서 얻은 눈썰미로 짐작된다. 누군가는 이런 말을 하기도 했다. 신년 해돋이로 유명한 어디 어디에 갔는데, 사람들이 뜨는 해도 마다하고 실내에 웅크리고 있어 무슨 일인가 하고 들여다보니 드라마 <대장금>을 보고 있더라는 것이다. 쿠알라룸푸르에는 일본 식당만큼 한국 음식점이 많고, 어떤 이들은 파는 김치가 맛이 없으니 담그는 법 좀 가르쳐 달라고 하며, 일단 한국에 다녀오면 한국인보다 더 자주 인천공항을 드나드는 친구도 여럿이다.

사실 기분 좋은 경험만 있던 것은 아니다. 서점에서 한국어책을

살펴보다가 어떤 자매와 이야기를 나누게 되었다. 동생으로 보이는 쪽이 나에게 대뜸 물었다.

"xx 성형외과 알죠? 거기 어때요?"

"아니, 그걸 어떻게?"

"제가 좀 관심 있거든요. yy 성형외과는 어때요? 거기 얼굴 윤곽 잘 본다던데."

방금 한 외국인이 한국의 몇몇 성형외과 이름들을 아무렇지 않게 입에 올렸다. 십 년 키운 개 이름을 부르듯이. 외국에서 처음 만난 사람 입에서 내가 아는 병원 이름들을 들으니 참 신기했다. 하지만 생각해 보면 그다지 놀랄 일은 아니다. 성형외과 광고는 서울 대중교통 광고판의 단골이니까.

관심 분야는 저마다 다르겠지만 내가 만난 말레이시아인들 중 많은 이가 한국과 한국 문화에 호감을 보였다. 그들이 한국을 말할 때 짓는 표정은 마치 달콤한 연애 이야기를 듣는 것만 같다. 이런 높은 관심에도 불구하고 중국어·일본어·스페인어·불어·영어 강좌 사이에서 한국어가 빠진 게 서운했다. 언어는 문화를 이해하는 기본이다. 한국어 수업도 있길 바랐다. 그렇다고 내 욕심에 학생들에게 피해를 줄 순 없다. 강의 동영상을 찾아보고 서울에서 자료를 구해오고 국어 선생인 친구를 귀찮게 하며 서둘러 준비했다.

첫 한국어 수업 날. 수강생은 여자 열 명과 남자 세 명이다. 생각보다 많다. 왜 한국어를 배우려는지 묻지 않을 수 없다. 드라마와 케이팝 혹은 한국적인 모든 게 좋아서라는, 뻔하지만 사실인 대답이 돌아온다. "나 할머니, 할머니!"라고 자신을 소개한 최연장자를 비롯해 대부분은 꽤 많은 단어를 알고 있다. 그들은 아줌마, 아저씨, 오빠, 여보, 쌩얼, 사랑해, 여보세요, 어떡해 등등 드라마 전문 용어에 밝다. 학생들은 가끔 강사의 영어 발음도 고쳐주니 어쩌면 강사인 내가 그들보다 더 많이 얻어가는지도 모른다. 그리고 그 추측은 옳았다. 그 돌팔이 강사는 수업 덕분에 친구까지 얻었으니까.

킴, 멜, 미아, 비비, 에밀리는 한국어를 배우려고 카장Kajang에서 한 시간을 운전해서 온다. 언젠가 그들이 나에게 여행을 좋아하는지 물었다. 나는 당연히 그 덕분에 지금 여기에 있는 것 아니겠냐고 대답했다. 시장이나 공원, 산을 좋아하고 그런 데를 찾아서 쿠알라룸푸르를 닥치는 대로 걷는다고 말했다. 혹시나 하여 대중교통도 편안히 잘 이용한다고 강조했는데, 아니나 다를까 그들은 이럴 줄 알았다는 둥 말도 안 된다는 둥 주먹구구에 박 터진다고 훈계를 늘어놓았다. 그러곤 자기들끼리 쑥덕쑥덕하더니 이런저런 곳에 가보자며 약속을 잡기도 했다. 그들은 자가용 없이는 가기 힘든 계곡에 나를 데려가거나 일출을 보자며 같이 등산하고 자기들이 자란 고장을 구석구석 구경시켜주었다.

카장의 다섯 친구는 주말이면 한두 대의 차에 몰려 타고 놀러 다닌다. 이 동네에서 저녁 먹고, 저 동네에서 후식을 먹으며 자정이 넘도록 배를 채우며 놀다가 한 명씩 집에 바래다주고 헤어진다. 그런데 바로 떠나는 법이 없다. 친구가 작은 앞마당을 지나서 현관문을 열고 들어가 문을 닫아야 비로소 안심하고 출발한다. 그 모습이 얼마나 감동적이던지. 먼저 끊어, 아니야, 너 먼저 끊어, 하며 하염없이 수화기를 붙들었던 사춘기 시절이 떠오른다. 그들은 나에게 하고 싶거나 먹고 싶은 게 있는지 물어봐 주고, 야시장에 가는 것처럼 자기들은 싫증 날 일도 여러 번 함께 해주며, 밤 열 시에 전철을 타면서도 내가 여전히 무사한지 때 되면 확인한다. 경비가 철저한 아파트 단지 앞에서도 한결같이 내 뒷모습을 바라봐주는 그들이 사랑스럽다. 일주일에 두 번 말레이어 수업을 받고, 한 번 한국어를 가르치는 일을 중심으로 생활이 돌아간다. 그리고 여행도 멈추지 않는다.

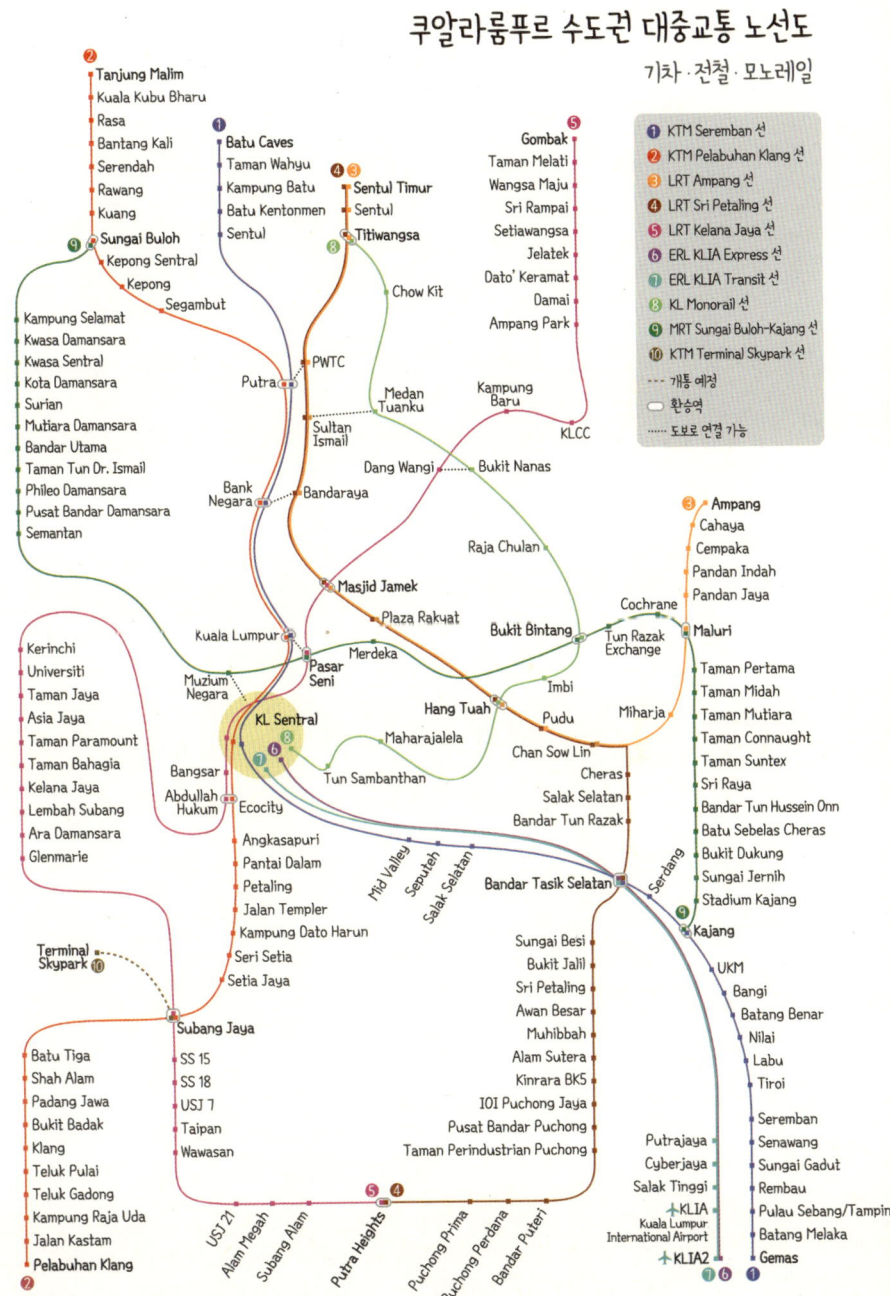

수도와 사람

그래도
젓가락은
여전히 |차이나타운

모자가 땀에 젖어들수록 실수했나 싶다. 케이엘센트럴KL Sentral 과 빠사르세니Pasar Seni는 전철로 한 정거장에 불과하지만, 다른 구간보다 훨씬 길다. 전철 안에서 내다볼 땐 유서 깊어 보이는 교회와 힌두사원에 끌랑강 주변의 그라피티까지 구경거리가 많아 보였다. 하지만 직접 걸어보니 차량이 많고 인적은 드물어 걷기에 좋은 길은 아니다. 보행로는 정비하다 말았고 심지어 뚜껑이 열린 하수구가 있어 하마터면 그 속에 빠질 뻔했다. 얼마나 걸었을까? 정신이 몽롱하고 사지는 흐물흐물하다. 맥주나 팥빙수가 어울릴 법한 순간, 나는 오로지 두리안 생각 뿐이다.

좋은 두리안의 조건을 되새겨 본다. 꼭지가 단단하게 살아 있고 흔들었을 때 과육이 가볍게 부딪치는 소리가 나면서 냄새가 향긋해야 한다고 했다. 하지만 막상 가게 앞에 서면 따져볼 용기가 안 난다. 도끼만 한 칼을 든 아저씨가 뭐로 줄까나 하는 눈빛을 던지고 있어서 그렇기도 하고, 두리안 사랑 경력 고작 일 년으로 아는 척하기도 우습다. "맛난 거로 주셔야 해요." 하고 찡긋 웃는 애교가 제일이다. 그래도 굳이 고집하는 게 있다면, 흐물거리지 않고 탱탱하면서 맑고 샛노란 빛을 띠는 과육이다. 이런 두리안이 싱싱하고 당도가 높다.

두리안을 보자 눈이 번쩍! 양손에 하나씩 쥐고 쪽쪽 빨아 묵직한 씨앗을 발라낸다. 어? 그런데 이상하다. 힘이 펄펄 날 줄 알았는데, 왠지 몸이 더 무겁다. 이미 뜨거운 햇살을 잔뜩 받은 몸에 열량 높은 두리안을 넣고 또다시 땡볕 아래를 걸으니 심한 두통이 생기는 것도 무리는 아니다. 두리안을 먹으면 그늘에 누워서 한숨 자라는 조언이 일리가 있구나! 하늘이고 땅이고 빙글빙글 두리안처럼 노랗게 돈다. 나는 지금 어디인가? 아무 의자나 끌어당겨 앉는다. 빨간 플라스틱 의자, 노란 비닐 식탁보, 그 위에 연두색 플라스틱 젓가락. 아아, 차이나타운이구나!

지글지글 끓는 해에게 "오늘은 제발 그만!" 하고 싶은 무렵. 어딘가에 숨어있던 가판대가 줄줄이 나타나 쁘딸링 길Jalan Petaling을 메운다. 돈주머니를 몸에 바짝 붙여 맨 상인들이 기지개를 켜고 가짜 명품 시계와 가방은 가판대에 누워 눈먼 손길을 기다린다. 진열대 상품이 '메이드 인 차이나'라는 것만 빼면 특별히 중국풍으로 보이지 않고 중국답지 않게 거리 규모도 작아 실망스럽다. 옛날에는 참 좋았는데 이제는 예전의 차이나타운이 아니라고 입을 모으는 이도 적지 않다.

어느 날 한국어 수업이 끝나고 루안이 물었다. "쌤, 무슨 음식 좋아해요?" 어허, 쌤은 바른 표현이 아니라고 주의를 시키려다가, 질문이 워낙 중요한지라 "아쌈락사!"라고 얼른 답했다. 그러자 그녀는 "아쌈락사는 차이나타운이죠!" 하곤 곧장 나를 이끌었다. 우리가 찾은 곳은 백발의 할머니가 남편과 함께 사십 년 넘게 운영해온 국숫집이었다. 퀴퀴한 골목 입구의 어정쩡한 자리에 끼어 맞춘 가게는 과연 이름이나 있을까 싶을 만큼 허름했다. 락사는 진한 국물에 말은 물국수 요리로서 그 종류가 많고 맛도 다양하다. 이곳은 아쌈락사와 커리락사 단 두 가지만 파는데, 고등어를 우린 국물에 새콤하게 맛을 낸 아쌈락사가 일품이다. 시시해 보이던 차이나타운에 이런 맛집이 있었다니! 얼마나 무수한 것을 무심히 지나치며 살고 있을까? 한두 번 겪고 나서 '에이, 별것 아니더라!' 이런 말을 쉬이 할 수 없을 것 같다.

땀을 훔치며 락사를 먹는 나를 기특하게 바라보던 루안은 다른 식당도 소개해주었다. 스리 마하마리암만Sri Mahamariamman 힌두 사원 맞은편 골목 끝에 아침과 점심 장사를 하는 작은 식당이 모여있다. 이곳에서 유난히 바쁜 가게가 '마드라스 래인Madras Lane 용타우푸 식당'이다. 용타우푸는 두부나 가지, 고추, 레이디핑거, 여주 같은 단단한 채소를 갈라서 그 사이에 어묵을 채워 넣고 익힌 음식이다. 너무 늦거나 휴일이어서 또는 이유도 모르게 문이 닫혀 있는 바람에 번번이 시식에 실패했지만, 이대로 포기할쏘냐! 결국, 몇 주 후 식당 의자에 의기양양하게 엉덩이를 댈 수 있었다. 그러나 마드라스 래인은 편안히 앉아서 메뉴판을 보고 주문하는 곳이 아니다. 따끈따끈한 용타우푸를 낚아채는 아줌마들과 경쟁해서 원하는 만큼 자기 그릇에 담고 국수 종류도 직접 골라서 국물에 말아 달라고 부탁해야 한다.

용타우푸 가게 건너편에 또 다른 락사 가게가 있다. 이곳 락사 국물은 백발할머니의 시큼 걸쭉한 육수보다 맑고 깔끔하다. 시뻘건 국물이 목구멍을 타고 쭉쭉 넘어간다. 아아! 이런 맛도 모르고 여태 살았단 말인가! 이곳 식당들의 음식을 모두 먹어보고 싶은 욕심이 솟는다. 마드라스 래인 시장을 따라서 골목으로 들어

가다가 오른쪽으로 빠져나오면 잘란 쁘딸링과 만나는데, 그 출구가 백발할머니 락사집이다. 할머니는 오후 다섯 시 전후에 문을 열고 저녁 장사를 한다. 같은 자리에서 오전에는 생고기를 팔기 때문에 종일 하수구 냄새가 역하다. 그래도 굴하지 않고 락사 면발을 잘근잘근 씹어 넘긴다. 왜냐하면, 맛이 좋고 가격까지 상냥해 감사한 마음이 들기 때문이다. 맛 좋은 락사식당 두 곳이 사이좋게 시간 차이를 두고 문을 여니 차이나타운에서 아쌈락사를 놓칠 리 없다. 기회만 되면 아는 이들과 찾아오고 어쩌다 마주친 관광객도 데려오다가 급기야 차이나타운 근처 호스텔에서 얼마간 지내기로 했다. 자주 오니 눈에 띄는 것이 많다.

잘란 발라이쁠리스Jalan Balai Polis의 올드차이나카페Old China Cafe는 쿠알라룸푸르에서 꽤 오래된 식당에 속한다. 1920년대 세탁협회가 사용하던 자리를 그대로 쓰고 있는데, 삭막한 바깥 풍경이 무안할 만큼 식당 내부가 화려하다. 실내 장식은 풍수에 따라 꾸몄다고 하며, 오래된 가구를 놓아 중국 분위기를 한껏 살렸다. 그곳에 앉아서 맛볼 요리는 중국식과 말레이식이 어우러진 뇨냐 음식이다. 밥을 먹은 뒤엔 싸게 기념품을 살 수 있지 않을까 하여 근처 공예품 가게를 기웃거린다. 잘란 술탄Jalan Sultan은 저녁이면 먹자골목으로 변신한다. 개구리 고기나 장어를 파는 가게가 있는가 하면 두리안도 항상 기다리고 있다. 잘란 술탄에서 서쪽으로 뻗은 잘란 항르끼르Jalan Hang Lekir는 쁘딸링 길을 가로지른다. 관광객으로 북적이는 항르끼르 길에서 좌우로 빠지는 골목에는 허름한 밥집들이 웅크리고 있다. 선뜻 들어서기에 조금 칙칙하지만, 근처 중국 학교에 다니는 학생들이 재잘거리고 있으니 주춤하지 않아도 되겠다. 이런저런 중국 음식을 맛있게 먹고 나서 귀를 의심할 만큼 싼값을 치르고 나면 마술처럼 기분이 좋아진다.

어느 하루는 항르끼르 길을 걷다가 남쪽으로 빠진 골목 하나를 골라 들어가 보았는데 뜻밖에도 벼룩 시장이 나타났다. 아는 사람만 올 것 같은 숨은 골목에는 제법 사람이 많았고, 느릿하게 일렁이는 인파 대부분은 노인이었다. 한 중년 여자가 넝마를 깔고 먼지 묻은 물건을 펼치기 시작했다. 진열품이 얼마나 두서없던지 다음에 등장할 물건이 점점 궁금해졌다. 하지만 옷가지 위에 손톱깎이와 연고를 던지던 그녀는 내가 그 무엇도 살 생각이 없음을 간파했다. '무에 쓴다고 사진만 찍어대누?' 하는 투로 나를 짝 흘겨보는 그녀의 기세에 눌려, 그만 가던 길을 끝내지 못하고 돌아섰다.

다행히 무안함은 잠깐이다. 끈적한 기름 냄새에 곧 여행자 자신감이 되살아났다. 젊은 여자가 중국식 튀김인 요우티아오를 팔고 있었다. 주변 공기는 기름에 절었지만 그녀만은 상큼했다. 소녀 같기도 하고 어쩌면 아줌마일 수도 있겠는데, 엄마가 시켜서 하는 일이 아닌 것만은 확실해 보였다. 분홍색과 하늘색 방울 무늬 티셔츠를 입고 분홍색 줄무늬 앞치마를 둘러맸으며, 머리카락을 꽉꽉 잡아당겨서 말아 올리고 그 위에 반짝이는 머리띠도 없었다. 넉넉한 턱살 때문에 웃음이 헤벌쭉하지만 까무잡잡한 피부와 벌어진 앞니는 순박했다. 넙죽 웃던 요우티아오 소녀 효과인지 상점에 걸린 분홍색 티셔츠가 눈에 들어왔다. 가격은 5링깃. 생수 세 통 값밖에 안 되는 걸 알면서도 나는 여행자, 용감하게 물었다. "입어봐도 돼요?" 차이나타운 인심도 좋지, 어서 들어오라며 탈의실로 안내해주었다. 옷은 딱 맞았다. 자주 입었더니 색이 조금 바랬지만 세탁기에 수없이 돌려도 흐트러지지 않는다. 쌓고 쌓아도 욕심나서 또 샀으나 불편해서 옷장에 묵혀둔 비싼 원피스에 비하면 값어치를 따질 수 없는 중국표 옷이다.

차이나타운이 예전과 같지 않다며 한탄하는 사람들은 차이나타운에 잘 가지 않는다고 말한다. 변했고 지저분하고 별것 없기 때문에. 영국인이 남기고 간 강 서쪽의 건물들이 조명을 받는 사이 차이나타운의 후미진 곳은 시시각각 허물어지고 있는 현실이다. 하지만 육십 년 된 사진관이 아직 영업 중이고 지은 지 백 년을 바라보는 건물이 남아있으며 그에 버금가는 요리 내공이 흐르는 곳이기도 하다. 무엇보다 오래된 것을 알뜰히 지켜내는 상인의 꼬장꼬장함은 이곳을 허투루 볼 수 없게 한다. '자세히 보아야 예쁘고 오래 보아야 사랑스럽다'고 어느 시인이 읊었듯, 차이나타운 너도 그렇다.[13]

말이 전부가
아니기에 |르부 푸두

몇 해 전 유럽에서 배낭여행을 했을 때 이런 일을 겪었다. 광란의 주말이 지난 어느 월요일 아침이었을 것이다. 전날 밤 내 몸이 침대에 반쯤 잠겨있을 즈음 몸단장을 시작하던 예쁜이들은 보이지 않았다. 아침 햇살이 차곡히 쌓인 호스텔 부엌엔 말쑥한 남자와 나 단 둘뿐이었다. 혼자든 열이든 제 일만 하면 되련만 나의 모든 신경은 없는 촉수까지 더해서 밖으로 뻗어 있었다. 그리고 기적처럼 그가 말을 걸어왔다. 아아! 그래, 뭐라고? 응? 미안, 지금 뭐라고 한 거야? 이런! 도대체 무슨 말인지! 내가 말귀를 알아듣지 못하자, 그는 금세 얼굴에 피가 몰려서 손짓을 동원했다. 뜻인즉, '나 화장실 다녀오는 동안 내 노트북 좀 봐줄래'였다. 콩밭에 뿌린 정신이 번쩍 되돌아왔다. 고작 몇 마디를 알아듣지도 못하다니 어찌해볼 전의끼지 사라졌다.

그랬다. "짐 좀 맡아줄래?" 이 쉬운 말도 못해서 커다란 배낭을 메고 변기 위에 앉기도 했다. 의사소통이 안 되니 친구를 만들기는커녕 제대로 배 채우기도 어려웠다. '치킨버거세트 하나 주세요'를 아무리 되뇌어도 말이 바로 나오지 않아, 앞뒤 다 자르고 "치킨버거!"라고 주문할 수밖에 없었다. 발음이 나빠서일까, 그나마 안 통하면 그림을 가리켰는데, 그래도 '키친버거'라는 신종 단어가 튀어나올 때보단 덜 부끄러웠다. 지금 생각하면 그런 실수쯤 대수냐 하겠지만, 그때는 주변 눈이 그렇게도 신경 쓰였다.

다행히 영어가 싫진 않았다. 스물일곱 살 때 친구의 도움을 받아서 할리우드 영화 속 대사를 외우는 연습을 했다. 그렇게 영화

다섯 편쯤 했더니 영어로 말하기가 조금 수월해졌다. 제법 대화가 된다고 착각할 때쯤이면 미국인이나 영국인이 나타나서 두 손으로 내 머리를 잡고 사정없이 흔든 것 같은 기분을 남기긴 한다. 그래도 제대로 못 먹고 제때에 못 쌀만큼 답답했던 사정에 비하면, 쿠알라룸푸르 차이나타운에서 구멍가게 주인아주머니와 몇 마디 나눌 수 있는 현실이 상쾌하다.

"오늘은 어디 가려고?"

"센트럴마켓에서 바구니 좀 구경하려고요."

"바구니? 마이딘 가면 널린 게 바구닌데, 뭐하러 그 비싼 델 가는지 모르겠네."

그냥 바구니가 아니라 멋들어진 대나무 바구니를 찾는다고요. 속으로는 그렇게 생각했지만, 아주머니 말씀이 틀린 건 아니라 잠자코 있었다. 쁘딸링 길과 뚠딴쳉록Tun Tan Cheng Lock 길 교차로에서 서쪽으로 걸어가면 센트럴마켓Central Market이 나오고, 동쪽으로 가면 마이딘MYDIN이 있다. 두 곳 모두 물건을 팔지만 성격은 다르다.

센트럴마켓은 관광객을 상대로 전통 공예품과 관광 기념품을 파는 종합 선물 시장이다. 1888년 센트럴마켓이 처음으로 세워졌을 땐 채소와 고기, 생선을 파는 시장이었다. 도시의 성장과 더불어 조금씩 커지던 시장은 1930년대에 이르러 현재 규모의 건물이 되었다. 그 후 1970년대 개발 흐름에 휩쓸려 사라질뻔했으나, 문화유산협회의 노력으로 역사유적지로 지정되면서 현재에 이른다.[14] 비록 실내 분위기는 투박하고 돈을 내야 화장실을 쓸 수 있지만, 햇볕을 가려주고 냉방도 잘되니 차이나타운의 오아시스라 할 만하다. 센트럴마켓은 실내가 침침한 탓에 한산한 시간이면 퇴물 분위기가 풍긴다. 그에 비하면 마이딘은 노란 수선화를 귀 옆에 꽂은 여자처럼 화려하다. 마이딘은 도매가에 할랄제품을 제공하는 대형 슈퍼마켓으로서 관광객보다는 현지인이나 외국인 노동자가 주로 찾는다. 의류나 수건, 커튼 등 섬유제품과 각종 생활용품은 일곱 색깔 무지개에 분홍과 연둣빛까지 더했다. 촌스러워 보여도 자세히 살피면 괜찮은 물건도 많다. 그렇게 고르고 고른 수건에서 한 달이 넘도록 초록색 염색물이 빠지지만, 말레이시아인의 취향을 엿보고 싶어서 자꾸 마이딘을 찾게 된다.

센트럴마켓과 마이딘 사이는 르부 푸두Lebuh Pudu라는 좁은 길이 연결한다. 한낮의 르부 푸두는 매우 혼잡하다. 버스가 붕붕거리면서 2차선 길을 가로막거나 그 사이로 오토바이가 종횡무진한다. 착각이겠지만 이 주변 인도는 언제나 공사 중인 것만 같은데, 그나마 멀쩡한 인도는 건물주 사정에 따라 오르락내리락이다. 세 번째로 이 길을 지나면서 앞으로는 피해 다녀야겠다고 다짐했다. 그런데 사흘도 안 되어 뚠뚠을 따라서 다시 오게 되었다. 호스텔 직원들과 한국 과자와 커피를 나누어 먹곤 했는데 그 보답으로 뚠뚠이 고향 음식을 소개해주고 싶어 한 것이다.

뚠뚠은 미얀마에서 왔다. 그의 영어 글씨체는 자기 나라 글자처럼 동글동글하고, 말투는 자기 웃음소리만큼 수더분하다. 말레이시아에서 나라에 공헌한 이에게 내려지는 뚠Tun이라는 호칭이 자기 이름에는 두 번이나 들어간다고 농담할 줄도 안다. 누나 뒷바라지를 위해 말레이시아에서 일한 지 서너 해 되었다는 그의 나이는 이제 스물하나다. 뚠뚠의 눈빛에는 사람에 대한 애정이 깃들었고 표정에는 경계심이 없으며 그의 웃음은 탁 터놓고 같이 웃어볼까 생각하게 한다. 뚠뚠은 여느 미얀마인처럼 해맑다.

말레이시아에서도 미얀마인을 종종 만날 수 있는 덕분에 가보지 않고도 그네 나라가 왠지 익숙하다. 하지만 음식은 처음 먹어본다. 뚠뚠은 둘이 먹기에 과할 만큼 음식을 시켰다. 다 못 먹으면 어쩌냐고 가볍게 핀잔을 주면서도 바짝 구워진 삼겹살 비계에 침이 넘어갔다. 중국 식당에서만 찾을 수 있던 돼지고기 요리가 여기에도 있었는데, 미얀마 사람들에게 돼지고기는 육류 중 최고란다. 미얀마에서는 채소와 고기를 골고루 상에 올리고 밥이나 인도식 빵류를 곁들여 먹는다. 상 차림새가 말레이식 걸쭉함은 덜고 태국식 경쾌함을 더한 느낌이다. 뚠뚠은 자기네 음식을 영어로 더듬거리면서 설명해 주었다. 그게 성에 차지 않았던지 그는 미얀마 식품점에 들러 과자를 잔뜩 사서 나에게 안겨주려 했다.

결국 받을 거면서 안 받겠다고 승강이 벌이던 르부 푸두는 쿠알라룸푸르의 '작은 미얀마'로 통한다. 뚠뚠은 일주일에 두어 번 이곳에서 밥을 먹는다. 미얀마 음식과 식료품뿐만 아니라 고향 말로 된 DVD나 신문도 찾을 수 있기 때문이다. 그의 말에 따르면 이 지역에는 방글라데시나 네팔 식당도 여럿 된다고 한다. 르부 푸두 주변의 구멍가게 유리창에는 내가 모르는 국기들과 함께 국제전화카드가 다닥다닥 붙어있다. 그 때문인지 퇴근 시간 마이딘 앞 정류장에서 와글대는 인파 중에는 현지인보다 외국인 노동자가 더 많은 것 같다.

센트럴마켓과 마이딘은 마스지드자멕 역을 중심으로 보면 반경 오백 미터 이내의 고만고만한 지역이다. 쿠알라룸푸르가 주석 광산으로 주목받던 시절, 마스지드자멕이 자리한 강어귀 동쪽은 말레이와 인도인이 자리 잡았고, 시장이 형성된 남쪽 지역은 중국인, 강 서쪽 독립광장 일대는 영국인의 터전이었다고 한다. 그러니까 뚠뚠과 내가 서 있던 곳은 광산으로 향하는 길이 모여들고 장터가 생기면서 다양한 민족이 교류했을 도시의 가장 오래된 구석인 셈이다. 그 과거를 이어받은 르부 푸두는 여전히 외국인 노동

자에게 소중한 공간으로 남아있다.

헤어지던 날 뚠뚠은 많이 서운해했다. 그는 더 친해지고 싶었다면서 부족한 언어 실력을 탓했다. 나도 그런 말을 한 적이 있다. 불어, 독일어, 히브리어가 모국어인 친구들과 여행한 지 일주일쯤 되었을 때였다. 생각을 제대로 표현하지 못해서 답답했다. 말이 빠져버린 어색함을 다룰 줄 몰랐던 나는 모든 것이 버거워져서 그들과 헤어지기로 했다. 그때 한 친구가 나에게 말했다.

"속상해 말아. 너는 말뿐 아니라 몸으로도 많은 표현을 해주었어. 나는 너를 그렇게 기억할 거야."

그들이 떠나면서 열어 둔 문으로 새벽 공기가 밀고 들어왔다. 뻥 뚫린 문이 서러우면서도 차가운 공기는 꽤 후련했다. 그날 나는 그동안 자신을 얼마나 하찮게 생각해 왔는지 깨달았다.

어떤 연구가가 행복한 결혼 생활을 하는 부부들의 일상을 탐구했는데, 그들이 하루 동안 말로 나눈 소통이 평균 15분 미만이었다고 한다.[15] 표정이나 눈빛, 손짓으로도 감정을 나눈다는 뜻이다. 뿐이랴. 우리는 글 한 줄 노래 한 가락 춤 한 사위 그림 한 폭으로도 생각과 마음을 표현하지 않던가? 말이 전부가 아니라서 얼마나 다행인지 모른다. 구태여 침대보를 갈아서 그 위에 곱게 접은 수건을 놓고 그래도 부족했는지 뽀송뽀송한 수건 한 개를 더 얹은 다음 쪽지까지 살포시 올려두던 뚠뚠의 마음을 기억한다.

알고 보니
속속들이 |브릭필즈

인도식 튀김 와데를 입에 물고 우체국에 들러 엽서를 부친다. 펀자비 수트를 탐내며 옷가게를 기웃거리다가 어둑해질 즈음 말레이어를 배우러 간다. 수업을 마치고 나오면 노점에서 흘러나온 튀김 냄새가 집으로 향하는 건널목을 가로막는다. 어쩔 수 없이 한 자리 차지하고 앉아 꼬리곰탕 숩으꼬르를 떠먹는데 또 시각장애인이 지나간다. 도대체 이 동네는 어떤 곳이지?

브릭필즈Brickfields는 한쪽 끝에서 반대쪽 끝까지 삼십 분이면 충분히 걸을 수 있는 작은 동네다. 북쪽으로는 기찻길이 지나고 남쪽으로는 끌랑강이 흐르는 탓에 공간이 제한되어 있다. 대신, 브릭필즈에서 가장 붐비는 케이엘센트럴 역 주변은 고층 건물이 군락을 이룬다. 이 좁은 동네에 온갖 종교 사원과 열 곳이 넘는 학교, 각종 자선단체가 몰려 있고 인쇄업소와 마사지업소 사이사이 호텔도 즐비하다. 그리고 인도에 관한 모든 것을 찾을 수 있는 리틀인디아Little India가 브릭필즈에 있다. 인도 수입품 가게와 식품점, 인도 식당, 인도식 미용 서비스나 인도풍 옷가게까지 줄을 잇는다. 쿠알라룸푸르 인도계 공동체의 중심이라 할 수 있는 브릭필즈에는 역시 인도계 주민이 많다. 인도계 말레이시아인이라 하면 남인도와 스리랑카 북부에서 온 타밀Tamil 족이 대부분이고, 소수지만 파키스탄과 방글라데시, 네팔에 뿌리를 둔 사람도 포함한다.[16]

샬루는 인도 남쪽에서 왔다. 그녀는 남편이 출근하면 집안을 정리하고 창문을 활짝 열어 놓고서 나를 기다린다. 샬루에게 배우는 요가는 호흡과 명상, 태양예배로서 절차는 간단해 보여도 실천은 쉽지 않다. 아랫배에서 끌어올려 배꼽을 지나 흉부를 쓸고 코로 짧고 강하게 뱉는 숨, 풀무 호흡은 그 소리를 흉내 내기조차 어렵다. 오십 번쯤 내쉬어야 겨우 샬루와 호흡이 맞지만, 머리가 어지러워서 더 하지도 못한다. 태양예배를 하는 그녀의 몸놀림은 바람에 끄덕이는 벼 이삭처럼 유연하다. 스무 살 아들을 두었다는 게 믿기지 않을 만큼 탄탄하고 날렵하다. 요가가 끝나면 샬루는 매트를 말면서 쾌활하게 말한다. "짜이 만들어줄게!" 마살라 짜이를 좋아한다고 했더니 번거로운 차를 매번 끓여 준다. 술빵 맛이 나는 이들리를 곁들여 내거나, 어떤 날은 렌즈콩 반죽을 얇게 부쳐서 감자 카레와 함께 주고, 브리야니를 한 솥 볶아서 싸줄 때도 있다. 아들 또래라 짐작했던 내가 자기 동생뻘임을 안 뒤에도 변함없이 음식을 챙겨준다. 그래서 아무리 늦게 잠자리에 들어도 샬루와의 약속은 착실히 지킨다. 염불만큼 공든 잿밥도 소중하니까.

 샬루는 아들을 캐나다로 유학 보내고 남편과 함께 브릭필즈에 살고 있다. 쿠알라룸푸르에서 지낸 지 일 년이 넘었지만, 장 보거나 성당에 가고 가끔 영화관에 가는 것 말고 외출하지 않는다. 밖은 위험하다고 생각한다. "뭐라고요? 샬루, 그건 아니죠. 이 동네가 얼마나 좋은 곳인데요!" 그래서 한번은 그녀를 데리고 동네 야시장에 갔다. 샬루는 채소와 과일이 슈퍼마켓보다 싸고 신선하다며 큰 눈에 웃음을 그득 실었다. 하지만 숙달된 가정주부답게 후딱 장을 보고 총총 집으로 돌아가 버렸다. 샬루가 집안일만큼 열심인 게 있다면 피부와 모발 관리다. 인도 여자들이 아끼는 천연 식물로 만든 염색제나 마사지 제품부터 프랑스 유명 회사의 화장품까지 화장대를 겹겹이 채우다가 바닥으로 떨어져서 다시 탑을 쌓을 정도다. 탄력 넘치는 그녀의 머릿결과 건강한 매무새에 나는 가끔 머쓱해진다. 울타리가 되어주는 남편과 눈에 넣어도 아프지 않을 아들, 두 남자의 안식처인 샬루가 이룬 가정. 그녀는 그 세계가 만족스럽고 그 안에서 제일 편안하다.

옆집에 사는 여자와 친구 됐다며 화상 통화로 아들에게 자랑하고, 그 옆집 여자는 인도 옷을 한 벌 빼입고 나 좀 봐달라며 문을 두드린다. 발랄함을 천진하게 주고받으니 친구가 되나 보다. 쌉싸름한 차에 곁들여 밤톨만 한 팜 설탕을 날름 삼켜도 둘이서 하니 죄스럽지 않다. 결국, 샬루와 가장 오랜 시간을 보낸 곳은 그녀의 부엌이다.

샬루가 집을 생각하듯 나는 브릭필즈가 편안하다. 혼자서 기웃거리는 여행자 생활에 불과하지만, 쿠알라룸푸르에서 가장 오래 지낸 이 동네가 좋다. 너무 많이 봐서 시시한 게 아니라, 알고 보니 속속들이 사랑스럽다. 뚠삼반탄 길Jalan Tun Sambanthan의 화물 우체국 포스 라주Pos Laju 건너편에 와데를 만드는 노점상이 있다. 와데는 인도인들이 즐겨 먹는 튀김인데 콩 반죽으로 만들었기 때문에 두어 개만 먹어도 든든하다. 무엇보다 시간 없을 때 몇백 원으로 허기를 달래주는 간편함이 으뜸이다. 하루 장사가 끝나면 직원들이 어찌나 깨끗하게 청소하는지, 가게 옆에서 회오리바람을 일으키는 비둘기 떼를 봐도 살짝 눈감고 튀김을 베어 문다.

와데 노점에서 뚠삼반탄 길을 따라서 금은방 서너 개와 작은 호텔 두세 곳을 지나치면 케이엘센트럴 모노레일 역이 나온다. 역 주변에는 인도 음식점이 많다. 직원들이 하얀 셔츠에 검은 바지를 차려입고 점잖은 체하는 젬Gem이나 세계 각지에 지점을 둔 안잡빠Anjappar는 주변의 다른 식당보다 비싸지만, 맛으로 충분히 보상한다. 북인도 채식 백반인 탈리나 쌀알마다 양념이 고루 밴 브리야니, 육즙을 촉촉이 머금은 탄두리 요리 등 갖은 인도 음식이 깔끔하고 먹음직스럽게 나온다.

말레이시아에서는 인도계 무슬림이 운영하는 식당을 마막이라고 부른다. 대부분의 마막은 벽이 없이 트인 구조다. 활짝 열어젖

힌 식당은 여행자와 공간 사이를 좁히는 일등공신이기도 하다. 벽도 문도 애초에 없는 노점이라면 더 말할 것도 없다. 와데 노점에서 모노레일 역까지 걸은 만큼 다시 걸으면 YMCA가 나오는데, 이 건물 입구 맞은편에 바나나 튀김 삐상고렝Pisang Goreng을 파는 노점이 있고, 건물 뒷길 편의점 앞에는 말레이시아식 빙수 첸돌을 파는 노점이 있다. 두 곳 모두 꽤 알려진 가게다. 노점이 유명하다면 첫째는 맛이요 둘째는 싼값 아니겠는가? 이 두 노점에 대해 말하자면 첫째는 긴가민가해도 둘째만은 확실하다.

그리고 세상일이 그렇듯 언제나 예외는 있다. 살다 보면 맛도 값도 흡족하지 않은 노점을 만날 수 있다. 말레이어 수업이 끝나고 친구와 함께 모노레일 역 뒷길에 있는 한 식당에 갔다. 말레이시아에 온 지 반년쯤 되었다는 폴은 무엇이든지 한 번쯤 도전하는 정신으로 외국 생활을 즐기고 있다. 근처 식당을 거의 다 가봤다는 그가 브릭필즈 최고의 나시고렝 맛집이라고 자신한 곳이다. 허리 쪽이 팽팽히 늘어진 셔츠를 입은 주인아저씨가 우리를 반겨주었다.

"이야, 너네 어느 나라에서 왔어? 뭐 먹을래? 오늘 양고기가 정말 맛있거든? 한번 맛봐봐. 어때? 정말 괜찮지? 내가 아침 일찍 시장에서 제일 좋은 양고기를 골라 왔잖아. 이거 시켜먹는 게 어때? 정말 끝내주게 볶아줄게. 뭐? 나시고렝? 에이, 그것보다 이게 진짜 최고라니까. 하나만? 아냐, 너희 둘 다 이거 먹어. 요게 쪼금 비싸긴 한데 정말 후회 안 할 거야. 맛없으면 돈 안 내도 돼. 이걸로 너는 국수랑 그리고 너는 밥 넣고 볶아줄게. 그래그래, 돈 조금 더 얹어서 맛있는 걸 먹는 게 좋잖아? 앉아, 앉아."

앉으면서 방금 뭐였지, 하는 사이 양고기 요리 두 그릇이 나왔다. 동의도 한 것 같고 못 먹을 맛도 아니지만, 이 깔깔한 기분은 뭔가! 그때 그 식당에 가장 많이 남았던 음식이 양고기였다는 사실은 인정하고 싶지 않다. 맛없으면 내지 말란다고 진짜 돈을 안 낼 비양심이 웬만해선 없음을 노리는 수법, 주문하는 이보다 주문받는 자가 원하는 방향으로 흘러간 것이 찜찜하고 당당히 부정 못 한 자신이 못마땅했다. 팔고야 말겠다고 달려든 도깨비에 홀딱 쓰인 것만 같았다. 아이, 약올라! 아저씨는 자기 배꼽 위에 간신히 매달린 단추가 셔츠에서 이탈하려는 것도 모르고, 음식값 뻔한 이 바닥에서 뻥튀기한 가격을 명랑하게 불렀다. 풀이 죽은 폴이 말했다. "외국인 가격이지, 뭐." 서양인으로서 받는 특별 대우가 빈번했던 듯 그는 나에게 못내 미안해했다.

아! 어쩌겠는가! 바가지를 쓰고도 다음 날 아침이면 또 인도 식당에 앉아 있으니 그 매력은 거부할 수가 없다. 브릭필즈의 식당을 논하는 데 있어 비둘기 똥을 맞고도 굴하지 않고 찾아간 아나락쉬미Analakshimi가 빠질 수 없다. 아나락쉬미는 템플오브파인아트 Temple of Fine Arts Malaysia에서 운영하는 남인도식 채식 식당이다. 한적한 끌랑 강가에 있는 템플오브파인아트는 '조건 없이 봉사하며 사랑하고 나눈다'는 설립자의 정신에 따라, 인도 전통춤과 음악을 가르치고 공연하는 비영리단체다.

아나락쉬미는 뷔페를 자유롭게 즐기고 원하는 만큼 돈을 내는 운영 방식으로 유명하다. 싱가포르와 인도, 호주에 분점을 두고 있는데, 초기 운영 시 어려움이 많았던 브릭필즈 아나락쉬미는 뷔페식에 고정 금액을 받는다. 그런데 후일 알게 된 사실이 있다. 간소하게 차린 채식 뷔페에 값을 정하지 않고 제공하는 '아나락쉬미 리버사이드'라는 식당이 건물 뒤편에 남아있었다. "원하는 대로 먹고, 느낀 대로 나누세요. 당신을 믿습니다."라는 기치 아래에 어려운 이를 돕고자 하는 아나락쉬미의 진심은 변하지 않았다.[17] 비밀을 알려준 사람은 시청 주관 브릭필즈 걷기 여행의 진행자였다. 그는 사회에 환원하고자 하는 마음과 음식을 준비한 정성을 이해하고 값을 치를 줄 아는 사람이 이 식당을 더 많이 찾길 기대했다.

브릭필즈 걷기 여행은 비베카난다 아쉬람Vivekananda Ashram에서 출발한다. 사원에서 시작해서 사원에서 끝난다고 해도 과언이 아닐 만큼 브릭필즈에는 종교 사적이 많다. 이 좁은 동네에서 교회와 성당, 이슬람, 힌두, 중국 불교 사원을 모두 찾을 수 있으며, 이들은 학교나 자선단체를 운영하면서 각종 사회 공헌 사업에 이바지한다. 각 단체는 정기적으로 무료식사를 준비해 생활이 넉넉지 못한 이들이 하루 한 끼만큼은 무료로 식사할 수 있도록 배려한다. YMCA는 토요일 점심을 제공하며 원하는 사람 누구나 자원봉사가 가능하다. 끌랑강을 따라 뻗은 잘란 뜨빙Jalan Tebing에 있는 시각장애인협회에서는 책을 읽고 녹음하거나 다른 관련 업무에 참여할 수 있다. 이곳에서 직업 훈련을 받은 안마사가 주변

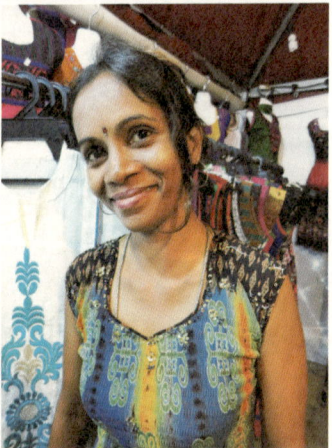

마사지 업체 취업으로 이어지는 경우가 많다고 한다.

브릭필즈는 이름에서 짐작할 수 있듯이 벽돌을 생산하던 곳이다. 지금은 벽돌 공장 흔적을 찾을 수 없다. 그러나 공장에서 일하던 인도인의 공동체만은 그 자리에 굳건히 남았다. 군침 도는 인도 음식이 어디에나 있고 그 음식을 즐길 외부인이 쉼 없이 드나들며 곳곳에서 기도와 교육, 사회환원 활동이 끊이지 않는 알면 알수록 재밌는 브릭필즈다.

옛날에 브릭필즈는[18]

옛날 쿠알라룸푸르의 집들은 나무와 짚으로 지어져 비와 불에 취약했다. 1881년 유례없이 큰 화재와 홍수를 겪은 뒤 영국 식민 정부는 벽돌로 건물을 짓도록 했다. 가마터는 점토가 흔한 끌랑 강가인 지금의 브릭필즈로 정해졌다. 중국 회사가 벽돌 만드는 기술을 담당하고 남인도에서 온 사람들이 일꾼으로 고용되었으며, 이들은 벽돌 공장 주변에 터를 잡았다. 도시가 성장함에 따라 질 좋은 브릭필즈의 벽돌 또한 명성이 높아졌고, 끌랑과 쿠알라룸푸르를 잇는 기차역 설립은 더 많은 노동자를 브릭필즈로 끌어들였다. 현재 쿠알라룸푸르 기차역은 브릭필즈와 마스지드 자멕 중간쯤에 있는데, 이용자가 많지 않아 한산하다. 대신 역에서 서남쪽으로 1.5km쯤 떨어진 장소(옛날 기관차 차고로 쓰던 자리)에 들어선 케이엘센트럴 역이 도시의 교통 중심 역할을 한다. 쿠알라룸푸르의 거의 모든 대중교통 수단은 케이엘센트럴을 지난다. 그래서 브릭필즈에는 호텔이 많고 도시 안팎에서 찾는 사람으로 북적댄다. 케이엘센트럴 역 앞으로 브릭필즈를 관통하는 뚠삼반탄 길이 지나고, 이 대로의 서쪽 입구에 리틀인디아가 있다. 본래 쿠알라룸푸르의 리틀인디아는 마스지드 자멕 역 근처에 있는 마스지드 인디아Masjid India 주변이었으나, 2009년부터 브릭필즈의 현 위치가 공식적인 리틀인디아로 선정되었다.

세상에
흥미를 잃지 않은
눈으로 |케이엘센트럴

말레이시아는 음식 포장 문화가 발달했다. 모든 국민이 하루에 한 끼쯤은 포장 음식으로 때우나 싶을 만큼 음식 포장이 흔하다. 포장 용기로는 바나나 잎과 코팅된 누런 종이를 쓰기도 하지만, 대부분은 플라스틱이나 스티로폼 용기에 담아준다. 뜨거운 국물조차 두꺼운 비닐 포장지에 넣어주니, 포장하지 못할 음식이란 없을 것 같다. 더불어 쓰레기통 주변에서 나뒹구는 포장 용기도 참 많다.

말레이시아에서는 쓰레기를 따로 거두지 않는다. 어떻게 모두 섞어서 버리느냐며 마치 태어날 때부터 분리배출을 해 온 것처럼 친구에게 물었더니, 나중에 청소부가 다 알아서 한다는 태평한 대답이 돌아왔다. 그런데 어느 새벽 정말로 쓰레기를 분류하고 있는 환경미화원을 보았다. 비효율적인 수거 방법과 재활용되지 않는 자원에 실색했다. 더불어 분리수거를 안전장치로 착각하여 분별없이 사고 쓰는 무지각과 비양심을 들킨 기분이 들어 찝찝했다. 깔끔하면서 세련되고 예쁜 풍경만 볼 수 있다면, 그건 여행사 광고에 지나지 않을 것이다. 까마귀 떼가 다녀간 듯 널브러진 쓰레기 더미는 말레이시아의 예사로운 풍경이다.

그 환경미화원을 본 곳이 리틀인디아다. 나는 수없이 이 거리를 지나면서도 무관심한 척했다. 그 이유는 아마도 지나치게 적극적인 분위기 때문이었던 것 같다. 리틀인디아의 상징은 노랑, 파랑, 보라색으로 칠한 아치형 도로 장식물과 길바닥에 깐 분홍 벽돌이다. 이미 화려한 장식에 더해 큼직한 간판과 장식용 전구까지 주렁주렁 달렸다. 이 간판과 전구에 불이 켜지고 발리우드 음악이 요란하게 울려 퍼질 때면, 보색 대비를 최대한 활용한 인도 옷들이 춤을 추고, 손등에 그린 검은 헤나 문양이 팔을 기어 올라가 목구멍을 타고 넘어갈 것만 같다. 그 떠들썩함에 압도된 나는 채소 두어 가지를 산 뒤 빨리 빠져나오곤 했다.

 하지만 아쉬웠다. 자주 오는 곳인데 정붙인 가게가 하나도 없다니. 그래서 오랫동안 해보고 싶던 일을 실행하기로 했다. 어느 월요일 점심시간, 리틀인디아에서 가장 붐비는 식당을 골라서 들어갔다. 저기요, 하고 어깨를 두드리면 바쁜 거 안 보이냐며 버럭 지를 것 같은 공기가 팽팽했다. 그 흐름을 흩트리지 않고 어떻게 밥을 시켜 먹나 곁눈질했다. 사람들 따라서 접시에 밥과 반찬을 골라 얹고 앉으니, 날렵한 직원이 다가와 가격을 갈겨 적은 쪽지를 남기고 사라졌다. "잠깐만요, 저는 숟가락 좀 주세요!" 나는 그의 등을 향해 다급히 소리치고야 말았다. 손으로 식사하던 사람들 시선도, 빈자리를 찾는 직장인 눈치도 모르는 척 밥 한술 뜨자 여유가 생겼다. 긴장한 탓에 반찬을 제대로 고르진 못했으나 인도식 백반 나시깐다를 시켜 먹는 데 성공했다. 밥그릇이 비어갈 즈음 리틀인디아 모퉁이에 자리 잡고 시원하게 벽을 튼 식당이 조금 편안하게 느껴졌다. 기둥과 기둥 사이에서 상영 중인 바깥 풍경도 볼만했다. 다음에는 로작을 먹어보겠다고 다짐했다. 그저 그런 곳은 없다. 그저 그렇게 여기는 시시한 생각은 있을지언정.

 리틀인디아의 중심인 뚠삼반탄 길은 코끼리 분수대를 지나 케이엘센트럴로 향한다. 쿠알라룸푸르 남쪽에서 달려온 공항버스도

이 길을 따라 터미널로 들어간다. 공항버스 정류장 바로 옆에서는 새 건물을 짓는 공사가 한창이다. 종일 자동차 매연과 담배 연기가 우열을 다투며 낮게 깔리고, 공사장 먼지는 비가 내려도 가라앉을 줄 모른다. 공항버스 정류장과 터미널을 연결하는 통로는 올라가는 에스컬레이터 하나와 좁은 계단이 전부다. 그나마 에스컬레이터는 자주 고장 난다. 그러면 한 사람이 지나기에 넉넉하고 두 사람이 지나자면 서로 부딪칠 수밖에 없는 계단으로 모두 몰린다. 큰 짐이라도 있으면 정말 난감하다. 뜻밖에도 '짐 무료 운반'이라고 쓴 조끼를 입은 남자가 벌떡 나선다. 그는 먼저 짐에 손을 대더니, 가방이 크다며 돈을 달라고 요구한다. 그 당당함이 황당하지만, 어영부영 돈은 오가고 짐도 옮겨진다.

관광객, 특히 대중교통에 의존하는 배낭 여행객에게 케이엘센트럴은 쿠알라룸푸르의 관문과도 같다. 다른 나라나 도시로 가기 위해서 비행기나 기차를 타려면 이 터미널을 이용해야 한다. 케이엘센트럴은 떠날 시간을 기다리기에 좋은 장소다. 공항보다 싸면서 맛이 좋은 음식점이 많고 걸어서 십 분이면 식물원에 갈 수 있으니 마지막 노을 구경 운운하는 낭만 놀이도 할 만하다. 짐 보관함 옆 과일 가게는 온갖 열대 과일을 먹기 좋게 잘라서 판다. 좋아하는 과일을 모두 맛보고도 아쉬우면, 코코넛만 전문으로 파는 가게를 찾는다. 스리가 운영하는 코코넛 가게는 작은 선술집을 연상시킨다. 좁다란 매대를 사이에 두고 손님과 직원이 마주 볼 수 있게 꾸몄다. 가게 살림이라곤 간단한 개수대와 작업대가 딸린 매대, 코코넛을 보관하는 냉장고, 등받이 없는 의자 세 개가 전부다. 스리는 홀쭉한 체격에 짙고 윤기 흐르는 머리칼을 가졌다. 그는 처음 보는 손님도 단골처럼 맞이하는 재주가 있는데, 대화가 재밌을 땐 낮고 재빠르게 '아하하하하'라고 말하듯이 웃는다. 삐낭에서 나고 자란 그는 고향 코코넛만 취급한다. 신선한 코코넛을 깨고 얻은 주스 한 잔이 4.50링깃. 여기에서 몇 센트도 더 받지 않으면서, 코코넛이 덜 익어 내가 좋아하는 과육이 없을 땐 오히려 돈을 적게 받는다. 스리가 하는 말의 반쯤은 알아듣지 못하면서도 그가 없으면 서운하다. 사람이 많이 오가는 길목에 있던 그의 가게가 한적한 구석으로 밀려났을 땐 나도 속상했다. 하지만 스리는 어깨를 으쓱하곤 가게를 정돈해 다시 손님을 맞이하고, 그동안 잘 지냈는지 일은 잘되어 가는지 물을 뿐이다. 끊이지 않는 물음표를 담은 스리의 눈은 세상에 흥미를 잃지 않았다.

코코넛 가게 앞쪽에는 말레이 식당과 인도네시아 식당이 어깨를 맞대고 있다. 출근 시간이 지나 한가한 오전이면 말레이시아 식당에 앉아서 반숙한 달걀노른자에 빵을 찍어 먹는다. 접시 하나에 튀긴 닭고기와 생선 조각, 몇 가지 채소 반찬을 올린 인도네시아 음식점의 기본 메뉴도 집밥처럼 맛이 좋다. 이 두 식당과 코코넛 가게 사이에는 탁자와 의자가 여러 개 놓여있다. 그 자리가 없었다면 어느 날 나는 길바닥에서 엉엉 울어버렸을 것이다.

발단은 고양이였다. 피치 못할 사정으로 친구의 고양이를 잠시 맡게 되었다. 고양이 주인에겐 걱정하지 말라고 했다. 그런데 고양이가 든 거다란 상자를 들고 당시 얹혀살던 다른 친구 집에 들어가다가 경비 아저씨에게 목덜미를 잡혔다. 그는 이 아파트는 동물 반입 금지라는 금시초문의 문장을 들먹였다. 아니, 내가 아는 한 이 아파트에 사는 개 종류만 따져도 열 종은 될 텐데 무슨 소린가? 관리실 직원은 고양이 상자를 굉장히 불쾌하게 바라보았고, 결국 우리는 쫓겨났다. 뙤약볕 아래에 서서 상황을 더듬어봤다. 아! 여기는 고급 아파트다. 수영장과 헬스클럽, 독서실, 세탁소, 편의점, 카페 등 편의시설을 두루 갖추었으며, 입주자 중에 차 없는 사람은 없을 것이다. 동물이라 할지라도 차를 타고 이사 와서 차에 실려 암암리에 출입한다. 반려동물 상자를 들고 두 발로 경비실 앞을 지나가는 나 같은 꺼벙이는 없었을 테다.

더운 날씨에 좁은 공간에 갇혀서 온갖 소음에 노출된 야옹이는 앞발로 창살을 움켜쥐고 자유를 요구했다. 안면 있는 식당 주인도 동물은 곤란하다며 난처해 했다. 맥도날드 책임자마저 거절했고, 스타벅스는 문턱도 못 넘었다. 그리고 어쩌다 보니 나와 고양이는 케이엘센트럴로 흘러들었다.

하필이면 스리는 자리를 비웠다. 간이 콩알만 해진 나는 인도네시아 식당 직원에게 물었다. "고양이랑 같이 있는데 여기 앉아서 뭣 좀 시켜 먹어도 돼요?" 젊은 여자는 별걸 다 묻는다는 듯 고개를 까딱했다. 주변 식당 직원들이 상자 속 야옹이에 관심을 보였다. 팥빙수를 시켰지만, 고양이를 두고 화장실에 가기가 겁나서 한 술도 못 떴다. 다른 심장을 책임져 본 적이 없는 내 가슴이 마구 고동쳤다. 고양이를 처량하게 만들어 미안했고 새삼스레 나그네 생활이 부끄러웠으며 짧은 시간에 여러 번 거부당하는 게 괴로웠다. 아파트 관리실 직원의 못마땅해하던 얼굴이 잊히지 않았다. 그의 얼굴에 내 모습이 자꾸 겹치는 건 더 참기 힘들었다. 동물과 제대로 살아본 적이 없던 나도 그 직원과 다르지 않았다. 옆집 개가 짖어대면 유난스럽게 산다고 불평했고 개털 날리는 집안은 상상만 해도 질색했다. 동물원에 갇혀 볼거리로 전락하거나 인간을 위한 실험 대상으로 희생하는 동물에 대해서 심각한 의문을 갖지 못했다. 그러고도 '지구는 인간의 전유물이 아니야. 함께 사는 세상이지.' 하고 생각하는 나는 괜찮은 사람이라고 자위했다. 그날 밤 나는 작은 생명을 무사히 인계하고 나서야 가슴을 쓸어내렸다.

케이엘센트럴 역 내 광고판에서는 두 해 동안 똑같은 음악이 흐른다. 세 배 정도 바가지를 씌울 관광객을 기다리는 택시 기사들이 진을 치고, 흙먼지와 페인트 냄새가 가시지 않는 곳이기도 하다. 모든 집짓기가 끝나면 훨씬 숨쉬기 편할 테다. 하지만 다시 왔을 때 예전 모습을 찾을 수 없으면 조금 섭섭할 것 같다. 호기심 가득하면서 따뜻하고, 동물도 마다치 않고 반겨주는 얼굴들은 여전하길 기대한다.

따로 그리고
함께 사는 말레이시아
|깜뽕바루

멀리 돌아가기 귀찮아서 괜히 서성이며 사람들을 훔쳐본다. 옳지! 찾았다! LRT(경전철) 깜뽕바루Kampung Baru 역사 뒤쪽에 마을로 들어가는 작은 문이 있었다. 문을 통과하니 풀밭에 커다란 빨래들이 널려있다. 무언가 하니 근처 천막공장이 그 주인이다. 공장 안팎에는 각종 행사에 사용되는 천막이 빼곡히 쌓여있고, 공장 안에서는 정리 작업이 한창이다. 외국에서 온 일꾼들과 지나가던 한국인의 대화는 말레이어로 떠듬거리느라 진행이 잘 안 된다. 그 일꾼들은 삼 년 만에 다시 만난 손님이라도 되는 듯 나에게 놀다 가라며 한사코 우기고, 나는 앉을까 말까 잠시 고민하다가 다음에 보자는 거짓말을 하고 손을 흔든다. 보내기도 떠나기도 아쉬운 방글라데시인·파키스탄인·인도네시아인·한국인은 십게손가락을 치켜들고 사뚜 말레이시아Satu Malaysia(다민족의 화합을 지향하는 정부 구호로서 '하나의 말레이시아'라는 뜻.)를 외친다.

공장 안에만 있기엔 아직 걸어보지 못한 이 동네가 궁금하다. 먹다 만 오이를 손에 쥐고 껌뻑 졸고 있는 구멍가게 아주머니가 한가한 오전과 잘 어울린다. 문만 열어 놓고 사람은 보이지 않는 가게가 많은데, 띄엄띄엄 진열된 상품 중 골동품이 제법 눈에 띄는 것이 우연은 아니다. 깜뽕바루는 쿠알라룸푸르에서 가장 오래된 말레이 주거지역이다. 끌랑강을 사이에 두고 케이엘씨씨와 마주한 이 동네는 영국 식민 시절 늘어나는 말레이 농부들을 위해 세워지면서 '새로운baru 마을kampung'이라는 이름을 얻었다.

새로 깔린 보도블록을 보니 마을은 최근에 새 단장을 한 모양이다. 그래서인지 기대와 달리 오래된 느낌이 없다. 다만, 보도블록이 넘지 못하는 사적인 공간에서 세월이 깃든 가옥을 엿볼 수 있다. 전통적으로 말레이인들은 땅에 기둥을 세우고 그 위에 나무와 짚으로 지은 집을 올려 살았다. 이렇게 습한 땅에서 적당히 떨어진 구조 덕분에 집 아래로 바람이 흘러 집안 온도를 낮출 수 있다. 또한, 혹시 모를 홍수에 대비하고 야생 동물의 공격도 피하는 기능을 한다. 뾰족한 모양의 지붕과 큰 창문 역시 통풍을 돕기 위한 설계다. 이런 동남아의 전형적인 가옥에 대해 한국동남아학회장인 신윤환 교수는 『동남아문화 산책』에서 흥미로운 이야기를 들려준다. 저자에 따르면 옛날 동남아에서는 혼인으로 새 가정이 생기면 동네 장정 몇이 '뚝딱' 집을 지었는데, '분가가 쉬웠으니 핵가족화가 일반적'이었으며, 천재지변이나 전쟁이 발생해도 여럿이 집을 '들어 옮기'거나 미련 없이 버리고 새 땅에 다시 터를 잡았다는 것이다.[19] 이런 생활이 가능했던 것은 비옥한 자연과 넓은 땅에 비해 사람은 적었기 때문이라고 한다. 지금은 인구가 불어나 상황이 달라졌지만, '걱정할 것 뭐 있어, 안 될 것 없다'는 듯한 낙천성이 그들에겐 여전해 보인다.

그런 해맑은 기운이 가득한 집을 하마터면 그냥 지나칠 뻔했다. 뒷걸음질로 다시 문 앞에 섰다. 할머니와 아주머니 한 분, 청소년 둘, 아이 여섯이 마당에서 오전 한때를 보내고 있다. 문간에 빼꼼히 얼굴을 들이밀며 "슬라맛 빠기Selamat Pagi(좋은 아침이에요)!" 하고 인사를 건넨다. 말레이어를 쓰면서 생글거리는 나의 노력과 무관하게 그들은 경계하는 눈치가 전혀 없다. 갑작스러운 방문객에 아이들의 호기심이 냉큼 고개를 든다. 고등학교에 다닌다는 파하나는 내가 한국인임을 한눈에 알아챘다나? 빨래를 널면서도 이어폰을 꽂고 한국 노래를 듣는 그녀는 열렬한 케이팝 팬이라고 한다. 할머니의 자손 세 가족이 한 집에 모여 산다고 하니, 나도 모르게 집 안으로 눈이 간다. 대충 봐도 세 가족이 살기에 집이 한참 작아 보인다. 아버지들은 모두 일터에 나갔고 남은 이들은 아침 일찍 나시르막을 만들어 집 앞에서 파는데, 오늘도 만든 음식을 남김없이 팔고 막 여유가 생긴 참이라고 한다. 학교에 가기엔 한두 살이 모자라 보이는 남자아이 셋이 나에게 달라붙는다. 꼬맹이들 장단에 맞춰 뒹굴며 놀자니 땀이 쭉 난다. 때맞춰 내어주신 음료수를 마시고 파하나가 알려준 식당을 찾아 나선다.

라자무다무사Raja Muda Musa 길은 말레이 음식점으로 유명한 골목이다. 나시르막과 사떼는 물론이고 국수와 스테이크, 해산물 요리를 전문으로 하는 식당을 두루 갖췄다. 소개받은 식당은 생선구이 이깐바까르 식당인데 말레이식 백반인 나시짬뿌까지 갖춘 이름난 집이라고 한다. 마침 끼니때를 맞아서 줄지어 선 회사원들을 보니 오늘 점심은 잘 먹겠구나 싶다. 수십 개 반찬 종류에 눈이 즐겁고 이깐바까르 냄새로 코가 호강이다. 라자무다무사의 식당들은 밤늦게까지 운영한다. 덕분에 클럽에서 춤추다가 허기진 젊은이들의 단골 식당 역할도 한다. 토요일이면 마을 가운데에서 야시장도 열리니 흥 있는 이야깃거리 만들며 살만하겠다.

하지만 사십여 년 전만 해도 깜뽕바루는 물론 이 도시 전체에서 평화를 상상할 수 없었다. 1969년 쿠알라룸푸르 곳곳에서 수많은 사람이 목숨을 잃고 집과 차가 불에 휩싸인 민족 유혈 충돌 사태가 발생했다. 사건의 결정적 계기는 그해 5월 선거였지만, 식민 정부의 분리통치정책으로 누적된 민족 갈등은 어떻게라도 터질 준비가 되어 있었다. 영국 식민 정부의 이주 정책으로 페낭 같은 무역항이나 쿠알라룸푸르 같은 광산 주변에 정착한 중국인들은 무역상과 사업가로 활동하면서 부를 축적할 수 있었다. 하지만 말레이인은 가능한 시골에 남아서 전통 생활을 유지하도록 장려되었다. 민족 간 경제적 격차가 커짐에 따라, 말레이인들은 오랫동안 살아오던 땅을 빼앗기게 될까 봐 불안해했다.[20]

정치적으로도 불안은 계속되었다. 독립한 지 6년 만인 1963년에 말레이반도를 중심으로 한 말라야연방Federation of Malaya과 싱가포르, 북부 보르네오가 말레이시아를 결성했다. 그러나 2년 만에 싱가포르가 빠져나가는 진통 속에서 내부 갈등은 고조되어 갔다. 그리고 1969년 5월, 모든 말레이시아인이 잊을 수 없는 사건이 터졌다. 5월 10일 총선거 결과 여당은 전체 득표율 절반을 넘지 못했고 국회 의석수가 현저히 줄었다. 중국 야당이 이룬 고무적인 성과에 흥분한 중국인들이 이튿날 축하 행진을 하며 말레이 주거지를 통과했다. 한편 여당 지지자들은 다수 의석을 겨우 유지할 수 있었던 여당의 건재를 과시하기 위해 13일 깜뽕바루에 모였다. 그리고 그날 저녁 도시 곳곳에서 말레이인과 중국인이 충돌하는 유혈 사태가 발발했다. 비상사태가 선포된 가운데 경찰은 이백 명 가까이 목숨을 잃었다고 발표했으나, 비공식 집계는 실제 사망자가 팔백 명에서 천 명에 달했을 것으로 추정한다.[21]

이 비극적 사건은 강력한 중앙 정부와 신경제정책New Economic Policy 실행의 계기가 되었다. 신경제정책의 목표는 '국민 경제의 재편성을 통한 경제 성장과 사회 통합'이지만, 실체는 부미뿌뜨라 우대 정책에 가까웠다.[22] 부미뿌뜨라Bumi Putera는 말레이어로 '땅의 아들'이라는 뜻으로서 말레이계와 토착민을 일컫는다. 신경제정책에 따르면 부미뿌뜨라는 집을 살 때 소득에 상관없이 할인을 받고, 국공립대 진학이나 공무원 임용에 할당량이 보장되며, 모든 사업장의 일정 지분을 부미뿌뜨라가 소유해야 한다. 또한, 정부는 말레이인의 특권과 공식 종교로서의 이슬람, 국어로서의 말레이어, 술탄의 지위와 권한에 대한 문제 제기를 금하는 개헌안을 통과시켰다.[23]

내가 말레이시아에서 사귄 첫 친구인 크리스탈은 중국계다. 그녀는 자기보다 공부를 못하는 말레이 친구가 더 좋은 대학에 갈 수밖에 없는 운명을 타고났다. 그래도 그녀는 아랑곳하지 않았고, 기회가 있는 곳에서 디자인을 배우고 유쾌한 그림을 그리는 젊은 이가 되었다. 언젠가 크리스탈이 영화 한 편을 보여주었다. 홍콩 영화를 좋아하는 말레이 여학생과 시를 쓰는 중국인 청년의 사랑을 그린 <스뻿Sepet>이라는 영화였다. 민족을 뛰어넘은 사랑 이야기라니, 궁금하던 바였다. 눈물샘을 자극하려는 영화의 막바지가 아쉽긴 해도, 스쿠터를 타고 다니는 주인공 설정이나 복제 영화 CD를 파는 가판대와 중국 식당, 말레이 식당 혹은 패스트푸드점을 오가는 풍경은 젊은 말레이시아인의 하루를 뒤쫓듯이 생생했다.

이 영화를 만든 감독 야스민 아흐맛Jasmin Ahmad은 다문화 사회에서의 이해와 관용, 믿음과 사랑에 관한 작품들로 국제적인 주목을 받았다. 말레이어 주류의 말레이시아 영화계에서 다양한 민족과 언어, 생활상을 녹여낸 아흐맛의 영화야말로 가감 없이 말레이시아를 표현했다는 평을 얻었지만, 민감한 주제 때문에 국내 상영을 위해 편집해야 할 만큼 보수주의자들 사이에서는 논란도 많았다. 아흐맛 감독은 영화 제작에 앞서 광고 기획자로 이름을 알렸다. 사랑과 감동에 해학까지 갖춘 그녀의 광고 또한 많은 사람이 공감했다. 그중 국영 석유 회사인 페트로나스와 작업한 광고가 유명하다. 아흐맛 감독의 광고는 각 민족의 명절이나 독립기념일에 맞춰 방송되었는데, 석유 좀 팔겠다고 달려든 광고는 아니었다. 예를 들면 이런 내용이다.

/늙은 아버지가 아들에게 한 새의 이름을 묻고 또 묻는다. 아들이 두어 번 대답하다가 짜증을 내자 늙은 아버지는 오래된 일기장을 보여준다. 장성한 아들은 잊었다. 자신이 어릴 적 까치라는 단어를 익히기 위해서 젊은 아버지에게 얼마나 묻고 또 물었는지, 젊은 아버지는 몇 번이고 또박또박 대답해 주었는지를.

/한 남자가 말한다. 아버지와 다시 함께할 수 있는 하루가 주어진다면, 조금 더 기다려주고 같이 노래 부르고 그의 물음에 매번 대답해줄 거라고. 그 아들이 어머니에게 말한다. 아직 곁에 있는 어머니, 당신과 함께 살고 싶다고.

/홍밍은 아홉 살쯤 되었다. "걔 이름은 우미에요. 우미 카즈리나. 제가 좋아해요. 그렇지만 비밀이에요. 온 세상이 다 알게 하고 싶지 않거든요. 모두 날 비웃을 거예요. 왜냐면 우미는 나를 좋아하지 않거든요." 그리고 등장한, 홍밍보다 피부 색깔이 짙은 우미가 이렇게 말한다. "제일 친한 친구는 홍밍이에요. 얘가 제 남자친구예요." 그 말을 듣자 너무 놀라고 기쁜 나머지 홍밍은 우미를 데리고 카메라에서 멀어진다. 감독은 자막으로 말한다. "우리 아이들은 인종을 차별하지 않습니다. 그들을 이대로 자라게 할 순 없나요?"[24]

가족의 소중함과 민족을 넘어선 사랑과 화합을 잔잔하게 풀어낸 영상은 보는 이의 가슴을 지그시 누른다. 아흐맛 감독의 작품이 감상에 치우쳤다고 비판하는 이들에게 그는 이렇게 묻는다. "왜 감상적이길 두려워하죠?"[25] 그러게 말이다. 바빠서 혹은 낯간지러워서 하지 못하는 말이 얼마나 많은가? 말하지 않아도 알겠거니 하며 그냥 지나친 그 말보다 우리를 따뜻하게 감싸주는 말도 드물다. 감독은 광고를 통해서 솔직해지자고 넌지시 말을 건넨다. 그것도 하필이면 명절을 앞두고.

그녀의 동료였던 아미르 무하맛Amir Muhammad 감독은 한 잡지에 기고한 글에서 아흐맛 감독을 이렇게 회고했다.

"야스민 아흐맛은 말레이시아의 다문화 유산을 짐이 아닌 축복으로 여겼다. 젊음에서 희망을 보았으며, 그들의 삶을 조명했고 신인 감독을 독려했다. 그녀는 쿠알라룸푸르가 아닌 이포에서 촬영하고 신인 배우를 기용했던 것처럼 안전한 길에 의존하지 않았으며 주류가 아니어도 멋지게 해낼 수 있음을 보여주었다."[26]

아흐맛 감독은 중국계 말레이시아인과 결혼했으며 2009년에 타계했다. 민족 갈등과 사회적 약자를 이야기했던 아흐맛 감독은 사회 문제를 고민하는 크리스탈 같은 젊은이들의 우상이 되었다. 아흐맛이 희망을 품고 지지했던 청년, 그리고 그런 아흐맛의 이야기에 귀를 기울이는 청년들이 말레이시아를 어떻게 이끌어 나갈지 궁금하다.

생김새와 생각이 다른 것은 말레이시아인들에게 당연한 일이다. 그들은 외국인에게 스스럼없이 대하면서도 관심이 넘치지 않는 동시에 겸손을 잃지 않는 미덕을 지녔다. 이는 오랜 세월 다민족이 한 테두리 안에서 피를 흘리며 터득한 자세일 것이다. 그런데 가끔은 다른 민족의 풍습이나 관습에 대한 그들의 무관심이 너무 자연스러워 당황스럽기도 하다. 사회적 불평등을 감내하는 중국인과 인도인, 선주민으로서의 특권을 놓칠 수 없는 말레이인, 그리고 권력과 부를 거머쥔 자와 소외된 다수. 이들은 당연한 듯 함께, 그렇지 않은 듯 따로 살고 있다.

말레이시아 인구와 종교[27]

'말레이Malay(말레이어로 믈라유Melayu)'는 말레이시아 땅의 선주민인 말레이 민족을 지칭하는 말로서 중국계와 인도계까지 포함한 '말레이시아인Malaysian'과 구분해 사용한다. 2010년 기준으로 말레이 민족은 전체 인구의 50% 정도를 차지하며, 이반과 카다잔-두순 등의 토착민 약 12%와 함께 부미뿌뜨라에 속한다. 말레이계 말레이시아인은 헌법상 무슬림으로 간주한다. 말레이계를 제외한 부미뿌뜨라의 절반 가까이는 그리스도를 따른다. 중국계 말레이시아인은 인구의 약 23%에 달하는데, 유교를 바탕으로 불교, 도교, 그리스도교와 중국 토속종교 등을 따른다. 인도계 말레이시아인은 인구의 약 7%를 이룬다. 종교는 힌두교, 이슬람, 그리스도교, 시크교 등으로 다양하나 대부분은 힌두 문화를 지킨다.

말레이시아 사람들은 언제부터 이슬람을 믿었을까?

동남아시아의 무슬림 분포는 말레이시아·인도네시아·브루나이·필리핀 남부에 집중하며, 2억 5천만 인구 중 85% 이상이 무슬림인 인도네시아에 힘입어 이슬람은 동남아에서 가장 많은 사람이 믿는 종교가 되었다.[28] 인도차이나 반도와 말레이제도에 이슬람을 소개한 이들은 아랍과 인도의 상인과 종교인들로서, 그 시기는 12세기 전후로 여겨진다. 해상 무역이 활기를 띠면서 상업 활동에 있어 이슬람의 중요성이 드러났고, 1400년 즈음에 등장한 믈라까 왕국의 왕이 이슬람으로 개종하면서 말레이반도에 이슬람이 번성했다. 그 후 유럽의 간섭으로 중국인과 인도인이 대거 유입되며 사회가 다변화되었으나, 말레이시아의 공식 종교는 엄연히 이슬람이다. 종교의 자유를 허용하지만 무슬림에 대한 포교 활동은 금지한다. 사람들은 공적인 장소에서 종교나 정치에 관한 민감한 대화는 자제한다. 그들은 종교 싸움이 민족 분쟁으로 이어질 수 있음을 알고 있다. 현재 말레이시아의 무슬림 인구는 전체 인구의 60%를 조금 넘는다.

신경제정책은 지속해야 하는가?

신경제정책은 1971년에 채택되어 1990년에 종료되었지만, 대부분은 살아남아 이후 정책에 반영되고 있다. 신경제정책 이후 말레이계의 빈곤율이 줄고 경제력은 늘었지만, 할당제도가 오히려 부미뿌뜨라의 경쟁력을 떨어뜨리고 부패를 양산한다는 평가를 받는다. 한편 평범한 말레이인이 얻는 특혜는 극히 적고 기득권의 배를 불리기 위한 제도라는 지적도 끊이지 않는다. 기회의 평등이 아닌 결과의 평등에 초점을 맞추고 도움이 필요한 곳이 아닌 민족 기준으로 설정된 지원 정책은 비난의 대상이다.[29]

말레이시아 정부는 신경제정책 중 말레이계의 자산 비율을 30%까지 끌어올린다는 목표가 아직 달성되지 않았다면서 신경제정책을 놓지 않는다. 이러한 정부의 고집에 대해 경제학자 까말 살리Tan Sri Dr Kamal Salih는 말레이시아 인사이더 지와의 대화에서 이렇게 말했다. "(순전히) 불평등과 빈부 격차를 줄이려고 노력한다면, 특혜는 어쨌든 많은 부미뿌뜨라에게 돌아갈 것이다. 민족을 구분하지 않고도 문제를 해결할 수 있는데, 왜 구태여 인종차별이라는 비난을 받으면서 신경제정책을 고수하려 하는가?" 그는 부미뿌뜨라 우대 정책이 빈곤을 해결할 수 없다고 지적하면서, "불평등은 더는 민족 간 문제로 설명할 수 없으며, 부자와 가난한 자의 구분은 이제 소득 수준이 결정짓기 때문에 지역 불균등을 극복할 접근법을 찾아야 한다."고 주장한다.[30]

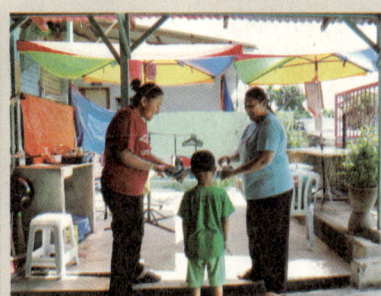

누구나
주인공이 되는
|케이엘씨씨

쿠알라룸푸르 어느 구석을 돌아다녀도 저녁 즈음이면 으레 들르는 곳이 있다. 볼거리가 있고 먹거리를 찾기 쉽고 무료로 화장실을 쓸 수 있는 데다가 나무 아래 놓인 의자가 있고 사람이 많으면서도 혼자일 수 있는 곳, 케이엘씨씨다. 케이엘씨씨KLCC(Kuala Lumpur City Centre)는 쿠알라룸푸르 관광의 처음이거나 마지막이다. 한때 세계에서 제일 높은 건물이었던 페트로나스 트윈 타워 Petronas Twin Towers가 바로 이곳에 있기 때문이다. 많은 여행자가 이 쌍둥이 건물을 보고 싶어 하고 마음에 들어 한다. 나도 그런 이들 중 하나인데, 왜 좋은지 도통 설명이 되지 않아 다른 여행자에게 물었다. "왜 저렇게 예쁠까요?" "글쎄요, 그냥 좋네요!" 시시한 대답이 돌아왔다.

페트로나스 트윈 타워는 지상 88층, 452m 높이의 쌍둥이 건물이다. 1992년 건설 계획을 시작으로 1996년에 완공되었으며, 2004년 대만의 Taipei101에 자리를 내주기까지 세계에서 가장 높은 건축물이었다. 누군가는 지구에서 제일 높은 건물을 지어 뽐내고 싶었을지 모르나, 땅에서 서서히 솟아오른 듯 부드럽게 흘러내리는 건물의 옆선은 잘난 척하지 않는다. 페트로나스 트윈 타워는 밤에 보면 더 멋지다. 조명을 받은 건물은 마치 수많은 별이 내려앉은 것처럼 빛을 발한다. 지저분함은 어둠에 가려지고 가장 빛나는 모습만 볼 수 있어서일까, 밤 풍경은 차분하고 아름답다. 언젠가 공항 가는 버스 안에서 페트로나스 건물을 보겠다면서 창밖으로 목을 빼다가, 이 건물이 좋은 이유를 알아냈다. 하나가 아니라 둘이기 때문이었다. 모나지 않은 두 탑이 나란히 서서 빚는 균형과 안정이 마음에 들었던 것이다.

페트로나스 트윈 타워는 이슬람에서 선호하는 기하학 문양을 기초로 설계하고 실내 장식은 전통 공예 문양을 본떠 만들었다. 외장은 유리와 스테인리스강으로 처리하였는데, 머리부터 발끝까지 휘감은 은빛 골조가 단단한 위용을 풍긴다. 시공할 때 가장 큰 문제는 기초공사였다고 한다. 처음 공사지로 예정된 땅은 석회 암반에 너무 가까웠기 때문에 건물지를 이동해야 했다. 그래도 여전히 고르지 못한 암반 문제를 해결하기 위해 60m에서 115m 길이의 말뚝 104개를 땅속 깊숙이 박아 건물을 지탱하도록 했다. 그리고 이 말뚝들을 채우기 위해 무려 54시간 동안 쉬지 않고 콘크리트를 쏟아부었다고 한다.[31] 아무리 기술이 발달해도 대규모 역사에는 많은 인력이 필요하다. 당시 공사 사진을 보면 그들의 노고를 생각하지 않을 수 없다. 공사 과정을 담은 기록을 살펴보면서 위대한 기술에 감탄하는 한편, 그 높이에 매달린 상상을 하자 가능한 땅에 붙어서 살고 싶어진다. 그런데 이런 높은 건물만 골라서 오르는 프랑스 등반가가 있었다.

알랭 로베르Alain Robert는 페트로나스 트윈 타워에 오르기 위해 12년 동안 세 번의 시도를 했다. 처음 두 번은 등반 도중 경찰에 체포되었고, 세 번째인 2009년 독립기념일 다음 날 그는 쌍둥이 건물 중 하나를 끝까지 오를 수 있었다. 아무런 장비 없이 맨손으로 건물 꼭대기에 올라 말레이시아 국기를 꽂았던 그때, 그는

마흔일곱 살이었다. 무모하고 특이한 이 등반가는 수차례의 낙상과 혼수상태, 수술을 겪고 현기증에 시달리면서도 세계 유명 건축물 등반을 멈추지 않는다. 여러 나라에서 체포와 구금, 추방을 당해도 아랑곳없다. 전쟁을 반대한다고 써 붙인 티셔츠를 입고 건물을 기어오르고, 꼭대기에서 지구 온난화를 경고하는 뜻을 전달하기도 한다. 알랭 로베르의 도전은 간담을 서늘하게 한다. 그런데 정작 그는 이렇게 말한다. "불가능이란 그것을 가능하게 할 때까지만 불가능하다."32

건물을 기어오르는 로베르의 기분을 조금이나마 느낄 방법이 쌍둥이 건물에 있다. 일반인에게 개방된 86층 전망대와 두 건물을 잇는 다리에 오르는 것이다. 하루에 대략 천 명 정도만 오를 수 있는데, 한 장에 80링깃짜리인 이 입장권은 당일 오전 10시면 매진될 만큼 관광객에게 인기가 좋다. 41층 높이에 있는 다리에 서면 KLCC 공원이 내려다보인다. 쌍둥이 건물 저층에 지어진 수리아 쇼핑몰이 공원을 껴안듯 감싸고 있다. 공원 앞쪽은 분수대 차지다. 밤의 분수는 조금 떨어져서 조명과 어우러져 봐야 아름답고, 낮의 분수는 가까이 다가가 가방을 내려놓고 한없이 앉아서 바라봐야 제맛이다. 하늘로 치솟은 물이 허공에 잠시 달린 순간. 분수에게 그 잠깐보다 긴 시간이 또 있을까? 부서지며 떨어지는 물 덩어리는 공상으로 가는 지름길이다. 분수대 너머엔 열대 나무와 풀꽃이 펼쳐진다. 그 사이를 거닐다가 마음에 쏙 드는 남자를 만나 하루 여행을 함께하기도 하니, 삼십 년에 한 번 올까 말까 한

행운이라 해도 이 세상 살아볼 만하다고 외친다.

그때 영화 속 주인공이 비단 나뿐이었을까? 모두가 저마다 자기 삶을 찍고 있었다. 조명만 자연이 맡아줬을 뿐, 각본도 감독도 코디네이터도 자신이다. 손을 잡지 않아도 수줍은 웃음꽃이 절로 피는 말레이 연인이 한 남자 연인을 스쳐 지나간다. 서로에게 다정한 두 남자는 방콕에서 본 만큼은 아니어도 서울보다 훨씬 자연스럽다. 눈마저 검은 천으로 가린 여인 곁에는 반바지 차림을 한 남자가 있고, 그는 지나가는 여자들을 뚫어지도록 쳐다본다. 한 무리의 인도 청년은 똑같은 모양의 선글라스를 쓰고 서로 비슷하게 멋을 냈는데, 쌍둥이 건물을 배경으로 친구를 사진에 담아내려는 별별 노력이 우습기 그지없다. 매일 등장인물이 바뀌는 무대, KLCC 공원에 앉아 수많은 단편 영화를 감상한다.

KLCC를 배경으로 한 최고의 영화 줄거리를 듣게 된 것은 어느 비 오는 날 택시 안이었다. 파키스탄에서 온 알리는 담배 공장 엔지니어로서 운전과 영화감상이 취미다. 그는 일이 끝나면 밤마다 차를 몰고 쿠알라룸푸르 시내를 달리다가 택시까지 운전하게 되었다. 그리고 주말이면 KLCC 영화관에서 영화를 봤다. 하루는 그의 옆자리에 한 태국 아가씨가 앉았다. 그녀는 전 세계를 돌아다니면서 마사지를 가르치는 강사였다. 자연스럽고 적극적이었던 대화는 일주일 후 영화 관람으로 이어졌다. 그들은 주말마다 만나서 영화를 봤다. 그러던 어느 날, KLCC 공원에서 그녀와 이야기를 나누던 알리는 그녀가 바로 '그 사람'이라는 확신을 느꼈고 쇼

핑몰로 달려가 반지를 사서 그 자리에서 청혼했다. 함께 영화를 보는 주말이 서른 번이 지난 지금 그들은 한창 신혼을 즐기고 있다고 한다. 여기까지 이야기를 들었을 때 그녀로부터 전화가 왔고, 알리는 뽀뽀 열 번을 하고서 전화를 끊었다. 알리는 그녀에게 받은 장미 한 송이를 운전대 옆에 꽂아두고 매일 밤 쿠알라룸푸르를 달린다.

뻔한 드라마 줄거리 같았다. 자기는 고향에서 운전사까지 딸린 부잣집 도련님인데 부모님 몰래 택시 드라이버로도 살아본다는 대목에서는 한 편의 낭만적인 소설로 생각되었다. 그런데 알리의 이야기를 듣는 동안 나는 진심으로 고개를 끄덕이고 있었다. 기쁨이 충만한 눈빛에 웃음이 맴도는 입으로 말하는 그를 보노라면 소설인지 실화인지는 중요하지 않았다. 알리는 단순한 영어 문장을 구사하는데 부끄럼 따위 없이 생각을 정확하게 표현했다. 그는 자기가 어떻게 살고 있는지 분명히 아는 사람 같았다. 그가 말했다. "나는 진심으로 행복해. 행복하지 않은 건 하지 않아. 내가 즐겁지 않은데 왜 해? 자, 내 얘기는 여기까지, 이제 네 차례야. 넌 지금 행복해?" 왜 아니겠는가? 이 도시에서 만난 알리라는 이름을 가진 남자들 중 다섯 번째였던 그의 이야기는 듣는 사람마저 기쁨에 물들게 했다. 어느 틈에선가 스며든 빗물에 바지가 젖는 줄도 모르고.

운 좋게도 길이 막혀서 15분 거리가 40분으로 늘고 평소보다 비싼 택시비를 치른 덕에 잊고 싶지 않은 시간을 갖게 되었다.

페트로나스 트윈 타워를 세운 총리

마하티르 모하맛Tun Dr. Mahathir bin Mohamad은 1981년부터 22년 동안 무려 다섯 번이나 재임에 성공하며 말레이시아 역사상 가장 오랫동안 재위한 총리라는 기록을 남겼다. 마하티르 집권 후 말레이시아의 경제는 원료 수출 의존형에서 자동차와 전자제품을 수출하는 공업 국가로 바뀌었다. 신경제정책에 주력한 마하티르 정부는 서말레이시아의 남북을 잇는 고속도로와 신공항 등 중요한 산업·생활 기반을 다졌고, 국민차 쁘로똔 개발 사업 추진과 더불어 외국인 투자 유치에 적극적으로 나섰다. 그 결과 말레이시아는 1980년대 후반부터 1997년 금융 위기 전까지 연평균 8%가 넘는 경제 성장률을 기록했다.[33] 동남아의 다민족 이슬람 국가라는 독특한 상황을 안고 경제 성장과 정치 안정을 모두 이루기 위해서 마하티르는 '아시아적 가치'를 내세우고 한국과 일본을 경제 성장 모델로 삼은 '동방정책'을 펼치는 한편, 영국과의 종속적 관계를 포함한 친서방정책에서 돌아섰다.[34] 1997년 금융위기에는 국제통화기금IMF에 기댔던 한국과 달리 자본통제와 고정환율제로 외환 위기를 극복했을 뿐만 아니라 IMF가 저질렀을 과도한 차관 조건으로부터 자국의 경제를 지켰다.[35] 당시 위기가 '투기자본의 농간'일 수 있다고 지적하고, '다른 이들이 궁핍해지는 대가로 번영해서는 안 된다'고 정곡을 찌르며 IMF의 제안을 거부했으니, 서구 사회가 그를 곱게 볼 리 없었다.[36]

그런데 미국 911테러 이후 마하티르에 대한 평가가 달라졌다.[37] 폭력과 테러에 반대하면서 온건한 입장을 견지하는 마하티르의 안정적인 정국 운영은 '세속적 이슬람 국가의 모범'으로 주목받았으며, 미국이 동남아 이슬람권의 극단주의 세력을 견제하기 위한 최대 관심사로 말레이시아가 떠올랐다.[38] 마하티르는 이런 이점을 활용하여 '미국과의 경제·정치적 실리를 유지'하는 한편, 팔레스타인 문제에 있어 이스라엘을 의식한 미국의 일관성 없는 대테러정책을 강력히 비판함으로써 국내는 물론 국외 이슬람 세계의 지지를 얻었다.[39]

이런 정치적 안정이 가능했던 배경에는 국내보안법이 있었다. 마하티르는 정치·사회적 분란의 조짐이 보일 때마다 국내보안법을 적극적으로 사용했다. 정부는 정치적 자유를 제한하고 언론을 장악했으며 반정권 인사를 제거했다. 한때 후계자로 지목

된 안와 이브라힘Anwar Ibrahim 장관이 정치적 이견을 보이자 구속한 사건은 나라 안팎의 강한 반발을 샀고, 마하티르 정권을 거치며 정부가 비효율적으로 비대해지고 부패했다는 비난을 받았다.[40] 일례로 페트로나스 트윈 타워를 비롯해 쁘로똔이나 뿌뜨라자야 같은 사업은 강한 반대에도 불구하고 강행했으며, 주요 사업권은 집권 정당의 측근에게 돌아갔다. 결국, 마하티르는 경제 성장을 이끈 국부로 불리는 동시에 부패와 불평등을 양산한 책임을 피할 수 없다. 이런 상반된 평가 속에서 마하티르는 퇴임 후에도 여전히 활발하게 활동하는 정치 거물로 남았다.

별이 빛나는
언덕 |부낏빈땅

나를 말레이시아로 초대한 친구는 나보다 한참 연장자다. 별 언니와는 빵을 배우면서 만났다. 제빵 강사가 누님이라고 불렀던 별 언니는 위생복 주머니에 손을 찔러 넣고 수업에 임했고, 나는 대부분 학생에게 언니나 누나로 불렸음에도 달걀이 먼저인지 버터가 먼저인지 혼동하기 일쑤에, 유화제와 설탕은 왜 꼭 넣어야 하느냐고 불평했다. 언니는 그런 나를 앉히고 사업 이야기를 하곤 했다. 권리금이나 객단가 같은 단어는 골치 아팠지만, "가게가 좁을 때는 벽을 등받이로 이용해서 나무판자만 놓으면, 여러 명이 앉을 수 있는 훌륭한 의자가 돼."라던가 "다리가 중앙에 하나만 달린 탁자를 놓으면 공간 활용이 수월하지." 같은 운영 요령은 잊히지 않는다. 그리고 몇 해가 흘렀다. 나이 들면 바닷가에 가족호텔을 짓고 싶다고 했던 별 언니는 말레이시아에서 첫 숙박업을 시작했다. 그리고 좀 긴 여행을 예고하고 서울을 떠난 나는 쿠알라룸푸르에서 언니를 돕게 되었다. 내가 하는 일은 객실을 꾸미고 사진을 찍어서 홍보하거나 손님을 맞이해 그들과 현지 여행 정보를 공유하는 것인데, 살면서 배운 기술을 모두 동원해 내 의지대로 일한다는 게 신명 난다. 그 기술이란 사진기나 컴퓨터 다루기부터 사람 대하기까지 아우른다. 그리고 변기와 쓰레기통 다루는 것도 빠질 수 없다.

　신나게 청소하다 보면 하루에 한 차례씩 세찬 비가 내린다. 소파에 묻혀 빈둥거리는 손님에게 "이거 끝나면 근처에 밥 먹으러 갈 건데 혹시 같이 가실래요?" 하고 물으면, 열에 아홉은 흔쾌히 동의

한다. 동행이 생기면 청소에 신바람이 붙는다. 열심히 일하고 노는 맛은 커피 석 잔 마시고 입에 댄 생수처럼 달고도 달다. 손님을 선동하는 버릇은 밤낮을 가리지 않는데, 밤마실 제안일수록 더 환영받는다. 낮에야 어디라도 갈 수 있지만 낯선 나라의 밤길은 아무래도 주저되기 때문이다. 늦은 밤 관광객이 먹거리를 실컷 찾을 수 있는 곳으로는 부낏빈땅Bukit Bintang의 잘란 알로Jalan Alor가 제일 만만하다. 잘란 알로는 꽤 널찍한 길이지만, 해가 지면 주변 식당들의 탁자와 의자로 메워져 옹색하게 느껴진다. 거리 양쪽에 들어선 음식점 위로 서너 층은 주거 공간이다. 자정이 넘도록 먹고 마시는 사람이 가득하니 이 도로에 주소를 둔 이들의 삶이 걱정스럽다. 위장도 자야 할 늦은 시간인데 영양소 생각하면서 고루 시켜 먹은 뒤, 두리안까지 쪽쪽 빨아 먹는다. 꽤 괜찮게 평준화된 맛이 잘란 알로의 장점이니 어느 식당이라도 들어가서 이방인과 현지인, 음식과 대화에 둘러싸여 전국의 맛을 즐긴다.

잘란 알로에서 실컷 먹고 마시고도 술기운이 모자라면 창깟부낏빈땅Changkat Bukit Bintang 길로 간다. KL 타워를 향해 뻗어 있는 창깟에는 술과 음식을 겸한 식당이 번들번들하게 줄지어 있다. 이들 식당은 스페인이나 이탈리아, 멕시코, 미국, 일본 등 각종 세계 음식을 전문으로 하여 관광객에게도 인기가 좋다. 배낭 속 유일한 원피스를 꺼내 입고 플립플롭을 신은 여행객부터 벼르고 벼른 듯 차려입은 현지인까지 하룻밤 진탕 놀아보려는 이들로 거리는 미어터진다. 가격은 잘란 알로에 비해 몇 곱절 비싸지만, 국제적이고 활기찬 분위기에 매료된 이들은 주저 없이 지갑을 연다. 창깟에서 헤어나와 모노레일 부낏빈땅 역 쪽으로 가면 분위기는 또 달라진다. 술탄이스마일 길Jalan Sultan Ismail 주변은 이란이나 레바논, 모로코, 터키 음식 등을 다루는 식당이 많다. 그렇다. 세상에는 아랍 음식이라는 것도 있다. 북아프리카와 아라비아 반도, 터키를 포함한 지중해 언저리에서 먹는 걸 뭉뚱그려서 아랍 음식이라고 부르면, 그들은 절대로 똑같지 않다며 하악 달려들 테다. 하지만 문외한으로선 그들 음식을 이렇게 설명할 수밖에 없다. 담백하고 든든한 맛에 건강해질 것 같으면서 알싸하다고나 할까? 새로운 것이 자꾸 눈에 띄니 쿠알라룸푸르를 떠날 수가 없다.

그러나 어디 음식만으로 사람을 온종일 붙들 수 있겠는가? 부낏빈낭이 붐비는 또 다른 이유는 바로 쇼핑몰이다. 말레이시아인의 여가 생활은 쇼핑몰 중심이라 해도 과언이 아니다. 햇볕이 따갑고 비가 잦기 때문에 사람들은 온갖 편의시설을 한곳에 모아 놓은 쇼핑몰과 집 사이를 차로 이동하길 선호한다. 부낏빈땅은 도심에 있는 대규모 쇼핑몰 지대로서 현지인과 관광객을 아울러 유혹한다. 그중 제일 큰 쇼핑몰인 파빌리온Pavilion 주변은 부낏빈땅에서도 가장 붐비는 곳이다. 이 건물 앞 건널목을 건널 때면 쿠알라룸푸르가 다국적 도시라는 점을 새삼 환기한다.

말레이시아는 태국과 우열을 다투는 동남아의 관광대국이다. 2012년에는 외국인 방문객 수로 세계에서 열 번째에 이름을 올리기도 했다.[41] 그해 2,500만 명의 외국인이 이 나라를 찾았는데 이는 당시 말레이시아 인구에 육박할만한 숫자였다.[42] 참고로 인구 5천만인 우리나라는 같은 해 드디어 외국인 입국자가 1천만 명을 넘었다.[43] 이렇게 많은 사람이 말레이시아를 찾는 이유는 뭘까? 캄보디아의 앙코르와트처럼 천 년을 바라보는 문화유산도, 방콕의 카오산로드 같은 여행자 낙원도 말레이시아에는 없다. 아름다운 해변과 열대 밀림이라면 이웃 나라보다 남다른 것도 아니다. 동남아시아에서 말레이시아를 돋보이게 하는 가장 유력한 단어는 다양성일 것이다. 이미 자리 잡은 동족이 고향 물건을 팔고 음식을 만들고 있으니, 중국과 인도 문화권에서는 말레이시아가 심리적으로 가까울 수밖에 없다. 한편 기도실과 할랄 음식점, 비데를 갖춘 화장실 등 무슬림으로서의 기본 생활이 보장된 말레이시아의 생활 환경은 중동인에게 매력으로 작용한다. 더불어 따뜻한 날씨와 영어가 통용되는 이슬람 국가라는 독특함이 세계인을 사로잡는

다. 다문화와 날씨, 언어 환경에 더해 저렴한 생활비는 말레이시아가 은퇴 후 살기 좋은 나라로 꼽히는 이유기도 하다.[44]

관광객을 제외하더라도 길에서 마주치는 사람은 열 명 중 하나 꼴로 외국인일지 모른다. 외국인 노동자 비율이 높기 때문이다. 말레이시아 경제 영역 중 제조업과 건설업, 플랜테이션 산업, 그리고 경비원이나 가정부 같은 서비스업은 외국인에 크게 의존한다. 정부 발표에 의하면 2013년 이래 합법적인 외국인 노동자 수만 2백만 명 이상이었으며, 조사 기관마다 차이가 있으나 비합법 체류까지 고려하면 말레이시아 노동력의 20% 이상을 외국인이 채우는 것으로 추정한다.[45] 외국인 유학생 역시 이 나라의 다양성을 부추기는 요인이다. 여러 언어에 자연스럽게 노출된 환경과 더불어 비교적 저렴한 생활비가 유학생 유치에 한몫한다.

일, 공부, 여행 등 서로 다른 목적을 가졌지만 쿠알라룸푸르 방문자들이 꼭 거치는 곳이 부낏빈땅이다. 늦은 밤까지 눈이 반짝이는 사람들의 발길이 끊기지 않고 네온사인도 번쩍이니 '별bintang의 언덕bukit'이라는 이름이 꽤 잘 어울리는 곳이기도 하다. 언젠가 한 여행자와 부낏빈땅 여행 정보를 나누고 있었다.

"부낏빈땅이요? 파빌리온이 가장 큰 쇼핑몰이에요. 안내소에서 관광객 할인 카드를 만들어 주니 잊지 마세요. 싼 전자제품이나 옷을 사려면 숭아이왕이나 버자야타임즈스퀘어를 많이 찾아요. 파빌리온에서 컨벤션센터까지 지상 다리로 연결되어 있고, 컨벤션센터부터 KLCC까지는 지하 통로가 있어서 비 맞지 않고 걸을 수 있으니 이용해 보세요. 한 20분 거리에요. 아니면, 컨벤션센터에서 지상으로 나가 보세요. 바로 KLCC공원이라서 쌍둥이 건물을 바라보며 걸을 수 있거든요. 잘란 알로요? 아, 좋지요. 거긴 뭐든 맛있는 것 같아요. 저녁 7시가 지나야 사람이 많아져서 분위기가 더 좋아요. 부낏빈땅 역 옆에 있는 쇼핑몰 랏텐 지하에 후통이라는 먹거리 장터가 있는데 유명한 중국 음식은 모두 맛볼 수 있어요."

그때 옆에서 빤히 보던 친구가 나를 쿡 찔렀다. "야! 안 지겨우냐?" 아니, 아무리 해도 지겹지 않다. 같은 말을 몇십 번 반복해도 재밌다. 오래전 내가 잘하는 일이 무엇인지 적어본 적이 있다. 장래를 위해 치열하게 생각을 쥐어짰다. 그런데 겨우 다음 세 가지를 적고 나자 고민은 더 깊어졌다.

지도 보기. 길 알려주기. 친절히 말하기

결과를 종합해보니 우리 동네 지하철역에서 길 안내하기가 적격이었다! 하지만 재능을 직업으로 키울 만큼 용감하지 못했다. '장래희망은 길 안내원'이란 말은 들어보지 못한 것 같고 누구에게 돈을 받아 쌀을 살 것인지도 문제였다. 그런데 지금 쿠알라룸푸르에서 내 돈 쓰면서 그 일을 하고 있지 않은가! 맙소사! 어이가 없지만 어쩔 수 없지 싶어 웃음도 난다. 재밌어서 하는 일을 누가 말릴 수 있겠는가. 스스로 초라하게 생각하지 않는 한 내 일은 꽤 괜찮다.

말레이시아에서 일하고 공부하는 외국인들

말레이시아는 다른 동남아 국가보다 일찍 경제적 안정을 이뤘다. 1980년대에 반도체와 컴퓨터 부품 등의 제조산업이 급격히 성장했고, 근래에 주력한 IT와 관광 산업, 이슬람 금융은 말레이시아와 뗄 수 없는 경제 영역으로 자리매김했다. 고무와 주석, 천연가스, 팜유 같은 천연자원도 여전히 중요한 수입원이다. 하지만 경제 성장으로 창출된 일자리는 인건비가 싼 외국인으로 대치되는 실정이다. 말레이시아에서 일하는 외국인은 2015년 기준으로 약 210만 명으로 추정한다. 3천만 인구를 고려할 때 적지 않은 숫자인데, 눈여겨볼 것은 이 통계가 합법적 체류만 고려했다는 점이다. 외국인 인력의 국적을 살펴보면, 지리적으로 가까우면서 언어와 종교까지 공유하는 인도네시아인이 압도적으로 많은 가운데 네팔·방글라데시·미얀마·인도·파키스탄·필리핀·태국 등지에서도 일자리를 위해 말레이시아를 찾는다.[46]

유학생도 증가 추세다. 그 원인으로 다양한 언어 환경과 저렴한 비용 외에 트위닝 Twinning 프로그램이라는 대학 제도가 있다. 이 제도는 국내 국립대학에 진학하지 못하고 외국으로 빠져나가는 비부미뿌뜨라 인재를 잡기 위해 정부가 사립대학에 허가한 학점 교환제를 말한다. 이 제도를 선택하면 2~3년은 말레이시아에서 배우고 1~2년은 해외에서 수학하거나, 아예 말레이시아에서만 공부하고도 해외 대학 학위를 받을 수 있다. 트위닝 프로그램은 다른 나라 학생에게도 인기가 좋은데, 중국과 인도네시아 학생들이 많고 전 세계 이슬람 국가에서 온 학생 비율도 높다. 2014년 말레이시아에서 공부한 외국인 학생은 약 13만5천 명으로 전년도보다 무려 16% 이상 증가했다.[47] 정부는 2020년까지 20만 명의 외국인 유학생을 유치하겠다는 계획을 추진 중이다.

종교와 생활

여행의 방법 |공연

한 여행객이 말했다.

"여기 볼 게 하나도 없네요."

관광할 거리가 없다는 건지 살 게 없다는 뜻인지 잠시 헷갈렸다. 그녀는 쿠알라룸푸르에 있는 사흘 동안 하루도 빠짐없이 쇼핑을 했기 때문이다. 또 다른 여자는 닷새 일정에서 하루 앞당겨 집으로 돌아가겠다고 했다. 이유는 더 할 것이 없어서. 그녀는 부낏 빈땅에 다녀온 참이었다. 내가 그녀에게 좋은 거 많이 샀는지 물어봤더니, 그녀는 "뭐, 다 선물이죠."라고 대답했다. 또 한 명의 여자가 있었다. '이슬람박물관, 산림연구원, 띠띠왕사 공원, 재래시장, 두리안 뷔페, 전통 공연, 바틱 배우기…….' 대만에서 온 제니퍼의 여행 목록이다. 내가 넉 달 만에 찾은 맛집을 책을 통해서 이미 알고 온 그녀는 숙소에 있는 시간이 제일 아깝다면서 일주일 동안 부지런히 돌아다녔다. 공교롭게도 위에 언급한 세 여자는 같은 시기에 함께 묵었는데, 앞의 두 여행객은 모두 한국인이었다.

사람마다 성격과 취향이 다르듯이 저마다 여행하는 방법도 다양하다. 영미라는 친구는 색연필을 갖고 다니면서 여행지에 대한 감상을 그림으로 남겼다. 호주를 잊지 못한 준수는 회사를 관두고 다시 떠났다. 중고 자동차에 짐을 꾸려 넣고 끈질긴 설득을 받아들인 부인을 태우고 자기 인생을 싣고 호주 사막을 달렸다. 제임스의 자전거와 짐은 자기 체중보다 무거웠다. 그는 페달을 밟거나 때로는 몇 시간씩 자전거를 밀면서, 밀라노 집 앞부터 시작해 피레네 산맥을 넘고 메세타 고원을 지나 대서양을 만났다. 나다브의 어머니는 아들이 여행하는 곳에 대한 정보를 찾아서 글로 읽었다. 그녀는 한 번도 고향을 떠난 적이 없지만, 아들보다 더 깊이 여행했다.

나에겐 특별한 여행법이 없다. 건축이나 미술에 관심이 있지도 않고 특별히 좋아하는 게 있어 수집 여행을 하는 것도 아니다. 그저 걷는 게 여행이다. 이해할 수 없는 문자가 박힌 간판 사이를 걸으면서 식당이나 시장을 기웃거리고 상인들과 몇 마디 나누다가 역시 그들의 말을 이해하지 못해 땀을 빼는 것이 내 여행이다. 그런데 여행하는 나라의 전통 춤을 배우고 싶다는 생각이 들었다. 말레이시아 전통 공연을 본 뒤였다. 차이나타운 센트럴마켓 건물 바로 옆에 카스투리웍Kasturi Walk이라는 좁은 길이 있는데, 어느 늦은 저녁 이곳에서 전통춤 공연을 보게 되었다. 기념품과 먹거리를 파는 작은 가게가 늘어선 카스투리웍 초입, 무대도 없는 길바닥에 대여섯 명의 무용수가 맨발로 등장했다. 옷을 갈아입을 천막 하나만 치고 가로등에 의지해 춤을 추는 무용수들을 나는 부럽게 바라봤다. 좀 더 제대로 된 공연이 보고 싶었다.

모노레일 부낏나나스 역 근처 관광안내소MaTiC(Malaysia Tourism Centre)에는 진짜 무대가 마련되어 있다. 다양한 민족성을 강조하여 말레이와 중국, 인도 및 소수 부족의 춤을 골고루 선보이고 공연 막바지에는 관객과 함께 춤을 추는 짬도 있다. 어떤 날은 단체 관광객으로 객석이 제법 차기도 하지만, 대개 관람객은 서른 명을 넘지 않는다. 공연은 화·수·목요일 오후와 토요일 저녁(2013년 기준)에 진행되는데, 그중 토요일 공연은 유난히 집중도가 떨어진다. 먹거리 장이 들어서는 관광안내소 야외 주차장에 무대를 세우고 공연하기 때문이다. 산만하긴 해도 음식까지 곁들였으니 여흥 준비는 완벽하다. 말레이시아 전통춤 중에서도 단연 인기인 것은 남녀가 함께 추는 조겟Joget이다. 빠른 박자감에 경쾌한 발놀림을 기본으로 하는데, 무릎을 굽혀 무게중심을 낮춘 채로 한쪽 다리를 앞으로 쭉 뻗어 뒤꿈치를 바닥에 찍고 발끝을 살랑살랑 흔드는 춤사위가 미소를 부른다. 어깨와 손목의 절제된 꺾기와 돌리기는 추기에 어려울 것 같지만 보기에는 앙증맞다. 전통춤 공연이라면 의상 구경도 빼놓을 수 없는 재미다. 처음 관광안내소에서 공연을 본 날, 나는 사십오 분 동안 무대에서 눈을 떼지 못했다. 무용수들도 흥분한 나를 눈치챘는지 더욱 환한 웃음을 보내주었다. 무용수 수십 개의 눈이 오히려 나를 무대에 올려놓은 것 같았다. 감정이입이 도를 넘는 바람에 하마터면 진짜 무대로 뛰어오를 뻔했다.

춤이 좋아지다니. 드디어 긴장 풀고 인생을 즐기려는 걸까? 아아, 웬걸! 아직 멀었다. 나도 모르게 어깨가 덩실거리자 얼굴이 달아오르며 오른손이 재빠르게 왼쪽 어깨를 감쌌다. 무안함에 사진기 셔터만 누르다가 공연이 끝나고 무대로 다가가 물었다. "혹시 춤 배울 수 있나요?" 무희 한 명이 곤란하다는 표정으로 대답했다. "일반인에게 가르치는 수업은 없어요. 내일 공연에 다시 와서 함께 추면 어때요?" 아이, 그건 부끄러운데. 나는 언제쯤 조르바처

럼 마음 가는 대로 몸을 놀릴 수 있을까? 몸을 흔들어 본 적이 없는 나에게 춤추는 사람은 선망의 대상이다. 춤을 배워야 한다는 생각에 사로잡혀 있을 그즈음 마르셀을 만났다.

그를 만난 곳은 마스지드자멕 역 근처의 한 호스텔이었다. 마르셀은 짐을 내려놓자마자 열심히 밥을 먹더니, 밖이 훤한데도 침대로 쏙 들어갔다. "밤에 춤추려면 좀 자둬야 해." 세계 여행 중이라는 그는 방문하는 도시마다 살사클럽을 찾는다고 했다. 내 아래 침대를 쓰는 소피와 나는 호기심이 일어 그날 저녁 마르셀을 따라나서기로 했다. "살사클럽? 이 정도 차려입으면 되겠지?" 알이 두꺼운 안경에 쭉 묶은 머리, 걸을 때마다 뒤꿈치 쪽이 파닥거리는 샌들과 펑퍼짐한 반바지. 약속한 듯 두 여자 차림이 비슷했다.

마르셀이 우리를 데려간 곳은 인도인 살사 동호회가 애용하는 술집이었다. 음료수를 한 모금 마시자 마르셀은 우리를 일으켜 세우고 살사란 이런 것이라며 함께 춤을 춰주었다. 거울에 비친 내 품새가 달리는 버스를 쫓다가 신발이 벗겨진 꼴이었다. 그래도 몸을 놀리는 기분이란 꽤 홀가분했다. 소피와 내가 신발이 어쩌고 하며 쑥스러움을 추스르는 사이, 마르셀은 동호회 회원들과 둥글게 휘감고 둘둘 풀며 신명을 돋웠다. 땀에 젖을수록 그의 몸은 날아갈 것만 같았다. 육 개월째 매일 밤 다른 장소에서 살사를 춘다는 마르셀을 보면서 생각했다. 어쩌면 배워야 출 수 있다는 생각을 버려야 하는지도 모른다고. 내가 춤추려는 이유는 잘 추는 게 아니라 몸을 해방하는 데 있으니까.

기억할 것,
그리고 기회를 노려
즐길 것 |기념일

하마터면 시커먼 구덩이에 발을 넣을 뻔했다. 공사하는지 마는지 표시도 없이 하수구가 입을 벌리고 있다. "뚜껑이 있어도 밟지 않는 게 좋을 거요." 헛발질을 본 관광객이 한마디 한다. 허! 그 양반 참 살벌하시네. 설마 그 정도까지 허술할까 생각하면서도 귀가 얇은 내 발은 하수구 뚜껑을 빗겨 딛는다. 쿠알라룸푸르는 다른 동남아 도시보다 도로 정비가 잘 되었다지만, 이해할 수 없는 장애물이 느닷없이 등장하곤 한다. 길을 걷다가 물에 맞을 때도 있다. 에어컨 실외기에서 떨어지는 물인데, 조심한다고 해도 낯선 길에서는 번번이 당하고 만다.

기억해야 할 것이 몇 가지 더 있다. 한국과 운전방향이 반대이니 길을 건널 땐 오른쪽을 먼저 주시하고, 금요일 낮기도 시간이나 라마단 기간의 퇴근 때에는 길이 잘 막히므로 택시를 타지 않는다. 대중교통은 냉방이 지나치다. 그러므로 장거리 이동할 땐 긴 옷을 챙긴다. 부엌 개수대에 따뜻한 물이 나오지 않아도 고장 난 게 아니다. 말레이시아 가정의 부엌에는 더운물을 설치하지 않는 게 보통인데, 더운 날씨 때문에 물이 아주 차지도 않다. 집게손가락으로 물건이나 사람을 가리키는 것은 무례하게 여겨진다. 대신 주먹을 살짝 쥐고 엄지손가락 끝을 들어 대상을 가리킨다. 그리고 휴일을 알아둬야 한다.

말레이시아는 각 민족과 종교의 주요 휴일을 모두 인정한다. 그래서 쉬는 날이 많다. 온 나라가 함께 쉬면 그리 복잡하지 않겠지만, 주마다 민족 비율에 따라 휴일에 차이가 있다. 또한, 각 주는 그 지역을 다스리는 술탄의 생일을 기념한다. 임명제 주지사가 수장인 삐낭과 믈라까, 사라왁, 사바 주를 제외한 나머지 아홉 개 주의 술탄은 5년마다 돌아가면서 국왕으로 선출된다. 이 국왕의 생일 또한 연중 큰 행사다. 연휴에는 상점과 식당이 문을 닫아 불편하지만, 각종 행사와 명절 풍경을 즐길 기회이기도 하다.

우리나라 음력 설날과 같은 중국 새해는 중국계 말레이시아인의 가장 큰 명절로 가족과 친지들이 모여 함께 새해를 맞이한다. 부자 되라며 '공 시 파 차이Gong xi fa cai'를 인사말로 주고받고, 아이들은 세뱃돈 앙빠오Ang Pau를 받는다. 무슬림에게 가장 중요한 명절 중 하나인 하리 라야 아이딜피뜨리Hari Raya Aidilfitri에는 '슬라맛 하리 라야Selamat Hari Raya'라고 인사를 나눈다. 이는 행복한 명절을 보내라는 뜻이다. 힌두 사회에서는 매해 11월경 돌아오는 디파발리Deepavali가 가장 큰 연휴다. 선이 악을 물리친 것을 축하하기 위해 등을 밝히는데, 이에 디파발리는 빛의 축제라고도 부른다. 새 옷을 장만하는 풍습 덕분에 브릭필즈 곳곳에는 인도 전통 옷과 음식을 파는 시장이 열린다. 이때에는 '해피 디파발리Happy Deepavali'라고 인사한다.

그 밖에도 흥미로운 축제가 많다. 타이푸삼Thaipusam은 힌두 달력에 따라 매년 1월 말 즈음 찾아오는 국경일로서 타밀 공동체에 매우 중요한 축제인데, 전쟁의 신 무루간Murugan을 기리는 고행자와 신도 행렬이 바뚜 동굴로 향한다. 3월이면 많은 이의 관심은 포뮬라 원 자동차경주대회에 쏠린다.[48] 속도를 즐긴다면 꼭 챙겨야 할 행사이자 관심 없는 이들조차 상점가 할인 행사 덕을 볼 수 있다. 우리의 부처님오신날에 해당하는 베삭데이Wesak Day는 5월 즈음이다. 브릭필즈 마하 비하라Maha Vihara 불교 사원에서 대중공양을 하고 해가 지면 연등 행렬이 시내 중심가로 이어진다. 찌뜨라와르나Citrawarna는 말레이시아의 다양한 문화를 보여주기 위한 축제로 5월쯤 열린다. 말레이시아의 각종 명물로 채운 가두행렬이 펼쳐지며 오토바이나 택시, 관광버스에 심지어 경찰차까지 등장한다.

8월 무렵 쿠알라룸푸르는 말레이시아 국기, 잘루르 그밀랑Jalur Gemilang(영광의 줄무늬)으로 뒤덮인다. 8월 31일 독립기념일과 9월 16일 말레이시아의 날이 다가오기 때문이다. 이 두 기념일에는 독립광장 근방 도로에 차량이 통제되고 사람으로 채워진다. 각종 무기와 군용차, 군인 행렬이 이어지며 비행 공연도 빠지지 않는다. 군중을 향해 상공에서 수직으로 떨어지는 제트기는 간을 아랫배로 쑥 빠지게 할 만큼 아슬아슬하다. 수많은 사람이 모여 거대한 국기를 만들기도 하니, 이 두 기념일 행사는 과연 잘루르 그밀랑과 인간의 물결이라 할 수 있다. 독립일 행사를 처음 봤을 때 나는 잔뜩 고무되었다. 이 화려한 행사를 어떻게 즐기는지 한 친구에게 물어봤다. 그런데 자기 나라의 독립을 말하는 그의 표정은 미묘했다.

"삼일절이던가요? 그때 한국에 무슨 일이 있었는지 책에서 읽은 적이 있어요. 그런데 치열한 투쟁으로 일군 한국의 삼일절이나 광복절하고 말레이시아의 독립은 달라요."

한국에서 살아봤고 한국 사회에 익숙한 그는, 내가 광복절이라면 응당 독립투사와 임시 정부, 항일과 불굴의 의지, 고문과 친일을 떠올리는 줄 알고 있었다. 하지만 말레이시아는 독립 당시 식민국이었던 영국에 대한 반감보다 민족 간 적대감이 더 심했다고 한다. 식민 정부의 분리 정책 때문이었다. 영국은 말레이인들이 농촌에 머물며 전통 생활을 유지하도록 장려하면서 사업 이윤이 높은 주석이나 고무 같은 분야에는 중국인을 이용했고 무역과 상업에 집중한 중국인들은 빠르게 부를 축적할 수 있었다. 같은 땅에 살면서도 서로를 알 기회가 없었던 그들 사이엔 경제 격차라는 결과만 남아 민족 분열로 발전했다. 그러니 민족 화합이야말로 말레이시아 독립의 최대 쟁점이었다.

한편 1941년 말에 이르러 말레이반도와 보르네오섬은 아시아의 다른 나라와 마찬가지로 일본의 침략 전쟁에 휘말렸다. 일제의 경제 착취와 민족 차별 정책으로 내부 갈등은 깊어졌고, 당시 세계의 움직임은 말레이인·중국인·인도인의 민족주의를 깨운 동시에 모든 민족에게 자립 의지를 심어주었다.[49] 하지만 전쟁이 끝난 후 다시 지휘권을 잡은 영국은 강력한 중앙 식민 정부를 세워 말레이반도를 연합하고자 했다. 술탄의 지위가 약해지는 것도 모자라 모든 민족에게 평등한 시민권을 부여하겠다는 조건은 말레이인의 심한 반발을 샀다. 한편에서는 영국을 영원히 쫓아내자는 공산당이 게릴라전을 벌였고, 반란과 분열을 막기 위한 비상사태로 독립은 늦춰졌다. 혼란은 십 년 남짓 계속되었으나, 말레이 정당UMNO과 중국 정당MCA, 인도 정당MIC 동맹은 긴 협상 끝에 말레이반도를 중심으로 한 말라야연방의 독립을 이뤘다.

1957년 8월 31일 자정을 앞둔 밤 11시 58분. 로열 슬랑오르 클럽 빠당(현재 독립광장)의 모든 불이 꺼졌다. 지배받던 시절은 암흑에 묻혔다. 그리고 자정을 기해 다시 켜진 불빛과 함께 말라야연방 국기가 올려졌다.[50] 그러나 인도네시아와 필리핀 등 주변 나라의 견제로 동말레이시아(보르네오섬의 사라왁Sarawak 주와 사바Sabah 주)와 싱가포르까지 포함한 연합은 1963년까지 기다려야 했다. 그리고 2년 뒤 싱가포르가 빠져나가면서 드디어 현재의 말레이시아 국경이 완성되었다. 9월 16일은 서말레이시아와 동말레이시아의 연합을 기념하는 뜻에서 말레이시아의 날Malaysia Day로 지정되었다.

독립을 이끈 말레이·중국·인도 정당 동맹은, 선주민인 말레이인의 정치적 기득권을 인정하면서 말레이어를 국어로 채택하고 중국인과 인도인에게는 시민권을 부여하는 조건으로 민중의 지지를 받았지만, '다종족 사이의 이질감을 근본적으로 완화'하지는 못했다는 평가를 받는다.[51] 그러나 그 노력이 없었다면 첨예한 민족 갈등 속에서 말레이시아라는 독립국을 이루기 더욱 어려웠을지도 모른다. 독립 협상의 주축이었던 말레이 정당 암노UMNO는 독립 이후 여섯 명의 총리를 모두 배출하며 한 번도 정권을 놓치지 않았다. 그러니 정부로서는 독립기념일을 크게 축하할 만도 하다. 이와 달리 국민은 사회 통합과 부의 재분배라는 미명 아래에 민족 차별 정책을 고수하며 정권을 이어온 정부를 복잡한 심경으로 바라볼 수밖에 없을 것이다.

취하지 않는 말레이시아 |라마단과 할랄

이슬람 달력은 태양력보다 매해 열흘 정도 빨라진다. 말레이시아에 머문 첫해 독립기념일과 말레이시아의 날이 라마단 달과 맞아 떨어졌다. 시선 닿는 곳마다 잘루르 그밀랑이 펄럭이고 곳곳에서 라마단 시장이 등장하며 어깨를 비비 꼬고 싶게 하는 하리 라야 노랫가락이 퍼졌다. 라마단 끝에 따라오는 연휴 '하리 라야 아이딜피뜨리'를 향해 축제를 벌이는 것만 같았다.

　라마단 달 어느 하루, 나는 쇼핑몰 안에 있는 먹거리 장터에 앉아서 물국수를 먹고 있었다. 잠시 후 회사원으로 보이는 세 사람이 앞자리에 앉았다. 그들은 누구를 기다리는지 수저를 들 생각이 없어 보였다. 내 그릇이 비어갈수록 김빠지는 그들의 비빔밥이 신경 쓰였다. 그 반대쪽에 앉은 청년들도 뭔가 수상했다. 햄버거 봉투를 뜯지도 않거니와 갖고 나갈 생각도 없어 보였다. 어느샌가 내 옆자리를 차지한 아저씨는 나시짬뽀로 꽉 찬 접시를 두고 휴대전화만 만지작댔다. 그때였다. 미처 알아듣지 못한 짧은 안내 방송이 흘러나오고 식당 전체에 바스락거리는 소리가 번졌다. 수많은 옷자락이 탁자 가장자리를 스치는 소리가 다른 소음을 묻어버렸다. 사람들의 손이 탁자 위로 올라왔다. 그들은 물을 받듯 두 손을 가볍게 모으고 짧은 기도를 읊조린 후 그 손을 얼굴로 가져가 한 번 쓸어내렸다. 그리고 마침내 식사가 시작되었다. 시계를 보니 오후 7시 반. 하루의 금식을 마치는 부까 뿌아사Buka Puasa였다.

　무슬림은 이슬람력의 아홉 번째 달인 라마단Ramadan 달에는 해가 떠 있는 동안 금식을 한다. 일출에서 일몰까지 음식은 물론

물과 담배도 허락되지 않는다. 금식을 통해 가난하고 배고픈 이들을 생각한다는 취지가 아름다운데, 지켜야 할 것은 금식뿐이 아니다. 바른 생각을 하고 욕설을 하지 않으며, 부부관계를 삼가고 몸과 마음을 정화하도록 권장한다. 임산부나 생리 중인 여성, 아이와 아픈 사람을 제외한 모든 이는 정해진 금식 기간을 지켜야 한다. 금식하는지 묻는 건 실례일 수 있다. 특히 어른인 남자에게 이런 질문을 하면 '건강하지 않을 수 있다'는 뜻도 되므로 무례하게 여겨진다.[52] 비무슬림이 할 수 있는 배려는 그들 앞에서 음식물 섭취를 자제하는 것이다.

말레이어로 부까는 '열다', 뿌아사는 '금식'을 뜻한다. 입을 열고 음식을 삼킴으로써 금식을 멈춘다는 의미를 담고 있다. 부까 뿌아사 때가 되면 먼저 대추야자로 식사를 시작하는데, 바로 식사하지 않더라도 물을 조금 마셔서 그날의 금식을 끝낸다. 누군가는 금식이 건강에 도움이 된다고 하고 어떤 사람은 밤에 폭식하니 몸에 좋을 리 없다고 말하는가 하면 또 다른 이들은 음식 섭취가 허락된 시간 안에 무조건 많이 먹기가 쉽지 않다고 한다. 그래도 모든 사람이 동감하는 점이 있다면, 금식으로 빠진 뱃살이 라마단 직후 따라오는 명절에 많이 먹는 바람에 도로 찐다는 것이다. 하루 열두 시간을 굶는 기분을 나는 알지 못한다. 여행 중에는 밥을 잘 먹어야 한다는 핑계로 그들과 함께 단 하루도 금식을 시도해보지 않았다. 의자에 기대어 곯아떨어진 이가 유난히 눈에 많이 띄는 날이면, 해야 어서 져라, 비는 게 고작이다. 배고픔을 느낄 새 없이 지나치게 잘 먹는 것은 아닌지 돌아본다.

  그런데 아이러니하게도 이 금욕 기간은 음식과 관련된 행사들로 유명하다. 말레이인이 운영하는 식당은 라마단 동안 저녁에만 문을 연다. 그중 제법 큰 음식점이나 호텔 식당에서는 라마단 뷔페라 하여 특별히 음식을 풍성하게 준비한다. 금식하는 이들은 평소보다 한 시간 정도 일찍 일을 마치고 가족들과 라마단 뷔페를 즐기거나, 퇴근길에 빠사르 라마단Pasar Ramadan에 들러 음식을 포장해간다. 빠사르 라마단은 라마단 기간에 길거리에 등장하는 먹거리 시장pasar을 말한다. 오후 서너 시쯤 유동인구가 많은 주요 길목에 반짝 나타났다가 사라지거나, 기존 야시장에 상인이 보태어져 규모가 확장되기도 한다. 빠사르 라마단은 평소 야시장보다 즉석 음식이 풍성한 덕분에 무슬림과 비무슬림을 막론하고 모두가 고대하는 즐거움이다.

  라마단 기간의 큰 기쁨 중 하나는 하리 라야를 앞두고 새 옷을 장만하는 풍속이다. 그래서 일 년 중 가장 큰 상점가 할인 행사도 라마단과 맞물린다. 이때 쿠알라룸푸르에서 가장 붐비는 거리는 잘란 뚜안꾸압둘라흐만Jalan Tuanku Abdul Rahman을 중심으로 한 마스지드 인디아 지역일 것이다. 이곳은 '세계 어디에나 있어요' 상표로 무장한 부낏빈땅과 차원이 다르다. 무슬림 일상복부터 옷감과 양탄자, 장신구 가게가 모두 모여 있고, 발리우드 음악이 쩌렁쩌렁 울리거나 하리 라야를 주제로 한 노래가 반복해서 흐른다. 게다가 기존에 이곳에서 벌어지던 토요일 야시장은 도시에서 가장 유명한 빠사르 라마단으로 변신한다. 하리 라야를 코앞에 둔 토요일 부까 뿌아사 즈음, 마스지드 인디아는 세상의 중심이 된 것만 같다. 시장 거리는 물론 사원 담장 안쪽까지 사람이 빽빽하다. 의자를 차지한 이보다 바닥을 깔고 앉은 이가 훨씬 많은데, 모두가 무언가를 먹고 있다. 수많은 밥그릇과 입 사이를 오가는 손들, 그중에는 카레밥을 조몰락거리는 아이의 새까만 손도 있다. 하루의 반을 굶었는데도 허겁지겁 먹는 이는 보이지 않는다. 있다면 겨우 삼십 분쯤 배고픔을 느낀 나 같은 여행객 정도일 것이다.

 수많은 사람이 같은 행동을 하는 모습은 감동 혹은 두려움을 일으킨다. 매일 다섯 번 기도하고 정해진 복장을 준수하며 허락된 것만 섭취하고 때가 되면 금식을 지키되 결코 믿음을 포기하거나 바꾸지 않는 것. 누군가에게는 믿음이고 전통이며 생활인 규율이 나에겐 거추장스럽고 불공평해 보이기도 한다. 그런데 한국인으로서 몸에 익은 것들을 생각하면 그들을 이해할 수 있을 것 같다. 집안에서는 신발을 벗고 생활하고 문 앞에서 사람을 배웅하거나 맞이하며 어른을 공경하고 높임말을 쓰는 것처럼 어려서부터 받은 가르침은 몸에 배기 마련이니까. 매해 라마단이 돌아오면 삶을 지배하는 규칙을 저항 없이 따르는 것에 대해 곱씹어 본다.

 하리 라야 아이딜피뜨리(혹은 하리 라야 뿌아사)는 라마단을 마친 뒤 가족과 함께하는 큰 명절이다. 이때 사람들에게 "녕절 어떻게 보내세요?" 하고 물으면 "발릭 깜뿡Balik kampung(귀성하다)."이라는 답이 돌아온다. 말레이시아에서도 명절은 고향으로 돌아가는 때다. 오랜만에 모인 가족들은 서로에게 용서를 구하고 평안을 기원하며 조상의 묘를 찾는다. 끄뚜빳, 른당, 르망 같은 전통 음식을 준비하고 손님을 맞이하기 위해 대문을 연다. 오픈 하우스Open House라고 불리는 이런 풍습을 길게는 한 달 정도 즐기는 가정도 있다. 명절이 끝나고 도시로 돌아오면 회사는 직원에게, 거래처는 상대 회사 직원에게 감사의 마음으로 음식 접대를 하며 정을 나눈다. 라마단이 끝나고 약 두 달 후에는 성지 순례를 축하하는 '하리 라야 하지Hari Raya Haji' 연휴가 있다. 이는 하리 라야 아이딜피뜨리와 함께 무슬림의 최대 명절이다. 라라와 함께 말레이반도 동쪽에 갔을 때가 하리 라야 하지였다.

라라는 말레이어 수업에서 만난 친구다. 라라가 여행 계획을 세우고 차도 빌렸는데 운전마저 전담하기로 했다. 나는 초급 말레이어 실력을 발휘해서 여행을 수월하게 하는 역할을 맡았다. 아무리 계산해도 라라에게 불리한 조건인데 그녀는 샌드위치까지 준비했다. 나는 천사를 만났다. 우리는 도시에서 벗어나 시골 분위기에 빠질 기대에 차서 제대로 말레이시아를 여행해 보자고 외쳤다. 그런데 그날은 마침 연휴 첫날이었고 말레이 식당은 빠짐없이 문을 닫았다. 여행 내내 끼니를 해결할 방법은 중국 식당이나 인도 식당뿐이었다. 그나마 전통 옷차림을 실컷 구경할 수 있어서 아주 삭막하지만은 않았다. 더구나 연휴 덕분에 예상치 못한 장면을 목격할 수 있었으니, 바로 도축이다. 하리 라야 하지는 신의 뜻에 따라 아들을 제물로 바치려고 한 이브라힘의 의지를 기리기 위해서 희생제라고도 한다. 다행히 신은 이 신실한 남자가 아들을 죽이기 직전에 모든 것이 시험이었다고 고백했고, 이브라힘은 아들 대신 숫양을 제물로 올릴 수 있었다고 한다. 그 후 이 명절이 돌아오면 전 세계 무슬림은 가축을 잡아서 이웃이나 어려운 이들과 나눠 먹는 전통을 지킨다. 하리 라야 하지 아침, 기도가 끝난 꼬따바루의 사원 옆 공터에도 사람들이 모이기 시작했다. 곧 소를 잡을 것이다.

라라는 보지 않겠다면서 이런 말을 했다. "어렸을 때 할머니가 닭 잡는 걸 몰래 본 적이 있거든. 그런데 그 닭이 목이 잘렸는데도 마당을 뛰어다니더라고." 꼭 그 기억 때문은 아니지만 라라는 고기를 먹지 않는다. 나는 희생제의 의미와 별개로 내가 먹는 음식이 어떻게 밥상에 올라오는지 알아야 한다고 생각했다. 광장에는 소 네 마리가 묶여 있었다. 사람들은 이슬람 성직자 이맘Imam을 기다리고 있었다. 도축은 이맘의 주도 아래에 이뤄진다. 소의 머리를 메카 방향으로 뉘이고 기도를 올린 뒤 단칼에 목을 베야 하며, 가축의 몸에서 피가 모두 빠진 후에야 고기로 쓸 수 있다. 드디어 누군가 낮게 읊조리는 소리가 들렸다. 사람들에게 가려 칼이 지나는 것은 보지 못했다. 하지만 상당한 거리에도 불구하고 훅 번지는 비린내만은 막을 수 없었다. 라라가 보았다는 닭처럼 쓰러진 소는 이따금 격렬하게 몸부림쳤다. 바로 곁에는 누런 소 한 마리가 묶여 있었다. 그 소는 다음 차례다. 껌벅임 없는 빙울눈이 얼핏 무심해 보인다. 하지만 그 안쪽에 숨겨진 소의 마음을 헤아리려니 소가 죽는 모습을 보는 것보다 더 겁이 났다.

우리는 차를 타고 이동하다가 얼마 못 가서 또 봐야 했다. 소들 사이에 누운 사람을. 아니, 무슨 소리! 사람들 사이에 누운 소 말이다. 대체 지구에 무슨 일이 일어나고 있는 걸까? 인간이 말을 하고 생각하며 손을 쓸 줄 아는 데 감사해야 할까? 대량 축산업은 지구 온난화와 수자원 고갈, 삼림 파괴, 생물 종 감소, 해양 산소 부족에 그 어떤 요인보다 큰 타격을 준다고 한다.[53] 그런데 그런 사실만큼이나 놀라웠던 건, 죽어가는 소를 담담히 바라보는 자신이었다. 여태껏 살육 장면을 본 적이 없다고 생각했는데 사실 영상매체를 통해 이미 많이 노출되었나 보다. 보지 않으면 영원히 모르고 많이 보면 무뎌지니 이래도 저래도 문제란 말인가. 정신을 똑바로 차릴 수밖에 없겠다.

무슬림은 이슬람 율법인 샤리아에 맞게 만들어진 것만 먹고 쓴다. 원료는 물론 제조 과정까지 샤리아의 기준에 부합해야 하는데, 고려 대상에는 음식을 다루는 사업체와 도축장 외에도 의약품과 화장품에 심지어 금융까지 아우른다. 이렇게 생산된 음식이나 제품 등 '허용된 것'을 할랄Halal이라 하고, 반대로 먹을 수 없거나 금지된 것은 하람Haram이라고 한다. 말레이시아는 할랄 음식에 대해 철저한 인증을 거쳐야 할 운명이었다. 국민 대다수가 무슬림인 중동국가와 달리 다른 식습관을 가진 타민족과 함께 살아야 했기 때문이다. 결국, 엄격한 생산 절차를 밟아야 하는 말레이시아의 할랄 제품은 안전성과 품질이 보장되어 비무슬림 소비자까지 높이 평가한다.

음주 역시 하람에 속한다. 무슬림이 운영하는 식당이나 가게에서는 술을 팔지 않는다. 그래도 이곳은 다양성을 빼면 설명되지 않는 나라다. 말레이 집중 주거 지역을 제외하면 술을 찾는 일은 어렵지 않다. 관광객이 많은 부낏빈땅과 차이나타운 거리, 쇼핑몰의 음식점이나 브릭필즈의 주류 가게에는 항상 술이 준비되어 있다. 외국인이 많이 사는 방사 지역과 나이트클럽에서도 음주는 유별난 일이 아니며, 한국 식당에서 늦은 밤까지 소주나 막걸릿잔을 기울이는 비무슬림도 흔하다. 하지만 현지인이 과음하는 경우는 드물다. 전철에서 술 냄새를 풍기거나 취해서 몸을 못 가누는 사람도 볼 일이 거의 없다. 대신 그들에게는 떼따릭이 있다. 연유를 넣어 어마어마하게 달콤하면서 쌉싸름한 이 밀크티 한잔이면 긴 밤도 무섭지 않다.

한국의 할랄 산업

2015년 기준으로 전 세계 무슬림 인구는 약 18억 명이다. 세계 인구의 넷 중 하나는 매일 할랄 제품과 할랄 식당, 기도실이 필요하다는 뜻이다. 더욱이 무슬림 인구의 평균연령이 24세(비무슬림은 31세)임을 고려했을 때 무슬림의 인구성장률에 맞물린 할랄 산업의 미래를 짐작할 수 있다.[54] 잘 알려진 대로 할랄 식품은 돼지고기와 술을 쓰지 않고 적절한 공정을 거쳐 도살한 고기만 사용한다. 재료나 성분뿐만 아니라 제작 장소와 공정의 위생에도 엄격하며, 부정한 이익을 취하지 않은 기업에서 만든 제품만 할랄 인증을 받을 수 있다. 이슬람 사회의 소비자들에게 있어 할랄 제품 사용은 종교적 신념에 어긋나지 않는 선택을 말한다.

최근 몇 년 동안 한국에서도 할랄 산업에 관련한 협력 단체가 발족하고 국내 할랄 인증 제도의 신뢰도를 높이기 위한 활발한 논의가 이뤄지고 있다. 2015년 이래 '할랄산업엑스포코리아'가 매년 열리고 있다는 소식 또한 반갑다. 그런데 할랄 사업은 그 경제적 이익만 따져 성급하게 추진할 것이 아니라, 먼저 이슬람과 할랄에 대한 이해가 필요하다. 2016년 중앙 정부의 지원으로 진행되다 무산된 대구시의 할랄 사업이 그 단적인 사례다. 대구시가 할랄 사업 계획을 발표하자, 일부 기독교계는 '지역의 이슬람화' 혹은 '한국의 이슬람화'라는 자극적인 방패를 내세워 격렬하게 반대했고, 테러에 대한 대중의 막연한 두려움과 다른 문화를 향한 혐오도 한몫했다. 언론을 통해 과격 단체의 폭력적 행위가 이슬람 사회 전체를 대변하듯 포장되었다. 결국, 전 세계 식품시장의 16%를 차지한다는 할랄 시장의 경제적 가능성조차 편견을 당해내지 못했다.[55] 국제화를 추구하고 다문화 사회에 진입했음을 인정하는 한편 더 많은 관광객을 유치하겠다는 목표를 가진다면, 그들의 기본 생활을 보장하는 제도와 시설도 함께 따라와야 하지 않을까? 할랄 사업에 대한 격렬한 반대 여론은 세계화와 다문화가 화두인 우리 사회가 다름을 어떻게 대하는지 보여주는 일면이다.

흑백사진으로
설명할 수 없는 나라 |전통 옷[56]

오랜만에 옷이 사고 싶었다. 그런데 쿠알라룸푸르의 '자타공인 패션 중심가' 부낏빈땅에서 마음에 드는 걸 찾지 못했다. 무언가 잘못되었다. 세계 패션계의 막대한 투자로 생산되고 광고되는 상표, 어느 도시에서나 손에 넣을 수 있도록 배려되고 많은 이가 원해 마지않는 상품에 문제가 있을 리 만무하다. 내 취향을 점검해야 할까?

하지만 다행히도 나에게는 다른 선택권이 있었다. 그날 저녁 브릭필즈의 인도 옷 상점 앞을 지날 때였다. 가게 유리창 너머를 바라보는데 가슴이 콩닥거리는 것 아닌가? 옷 한 벌이 눈에 가득 찼다. 차분한 분홍과 하늘빛으로 염색된 옷감을 보노라니 마치 좋은 꿈을 꾸는 기분이었다. 소매 없이 허벅지까지 내려오는 단아한 상의와 하늘하늘한 스카프, 종아리가 꽉 끼어 앉기 겁나는 분홍색 바지까지 마음에 쏙 들었다. 하지만 안타깝게도 겨드랑이 쪽이 너무 헐렁했다. 비죽 입을 내밀고 돌아서려는데 주인아저씨 눈이 번뜩였다. 그는 인도 옷은 고쳐 입는 게 보통이라면서 묻지도 않은 가격 흥정에 들어갔다. "옆집에 기가 찬 기술자가 있으니까 수선도 바로 돼요!" 수선집에서도 이십 년 경력을 가진 이 재단사가 브릭필즈에서 최고라고 추켜세웠다. 주인공 재단사는 뻔지르르한 칭찬에 얼굴도 붉히지 않았다. 도리어 이 정도 수선이야 십 분이면 된다며 자신감을 내보였다. 그는 새 옷의 바느질을 뜯기에 앞서 내 어깨 둘레를 꼼꼼히 챙기는 듯했다. 그런데 곧 그런 과정이 우습다는 듯 묵직한 가위는 하얀 초크 자국을 빗겨 숙썩 지나는 게 아닌가! 아! 눈을 질끈 감아버리게 하는 재단사의 한땀 한땀. 그는 마지막 매듭을 너절하게 끝내며 자신은 말레이시아인이 아니라 인도인이라고 강조했다. 그런 그에게서 아직 밟지 못한 인도의 흙냄새가 훅 풍겨온 듯했다. 수선된 윗옷은 입고 벗기가 힘들다. 그런데도 이 옷을 입으면 두 뺨이 복숭앗빛이 될 만큼 기분이 좋아진다.

그날 산 옷은 인도 북부지방과 파키스탄 여자의 전통차림으로서 펀자비 수트Punjabi Suit라고 한다. 윗옷은 허벅지나 무릎까지 내려오고 옷깃이 없으며 옷단 양쪽에 트임이 있다. 함께 입는 바지는 아주 펑퍼짐하거나 반대로 다리에 바짝 붙기도 한다. 그리고 옷과 어울려 세심하게 배색한 숄을 걸친다. 펀자비 수트는 활동적인 디자인 덕분에 일상복으로 손색이 없다. 인도 여자 전통 옷으로 잘 알려진 사리Sari 또한 흔히 볼 수 있는 전통 옷이다. 브릭필즈에서는 주말이면 사리를 차려입고 이런저런 행사에 참여하는 인도

인 가족을 종종 보게 된다. 사리는 허리부터 둘러서 어깨까지 걸치는 긴 천으로 길이는 보통 5m 안팎이다. 예쁘긴 한데 사리 한쪽 춤을 손에 잡고 걷는 모습은 그다지 자유로워 보이지 않는다.

인도 남자들은 격식을 차릴 때 쿠르타Kurta를 입는다. 쿠르타는 무릎을 덮는 길이에 옷깃이 없고 움직이기 편하도록 옆이 트여있다. 필요에 의한 발명이었겠으나 아래쪽에 겹쳐 입은 옷감이나 맨살이 살짝 나타났다 사라지곤 하는 옆트임 옷은 참 매력적이다. 하얀 바지 위에 은실로 수놓은 푸른색 쿠르타를 걸치자, 배가 불룩 나온 아저씨에게서도 은은한 멋이 풍긴다. 그 맵시 나는 옆트임 때문에 나도 인도 옷이 한 벌 갖고 싶었는지도 모른다. 그러나 자기 전통을 입은 그들의 자부심만은 내 것이 될 수 없었다. 펀자비 수트에는 인도인의 선명한 얼굴이 잘 어울리고 뚜둥의 이마선은 말레이 여자의 둥근 얼굴 위에서 가장 아름답다.

뚜둥Tudung은 무슬림 여자가 얼굴을 제외한 머리와 귀, 목을 가리는 천을 가리킨다. 말레이시아인의 옷차림에서 단연 눈에 띄는 것이 이 뚜둥이다. 뚜둥은 머리를 감싼 뒤 자연스럽게 내려뜨려 어깨춤에 부드러운 선을 만들어 주는 것부터 머리와 목을 바짝 감싸서 두상이 드러나는 것까지 모양과 소재가 천차만별이다. 맵시 있게 입으려면 얼마나 많은 것을 신경 써야 하는가? 고르고 고른 옷을 입고 나서 신발과 가방 때문에 갈팡질팡, 몸에 걸친 색깔은 세 개 이하로 제한하라던 유행잡지의 조언까지 되새겼는데도 확신이 없어 형제들에게 나 괜찮으냐며 묻기 일쑤니, 쟤는 밖에 나가기 어렵다는 말을 일주일에 다섯 번 듣곤 했다. 그런데 무슬림 여자는 머리에 쓰는 것까지 생각해야 한다니! 하지만 괜한 걱정이다. 말레이 여자들에게 뚜둥은 자기를 뽐내는 비장의 무기 정도로 보인다. 그들은 옷에 맞추어 세심히 뚜둥을 고르고 멋스럽게 둘러서 옷차림을 완성한다.

뚜둥은 현대적 옷차림에 무리 없이 어울리지만, 바주 꾸룽Baju Kurung과 맞춰 입을 때 더 완벽해 보인다. 바주 꾸룽은 긴 소매에 무릎을 덮는 길이의 상의와 발목을 덮는 치마로 구성된 말레이 전통 여자 옷이다. 윗옷은 옷깃이 없으며 품이 넉넉하다. 치마는 윗옷과 같은 옷감을 쓰는데, 역시 활동하기 편하도록 여유가 있게 폭을 잡는다. 더운 나라에서 온몸을 감싼 모습이 덥고 답답해 보이지만, 사실 긴 옷이 여러모로 기능적이다. 가볍고 얇은 천으로 몸을 가리면 자외선 노출이나 화상의 위험을 줄일 수 있고 풀벌레를 차단하는 동시에 실내에서는 냉방 바람도 피할 수 있다.

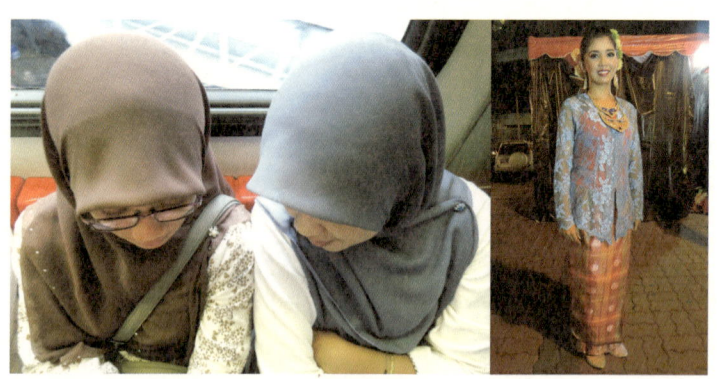

말레이 전통 남자 옷은 바주 믈라유Baju Melayu라고 한다. 바주 꾸룽이 평상복으로 두루 입히는 데 비해 바주 믈라유는 주로 예배나 결혼식 등 행사 의복으로 등장한다. 상의는 목과 가슴 부분에 서너 개의 단추를 달고 엉덩이를 가리는 길이로서 바주 꾸룽처럼 품이 넉넉하다. 바지와 윗옷은 같은 옷감으로 만들고, 무늬나 배색이 없는 선명한 색상에 가볍고 매끄러운 재질을 쓴다. 사롱Sarong은 허리부터 발목까지 내려오는 넓은 천으로 치마를 입듯 허리에 둘러 입는다. 동남아시아 남녀 모두가 평상복으로 즐겨 입으며 보통 화려한 무늬의 옷감을 쓴다. 사롱처럼 생긴 천을 엉덩이와 허벅지 부분만 가리도록 둘러 입는 것은 삼삔Sampin이라고 한다. 삼삔은 남자 전용으로서 바주 믈라유와 함께 입는데, 바주 믈라유에 삼삔을 두르면 옷맵시가 크게 살아난다. 여기에 송꼭Songkok이라는 모자까지 쓰면 말레이 남자의 전통 옷차림이 완성된다.

여자들이 사롱을 입을 때 상의로 걸치는 옷 중에 끄바야Kebaya가 있다. 끄바야는 속이 비치는 얇은 옷감에 세밀한 자수를 놓아 만든 앞 여밈 상의로서, 레이스처럼 보이는 옷단의 정교함이 돋보인다. 말레이시아에서 끄바야는 중국인 후손 여자를 뜻하는 뇨냐의 대표적인 옷차림으로 여겨진다. 끄바야를 흔히 만날 수 있는 곳은 비행기 안이다. 동남아시아 국적 항공사 중에는 여자 승무원 제복으로 끄바야와 사롱 혹은 송껫Songket을 활용하는 곳이 많다. 송껫은 금실이나 은실을 섞어 직조한 옷감으로서 주로 예복으로 쓴다. 송껫은 남녀가 모두 사용한다.

말레이계와 인도계 말레이시아인들은 명절은 물론 가정이나 회사에 행사가 있을 때도 전통 옷을 즐겨 입는다. 직장인이 많은 곳에서 그들의 고유 옷차림을 흔히 볼 수 있으니 전통 옷이 평상복으로 충분히 역할 함을 짐작할 수 있다. 이에 현지인의 옷차림은 말레이시아 여행에서 빼놓을 수 없는 즐거움이다. 한편 중국계 말레이시아인의 옷차림은 완전히 서구화되어 한국과 다르지 않다. 그런데 지금 우리가 말하는 말레이시아, 특히 말레이 사람들의 전통 옷 역사는 그리 길지 않다. 본래 동남아 사람들은 더운 날씨 때문에 필요한 부분만 가리고 장신구나 문신으로 치장하길 즐겼으며, 이들이 소매가 있고 격식 차린 옷을 입게 된 것은 '이슬람이나 기독교가 유입된 후'라고 한다.[57]

언젠가 쿠알라룸푸르의 한 공원에서 결혼사진을 찍는 말레이 연인을 본 적이 있다. 뚜둥부터 신발까지 온통 새파란 결혼 예복을 보았을 때 나는 조금 놀랐다. 너무 파래서. 하지만 그들은 원색이나 알록달록함이 촌스럽다고 생각하는 한계가 없어 보였다. 노인들은 밝은 연두나 주황색으로 맞춘 바주 믈라유를 산뜻하게 차려입고 기도하러 나선다. 건물 외벽을 칠한 페인트나 식당의 플라스틱 그릇, 심지어 비닐봉지마저 색이 다채롭다. 그러니 전체적인 나라 분위기도 덩달아 경쾌하다. 말레이시아는 흑백사진으로 설명할 수 없는 나라다.

무슬림 여자는 왜 베일을 쓸까?

여자에게 유독 까다로운 무슬림의 의생활은 논쟁거리다. 베일 사용에 대한 코란의 해석을 놓고 이슬람 법학자들조차 의견이 분분하며 나라마다 의무화 여부와 규정도 다르다. 베일의 유래는 이슬람 도래 이전으로 올라간다. 무슬림 사회에 대한 궁금증을 쉽게 풀어낸 책 『무슬림 마음속에는 무엇이 있을까?』에 따르면, 베일 사용은 셈족의 일반 여성이 낮은 계급 여성과 자신을 구별하기 위해 썼던 전통이었는데, 이슬람 시대에 이르러 '불신자의 모욕과 희롱으로부터 여자를 보호하려는 장치'로 자리 잡았다고 한다.58 베일을 처음 썼던 사람이 이슬람 창시자 무함맛의 부인이었던 만큼 베일은 '존경·정숙·겸손의 의미를 내포한다'고 해석할 수 있지만, 이 관습이 '남성의 주도로 시작된 사실은 여성의 자유에 대한 논란'을 잠재우지 못한다.59 하지만 대부분의 일반 무슬림에게 옷차림은 자신의 믿음을 실천하는 것과 같다. 동시에 무슬림 부모 밑에서 태어나 무슬림으로 자라고 힌두 가정에서 태어나 힌두 문화를 누리는 것처럼 자연스러운 흐름이기도 하다.

무엇보다 전통 옷을 일상복으로 멋스럽게 소화하는 말레이시아 여자들의 자세는 종속적이거나 수동적이지 않다. 여성의 생업 참여율이 높은 말레이 식당 부엌만 엿보아도 칼 잡고 주름잡는 그네들 삶을 어렵지 않게 상상할 수 있다. 뿌뜨라자야로 출퇴근하는 한 친구에 따르면 자기가 일하는 국세청 건물에는 남자보다 여자 직원이 훨씬 많다고 한다. 여성의 활발한 사회 활동은 동남아시아에서 특별한 일이 아니다. 본래 동남아는 전통적으로 남녀가 평등한 사회였다. 신윤환 교수는 『동남아문화 산책』에서 '일부에서 극단적인 보수성을 드러내는 종교가 유입'되고 '부계 중심 제도를 가져온 근대화'를 거쳤음에도 동남아 여성의 사회·경제적 활동은 여전히 활발하다고 밝힌다.60 일례로 인도네시아와 필리핀은 이미 여성 대통령을 배출했으며, 미얀마의 아웅 산 수 치 여사는 민주화 투쟁을 이끄는 영웅으로 불린다. 동남아에서는 정치계뿐만 아니라 금융·교육계 등 고위 인사 자리에 여성이 오르는 일도 흔해 한국보다 여성의 지위가 높다고 평가된다.61

바띡

매주 목요일 뿌뜨라자야Putrajaya에서는 말레이 전통 옷차림을 한 번에 많이 볼 수 있다. 뿌뜨라자야는 포화 상태였던 쿠알라룸푸르를 대신해 1999년부터 말레이시아의 행정 기능을 맡은 계획도시다. 공항 가는 길목에 있어 쿠알라룸푸르에서 고속 열차로 삼십 분 안에 닿는다. 정부 기관이 대부분인 이 도시에서 일하는 사람들은 전통 옷을 장려하기 위한 정부 방침에 따라 목요일마다 전통 옷을 입어야 한다. 직원들은 복장 검사를 받는 고등학생 심정일 수도 있겠지만, 외국인 직원까지 현지 전통 옷을 입은 모습이 보기 좋다. 남자들은 바주 믈라유보다 일반 정장 바지에 화려한 문양의 셔츠를 입는 게 보통인데, 이는 바띡Batik으로 만든 전통 윗옷이다.

바띡은 고대 아프리카나 중동에서도 사용된 오래된 염색기술로서, 밀랍을 이용하여 천을 염색하는 납염 방법을 말한다. 납염은 지역마다 만드는 방법과 기술에 차이가 있는데, 인도에서 발생해 인도네시아에서 발전된 납염법을 바띡이라고 한다.[62] 바띡을 만들 때는 짠띵Canting이라는 용기가 필요하다. 끝이 뾰족하게 뚫린 짠띵에 뜨거운 밀랍을 넣고 천 위에 원하는 문양을 그린 뒤 붓으로 색을 입히면 밀랍이 묻은 부분은 염색되지 않는다. 천이 마른 뒤 용해제에 넣고 밀랍을 걷어내는 과정을 통해 바띡이 완성된다. 바띡 천은 셔츠로 만들거나 직사각형으로 잘라 치마로 입으며, 가구나 생활용품에도 폭넓게 활용된다. 인도네시아 자와의 바띡은 정교한 수작업 과정을 인정받아 유네스코 인류무형문화유산으로 지정되었다. 말레이시아 바띡은 인도네시아보다 색이 가볍고 무늬가 크다. 기하학무늬나 꽃과 식물이 주 소재로 등장하고, 우상숭배를 금지하는 이슬람 교리에 따라 신체나 동물은 쓰지 않는다. 단, 동물이지만 예외로 나비가 사용된다.[63] 부낏빈땅에 있는 공예단지Kompleks Kraf나 주변 화랑에서 바띡을 배울 수 있다.

수다 마깐?
밥 먹었어요? |말레이어

말레이어는 동남아시아에서 가장 많이 쓰이는 언어다. 말레이어를 국어로 사용하는 나라에는 말레이시아, 인도네시아, 싱가포르, 브루나이가 있고 동티모르에서는 공용어로 쓴다. 인도네시아와 동티모르에서는 말레이어라고 하지 않고 인도네시아어라고 부른다. 인도네시아의 경우 독립 당시 말레이어 사용 인구가 소수임에도 불구하고 말레이어를 국어로 채택했고, 칠십 년이 지난 지금 2억5천만 인구 대부분이 구사할 수 있는 언어가 되었다.[64] 비결은 말레이어가 까다롭지 않기 때문이다.

말레이어는 로마자 알파벳으로 표기하기 때문에 몇 가지 예외만 익히면 금세 읽을 수 있다. 동사는 능동과 수동형태가 약간 다를 뿐, 인칭이나 시제에 따른 변화가 없다. 과거·현재·미래의 시점을 구체적으로 표현하고 싶을 땐 시제와 관련된 부사를 붙이면 된다. 의문문은 평서문의 끝을 올려 억양으로 표현하므로 영어처럼 주어와 동사 자리를 찾기 위해 애쓸 필요가 없다. 어순이 자유로운 편이고 꼭 필요한 어구만으로도 의미가 전달되는 점이 이 언어를 더욱 홀가분하게 해준다. 다만 글로 쓸 때는 엄격한 문법을 적용해 뜻을 오해할 여지가 없도록 한다. 신윤환 교수는 말레이어가 옛날 동남아의 국제 시장에서 공용어로 쓰인 사실을 조명하면서, 이 언어가 배우기 쉽고 말의 높낮이나 성(性)에 의한 구분이 없는 '평등한 언어'일 뿐만 아니라 세계적으로 사용 인구가 많지만, 영어나 프랑스어처럼 '정복과 지배가 아닌 입을 통해 자연스럽게 보급된 언어'라고 예찬한다.[65] 심지어 나처럼 일주일에 서너 시간 수업을 겨우 6개월 들었던 수준으로도 용감하게 다음과 같이 말레이어를 정리할 수 있다.

발음하기 말레이어는 소리 나는 대로 쓰고 적힌 그대로 읽는다. 몇 가지 예외가 있는데, 그중 e가 그나마 읽기 까다롭다고 할 수 있다. e는 [에]나 [으](말하는 사람에 따라 [에])로 발음된다. 규칙은 없으므로 단어마다 익혀야 한다.

    meja [메자] 책상   empat [음빳] 4

k, t, p는 된소리[ㄲ, ㄸ, ㅃ]로 발음하는데, 문장 내 위치나 말하는 사람에 따라 거세게 발음[ㅋ, ㅌ, ㅍ]되기도 한다. 이 책에서는 상황에 따라 가장 근접한 소리로 표기했다. g는 [ㄱ]으로 발음한다.

    ketupat [끄뚜빳] 끄뚜빳(음식 이름)   gigi [기기] 치아

'KL Sentral'의 s처럼 영어에서 빌려온 단어 중 c를 s로 표기할 때가 있다. 이는 말레이어에서 c를 [치] 혹은 [찌]로 발음하기 때문이다. 모든 [시] 발음은 s로 표기한다.

    cawan [차완] 컵   semua [스무아] 모두

인사하기 아침이면 Selamat pagi[슬라맛 빠기], 점심 먹을 즈음에는 Selamat tengahari[슬라맛 뚱아하리], 오후에는 Selamat petang[슬라맛 쁘땅], 저녁에는 Selamat malam[슬라맛 말람]이라고 인사한다. 그런데 사람들은 대개 영어식으로 헬로Hello

나 하이Hi라고 말해버리니 말 배우는 처지에서는 맥이 빠진다. 그렇게 싱겁게 대화가 끝날 것 같을 때 한마디 덧붙여 본다. Apa Khabar[아빠 카바르]? 잘 지내냐는 뜻이다. Khabar baik[카바르 바익] 또는 Sihat[시핫]이라고 대답하면 잘 지내고 좋다는 뜻이다. 그리고 상대방은 어떻게 지내는지 궁금하다면 Dan, kamu[단 까무]? 하고 되묻는다.

대화의 기본인 '예'는 ya[야], '아니요'는 tidak[띠닥/띠다] 혹은 줄여서 tak[딱/따]라고 말한다. 단어 끝에 오는 k는 약하게 발음하거나 거의 발음하지 않는다. 말레이어로 대화할 때 유용한 단어 중 하나가 '볼레'다. boleh[볼레]는 '할 수 있다'는 뜻으로서 영어단어 can[캔]과 더불어 말레이시아 사람들의 입에 자주 오르내리는 단어다. '돼요? 가능해요? 할 수 있어요?'를 무한 긍정 단어 'Boleh?'로 묻고 대답도 간단히 'Boleh!'라고 한다. 날씨도 더운데 주어에 술어까지 앞뒤로 다 챙기면 더 덥다. 의미 전달에 필요한 최소한의 단어로 시원하게 하고 싶은 말만 한다. 불가능함을 표현하고 싶을 땐 Tak Boleh[따 볼레]라고 말한다.

음식 이름 가장 정겨운 인사말은 밥 먹었느냐는 질문이다. 상투적인 표현이지만 식사를 챙길 만큼 잘 지내는지 신경 써 주는 것 같아서 좋다. 말레이시아 사람들도 만나면 으레 묻는다. 밥 먹었어? Sudah makan[수다 마깐]? 먹었다면 Sudah[수다], 아직 식사 전이라면 Belum[블룸]이라고 대답한다. 먹었다는 대답을 기다렸다가 이렇게 되물을 수 있다. Makan apa[마깐 아빠]? 뭐 먹었느냐고 묻자마자 마구 쏟아지는 음식 이름에 머리 속이 하얘지는데……. 그렇다면 이제 음식 이름을 공부할 차례다.

nasi[나시] 밥
roti[로띠] 빵
bawang[바왕] 양파

mi/mee[미] 국수
sayur[사유르] 채소
bawang putih[바왕 뿌띠] 마늘

daging[다깅] 소고기
daging ayam[다깅 아얌] 닭고기
ikan[이깐] 생선
udang[우당] 새우
telur[뜰루르] 달걀

daging kambing[다깅 깜빙] 양고기
daging babi[다깅 바비] 돼지고기
ikan bilis[이깐 빌리스] 멸치
sotong[소똥] 오징어
tauhu[따우후] 두부

buah[부아] 과일
gula[굴라] 설탕
air[아이르] 물
air sejuk[아이르 스죽] 찬물
susu[수수] 우유

garam[가람] 소금
gula melaka[굴라 믈라까] 팜 설탕
air mineral[아이르 미네랄] 생수
air panas[아이르 빠나스] 뜨거운 물

Kopi Kosong[꼬삐 꼬송] 우유와 설탕을 넣지 않은 커피
Kopi O[꼬삐 오] 우유 없이 설탕만 넣은 커피
Kopi Susu[꼬삐 수수] 우유와 설탕을 모두 넣은 커피(주로 연유를 넣어줌)
Teh Kosong[떼 꼬송] 우유와 설탕을 넣지 않은 차
Teh O[떼 오] 우유 없이 설탕만 넣은 차
Teh Susu[떼 수수] 우유와 설탕 모두 넣은 차(역시 연유를 사용)
Teh O Ais[떼 오 아이스] 시원한 차(아이스티)

주문하기 식당에 들어가서 앉으면 직원이 다가온다. 그가 컵 손잡이를 잡은 듯이 손을 움켜쥐고 들이키는 시늉을 하면서 묻는 말이, Minum apa[미눔 아빠]다. minum은 '마시다', apa는 '무슨'이라는 뜻으로 뭘 마시겠냐고 묻는 말이다. 말레이시아 사람들은 밥 먹으면서 음료를 꼭 함께 마시기 때문에 음료를 시키지 않으면 이상하다는 듯 쳐다보기도 한다. 원하지 않으면 고개를 저으며 Tak mahu[따 마후]라고 말한다. 밥 먹었느냐고 물어볼 때 나는 숟가락을 쥔 손 모양을 하고 입을 벌린다. 그런데 손으로 음식을 먹는 무슬림은 다섯 손가락을 모아 입안으로 넣는 시늉을 하면서, Makan apa[마깐 아빠]라고 묻는다. 무얼 먹겠냐는 뜻이다.

메뉴판을 보고 싶을 땐 Minta mcnu[민따 네누]라고 부탁한다. 음료는 minuman[미누만], 음식은 makanan[마까난]이다. goreng[고렝]은 볶음이나 튀김 요리를 말한다. 미고렝과 나시고렝처럼 고렝 앞에 요리 재료를 넣으면 음식 이름이 완성된다. 국물이 있는 음식은 영어의 soup을 빌려와 sup[숩]이라고 쓰고 영어와 똑같이 발음한다. bakar[바까르]는 '굽다'라는 뜻이다. 대부분의 말레이 식당에서는 생선구이 Ikan Bakar[이깐 바까르]를 찾을 수 있다.

몇 가지 단어를 익혔더니 음식 고르는 재미가 생긴다. '볶음 국수 있어요?'를 말하고 싶으면 동사 ada[아다](있다/가지다)를 이용한다. Ada Mee Goreng[아다 미 고렝]? 슈퍼마켓이나 옷가게에서도 ada 뒤에 원하는 것을 붙여서 표현할 수 있다. 있으면 Ada[아다],

없으면 Tak ada/Tiada[따 아다/띠아다]로 답이 돌아온다. 이제 주문도 할 수 있겠다. '나시고렝 하나랑 라임 주스 한 잔 주세요'는 'Nasi Goreng satu, Jus Limau satu'라고 말하면 된다. 여유가 있다면 문장 앞에 Saya nak[사야 낙]을 붙여 '저는 ~을 원해요'라고 부드럽게 표현할 수 있다. 말레이시아에서는 보통 음식이 짠 편이고 주스류는 달기 때문에 다음 문장을 외워서 부탁한다.

Kurang masin[꾸랑 마신]. 덜 짜게 해주세요.
Kurang manis/pedas[꾸랑 마니스/쁘다스]. 덜 달게/맵게 해주세요.
Tanpa gula[딴빠 굴라]. 설탕 빼주세요.
Dengan ais[뎅안 아이스]. 얼음 넣어주세요.

그런데 주문을 받은 직원은 외국인이 말레이어 한다고 "하하하, 웃기네! 고놈." 하고 돌아서더니 여전히 달고 짠 음식을 내온다. 이런 경우가 많다. 다음에는 눈에 힘을 더 주고 간절히 말해야지. 꾸랑 마신!!

숫자 식당에 들어가서 일행이 몇 명인지 말할 땐, 숫자 뒤에 '사람'을 뜻하는 말레이어 orang[오랑]을 붙인다. 한 명은 seorang [스오랑], 두 명은 dua orang [두아 오랑], 세 명은 tiga orang [띠가 오랑]이라고 말한다. 기본 숫자는 다음과 같다.

0 kosong[꼬송]
1 satu[사뚜]
2 dua[두아]
3 tiga[띠가]
4 empat[음빳]
5 lima[리마]
6 enam[으남]
7 tujuh[뚜주]
8 lapan[라빤]
9 semblian[슴빌란]
10 sepulu[스뿔루]

11 sebelas [스블라스]
12 dua belas[두아 블라스]
13 tiga belas[띠가 블라스]
14 empat belas[음빳 블라스]
15 lima belas[리마 블라스]
16 enam belas[으남 블라스]
17 tujuh belas[뚜주 블라스]
18 lapan belas[라빤 블라스]
19 sembilan belas[슴빌란 블라스]
20 dua puluh[두아 뿔루]

50센트나 30분 등 일정량의 절반을 말할 때는 setenga[스뚱아]라고 표현한다.

3링깃Ringgit 50센트Sen/RM 3.50[띠가 링깃 리마 뿔루 센/띠가 링깃 스뚱아]

계산하기 열심히 돌아다니면서 땀을 흠뻑 흘리면 뭘 먹어도 맛이 좋다. Sedap, sedap[스답]! 맛있어요! 엄지손가락을 치켜들어 맛이 기막히다고 주인에게 찡긋해주고, 허공에 끄적이는 시늉으로 계산서를 부탁한다. 대부분 식당에서는 자리에 앉아 계산하고 잔돈을 받는다.

Nak bayar[낙 바야르]. 계산해주세요.
Satu lagi[사뚜 라기]. 하나 더 주세요.
Saya lapar[사야 라빠르]. 배고파요.
Berapa[브라빠]? 얼마에요?
Bagus/Baik[바구스/바익]. 좋아요.
Saya kenyang[사야 끄냥]. 배불러요.

말레이시아에서는 무언가를 가리킬 때 집게손가락을 사용하면 예의에 어긋난다. 으뜸을 표시하듯 가볍게 주먹을 쥐고 엄지를 검지 옆에 붙인 다음, 엄지의 첫 번째 마디만 살짝 치켜들어 원하는 것을 가리킨다. 이렇게 하면 사람과 사물을 막론한 모든 대상을 조금이라도 존중하는 태도로 여겨진다.

Ini/Itu apa[이니/이뚜 아빠]? 이건/저건 뭐에요?
Ada besar/kecil[아다 브사르/끄칠]? 큰 거/작은 거 있어요?
Mahal/Murah[마할/무라]. 비싸요/싸요.
Boleh kurang[볼레 꾸랑]? 깎아줄 수 있어요?

동사를 부정할 땐 tidak/tak[띠닥/딱], 명사를 부정할 땐 bukan[부깐]을 붙인다.

Bukan ini, saya mahu itu[부깐 이니, 사야 마후 이뚜]. 이거 말고 저거 주세요.
Tak mahu[딱 마후]. 싫어요/원하지 않아요.

자, 밥도 맛있게 먹었고, 원하는 물건도 샀다면 고맙다고 힘차게 말한다. Terima kasih[뜨리마 까시]! kasih는 '사랑'을 뜻하고 terima는 '받다'라는 뜻이다. 당신의 사랑을 받아 감사하다는 의미의 아름다운 조합어다. 누가 고맙다고 하면 Sama sama[사마 사마]라고 받아준다. sama는 '같다'는 뜻으로 '내 마음도 당신과 마찬가지'라는 뜻을 담고 있다. 볼 일을 다 보았다면 안녕히 계시라는 인사도 잊지 않는다.

Selamat datang[슬라맛 다땅]. 환영합니다/어서 오세요.
Selamat jalan[슬라맛 잘란]. 잘 가요.
Selamat tinggal[슬라맛 띵갈]. 잘 있어요.
Jumpa lagi[줌빠 라기]. 또 만나요.

길 묻기

밥을 꼬박꼬박 먹으니, 화장실 위치는 꼭 알아둬야 한다. 화장실은 tandas[딴다스]라고 하며, 화장실 근처에는 기도실 surau[수라우]가 꼭 있다.

lelaki[를라끼] 남자   wanita[와니따] 여자
Maaf/Maafkan saya[마아프/마아프깐 사야]! 실례합니다/죄송합니다.
Di mana tandas[디마나 딴다스]? 화장실이 어디에 있나요?
Jalan terus dan pusing kanan[잘란 뜨루스 단 뿌싱 까난]. 곧장 가다가 오른쪽으로 돌아가세요.

kanan[까난] 오른쪽   kiri[끼리] 왼쪽
sini[시니] 여기   sana[사나] 저기
bukit[부낏] 산   taman[따만] 공원

sungai[숭아이] 강
laut[라웃] 바다
kampung[깜뽕] 마을/시골
stesen[스떼센] 역
Cantik[찬띡]. 아름다워요.

tasik[따식] 호수
pantai[빤따이] 해변
bandar[반다르] 도시
jalan/lebuh/lorong[잘란/르부/로롱] 길

자기소개 그러고 보니 자기소개도 안 하고 너무 많이 달려왔다.

Siapa nama anda?[시아빠 나마 안다] 이름이 뭐예요?
Nama saya ~[나마 사야 ~]. 제 이름은 ~입니다.

saya[사야] 나
kamu/anda[까무/안다] 당신
mereka[므레까] 그들

awak[아왁] 너
kami/kita[까미/끼따] 우리

adik[아딕] 동생뻘 되는 여자나 남자를 부를 때
abang[아방] 형/오빠
semua[스무아] 모두
makcik[막찍] 아주머니
puan[뿌안] 성인 여자(특히 결혼한 여자)를 높여 부르는 말
encik[은찍] 성인 남자를 높여 부르는 말

kakak[까깍] 누나/언니
cik[찍] 아가씨
pakcik[빡찍] 아저씨

Kamu dari mana[까무 다리 마나]? 어느 나라에서 왔어요?
Saya dari Korea/Saya orang Korea[사야 다리 코리아/사야 오랑 코리아].
 한국에서 왔어요/한국 사람이에요.

기타 문법과 어휘 문장 구조는 영어처럼 주어, 서술어, 목적어 순이다. 수식어와 관형어는 명사 뒤에 온다. '나의 책'은 buku saya[부꾸 사야], '예쁜 집'은 rumah cantik[루마 찬띡]이다.

복수 표현은 단어를 두 번 나열해서 표현한다. 책은 buku[부꾸], 여러 책은 buku-buku다. 어떤 단어는 반복해서 쓰면 의미가 확장되기도 한다. 길을 뜻하는 jalan[잘란]을 두 번 반복한 jalan-jalan은 '산책하기'라는 뜻이 된다.

눈은 mata, 하루는 hari인데, 두 단어를 붙인 matahari[마따하리]는 하루의 눈, 바로 태양을 뜻한다. 사람을 뜻하는 orang과 숲을 뜻하는 hutan 두 단어가 만나 보르네오섬과 수마트라섬의 열대우림에만 산다는 오랑우탄Orangutan이 되었다. 숲의 사람이라니 참 멋진 이름이다.

영어에서 빌려온 재밌는 단어가 많다. 함께 말레이어를 배운 라라는 독일인답게 소세지sosej라는 단어가 가장 좋단다. 아이스크림aiskrim, 얼음ais, 수프sup처럼 영어에서 빌려온 단어는 말레이어 발음법에 맞도록 고쳐 쓴다. 들리는 대로 쓰고 쓴 대로 읽으니, 로마자 알파벳이 말레이어에서 제대로 표음문자 노릇을 하고 있다.

쿠알라룸푸르에서 만나는 대부분의 말레이시아인은 두 가지 이상의 언어를 자유롭게 구사한다. 인도계는 타밀어·말레이어·영어를, 중국계는 중국어·말레이어·영어를, 말레이계는 말레이어·영어를 쓴다. 이들은 더 강한 느낌을 주는 단어를 골라 여러 언어를 맛깔스럽게 섞어서 말하길 즐긴다. 가장 흔한 예로 '밥 먹으러 가자'는 뜻의 'Let's go makan'을 들 수 있다. 말레이시아와 싱가포르 사람들의 특이한 언어 습관 중 lah[라]가 있다. lah는 문장 끝에 버릇처럼 붙는데, 별 뜻 없이 권유나 동조를 유도한다. 'Ok lah', 'Go lah', 'Makan lah'처럼 끝에 lah를 붙이면 말레이시아다운 느낌이 확실히 살아난다.

한국에 살면서 한국말을 한마디도 못 하고 배우려는 의지조차 없는 외국인을 보면 혀를 끌끌 차곤 했다. 쿠알라룸푸르에서 지내는 시간이 길어지던 어느 날, 그들과 다름없는 내 모습에 아차 싶었다. 서둘러 말레이어를 배우기 시작했을 때 나를 응원해준 사람 중 하나가 와니다. 어느 날 와니가 말했다.

"어제 뉴스에서 봤는데, 오늘 KFC에서 한국식 튀김 닭이 출시된대. 알고 있어?"

"아니? 그런데 뉴스에서 그런 소식이 나왔단 말이야?"

"응, 무지 매운 통닭이래."

"그래? 일 언제 끝나? 우리 같이 가서 먹어보자."

와니와 함께 KFC를 찾았다. 양념 통닭과 맛은 비슷한데 조금 더 달고, 덜 맵다. 양념 통닭의 생명이라 할 수 있는 빨간 소스는 아깝다는 듯이 닭에 묻힌 시늉만 해 놓았다며 와니는 아주 실망했다. 내가 보기에도 닭요리 전문 식당이 많은 말레이시아에서 KFC가 살아남은 것이 용할 지경이었다.

인도네시아인인 와니는 친구네 가정부다. 청소기를 밀다가 나를 보면, "오늘은 두 시간 안에 청소 다 하고 마늘이랑 양파도 까야 해."라고 하거나, 깡꿍을 볶다가 "난 요리하는 게 제일 싫어."라고 툴툴댄다. 요리를 하도 많이 시키는 바람에 결국 요리를 싫어하게 만든 싱가포르인이 있었는데, 그의 아홉 살짜리 아들에게서 영어를 배웠다고 한다. 와니는 간단한 영어 단어만 쓰면서도 의사소통이 똑 부러진다.

그런 와니는 나를 위해서 일부러 말레이어(와니에게는 인도네시아어)로 말한다. 밥은 뭐 먹었는지, 주말에는 뭐했는지 정도의 대화를 나누는데, 그녀가 말하면 실용적인 단어가 쏙쏙 귀에 들리고, 말 배우기가 쉽게 느껴진다. 와니가 내 언어 선생이 되어주면 딱 좋겠는데, 워낙 일을 잘하는 바람에 찾는 사람이 많아서 시간을 좀체 낼 수가 없단다. 저 가벼운 몸 어디에서 그런 힘이 나오는 걸까? 낳자마자 인도네시아에 놓고 왔다는 아기 때문일까? 친구 집을 들락거리며 어슬렁대다가 와니를 만나면 고개가 수그러진다. 그녀보다 훨씬 무겁고 큰 내 몸이 쪼그라든다. 와니가 나를 보고 웃으면서, "양파는 바왕이고 마늘은 바왕 뿌띠야."라고 말해주는 게 감사할 따름이다.

음식과 시장

부드럽고 새콤하게 |뇨냐 음식

무엇을 볼지가 아닌 얼마나 먹거리가 많은지에 따라 여행 기간을 잡으면 어떨까? 여행을 마치기도 전에 락사와 로띠차나이가 아른거려 돌아올 다짐을 하니, 말레이시아 여행에 음식을 고려하지 않을 수 없다. 말레이시아 식탁의 가장 큰 매력은 여러 민족의 정통 손맛을 한 자리에서 맛볼 수 있다는 점이다. 인도나 중국, 말레이 음식을 찾아서 여러 나라를 돌아다니지 않아도 되니 여행자의 수고를 덜어줄 뿐만 아니라 밥값이 부담 없고 선택권도 넓다.

그런데 이 환상적인 음식 천국에서 단 한 끼만 먹을 수 있다면? 선택은 뇨냐 음식이 아닐까? 뇨냐 음식은 중국인 후손이 현지에서 쉽게 구할 수 있는 재료와 요리법으로 고국의 맛을 발전시킨 음식 문화를 말한다. 전해지는 이야기로 옛날 믈라까 왕국 술탄과 결혼한 항 리포라는 명나라 공주가 있었는데, 당시 공주와 함께 온 많은 귀족과 하인이 믈라까에 뿌리를 내리고 살았다고 한다. 그 후 17세기까지 말레이제도에 정착한 중국인의 후손을 페라나칸Peranakan Chinese이라고 하며, 그중 남자는 바바Baba, 여자는 뇨냐Nyonya라고 부른다.[66] 바바와 뇨냐는 중국 요리는 물론 도자기와 가구, 의복을 새로운 환경에 맞게 되살렸고, 언어와 음식, 생활방식에 있어 독특한 문화를 형성하면서 지역 사회에 통합되었다. 서로 다른 문화가 융화되어 탄생한 음식이라니 말레이시아 여행에 있어 그럴듯한 선택으로 보인다.

뇨냐 음식의 진수는 페라나칸이 깊이 뿌리를 내린 믈라까, 삐낭, 싱가포르에서 찾을 수 있다. 뇨냐 음식은 부드럽고 묵직하며 시큼하다. 부드러움을 결정짓는 재료는 코코넛 우유다. 여기에 새우로 만든 발효 양념 블라짠과 생강을 섞어서 풍미 진한 국물을 만들고, 타마린드·레몬그라스·카피르 라임 잎으로 신맛을 낸다. 글쎄, 글로는 어떤 맛인지 잘 모르겠다. 일단 먹어 보자!

락사 Laksa

친구들을 따라 믈라까에 갔을 때 처음으로 락사를 먹어보았다. 그들이 버선발로 임을 맞이하듯 달려든 식당의 이름은 '존커88'이었다. 주소를 붙인 가게 이름과 허름한 외관에 나는 심드렁했다. 배도 별로 고프지 않았다. 그런데 시뻘건 아쌈락사 국물을 한술 뜨자, 그만 웃음이 비집고 나왔다. 시큼하면서 달고 미끄덩하면서 얼큰함이 새로웠고 맛도 굉장히 좋았다. 한 그릇을 뚝딱 비우고 나서야 배가 안 고팠던 게 생각나서 조금 민망해졌다.

락사의 어원은 '십만'이라는 뜻을 가진 산스크리트어에서 파생된 힌디어에 있다고 하는데, 이 음식에 들어가는 국수를 가리켜 이름이 지어졌다고 한다.[67] 그 수를 헤아리기 힘든 국수 가락도 그렇지만, 한 그릇에 담긴 오묘한 맛의 출처를 못다 가늠하겠으니 이름 참 잘 지었다. 한편 락사와 발음이 비슷한 중국어 辣沙(매울 랄, 모래 사)에서 그 이름이 유래했다는 주장도 있다.[68] 그러고 보면 커리락사의 간 새우 씹히는 맛이 부드러운 모래 같기도 하니, 그쪽 주장에도 고개를 끄덕여 준다. 락사는 야시장의 즉석 음식 목록에 단골로 등장하고, 해외 먹거리 장터에서는 아시아의 대표 음식 중 하나로 판매될 만큼 인기가 높다. 지역마다 재료와 요리법이 다양한데 위키피디아가 소개하는 락사 종류만 스무 가지가 넘는다. 그중 흔히 찾을 수 있는 락사로 커리락사와 아쌈락사를 꼽을 수 있다. 두 락사의 차이는 코코넛 우유와 아쌈에 있다.

푸짐하고 진한 커리락사Curry Laksa는 코코넛 우유로 만든다. 붉은 기름기가 도는 국물에 박하 잎 한 줄기를 꽂은 커리락사를 마주하면 눈과 입은 물론 마음마저 흡족해진다. 고추와 마늘에 크기가 작은 양파인 샬롯, 생강의 일종인 갈랑갈, 레몬그라스, 블라짠 등으로 양념을 만들고 코코넛 우유와 함께 끓여서 진한 국물 맛을 낸다. 여기에 새우, 조개, 오징어 같은 해산물을 넣고 숙주와 삶은 달걀, 유부 등을 고명으로 올린다.[69] 커리락사는 보통 흰색 쌀면을 쓰는데, 삐낭에서는 밀가루 면을 넣어 커리미Curry Mee라고 부른다. 까다롭지 않은 작은 식당에서는 손님이 원하는 대로 국수 종류를 바꿔주기도 한다.

아쌈락사Asam Laksa 국물의 주재료는 신맛을 내는 열매 아쌈(타

마린드)과 레몬그라스, 그리고 고등어다. 새콤한 생선국이라니, 참치를 넣은 김치찌개에 견줄 수 있을까? 이 시큼한 국물에 혀와 이 사이를 차지게 감고 도는 통통한 쌀 면을 풀어 넣고, 고명으로는 양파와 오이, 고추, 붕아 깐딴(생강 꽃눈), 박하 잎, 파인애플 등을 쓴다.[70] 시큼하면서 따끈한 국물 맛에 길들자 락사라는 이름만 읊어도 어금니에 침이 고인다. 그런데 자잘한 생선 뼈를 어떻게 발라냈는지 궁금하다. 도대체 무슨 술수로 요리했기에 국수 한 그릇이 이천 원도 안 된단 말인가? 섣부른 추리에 의심을 더해보지만, 며칠 뒤면 같은 자리에 앉아서 또 락사를 시켜 먹는다.

아얌부아끌루악 Ayam Buah Keluak

끌루악은 인도네시아와 말레이시아의 맹그로브 습지가 원산인 나무다. 견과에 속하는 끌루악 열매는 비타민C와 철분을 많이 함유하고 있다. 하지만 독성이 강해 물에 끓이고 땅에 묻어 발효시키는 과정을 거쳐야 식용으로 판매할 수 있다. 그렇다고 바로 먹을 수 있는 게 아니다. 요리에 사용하기 전에도 사나흘 이상 물에 담가 두어야 하니, 무척 번거로운 재료다.

아얌부아끌루악은 끌루악에 갖은 양념을 넣고 닭고기와 함께 끓인 요리다. 닭 대신 다른 고기를 넣고 만들기도 하는데, 근래에는 찾기 힘든 이 고급 페라나칸 요리를 킴의 어머니가 만들어 주시기로 했다. 믈라까가 고향인 아주머니의 부엌은 볕이 환하게 들어온다. 내가 뇨냐 음식에 대해 어리숙한 질문을 하면, 아주머

니는 샬롯이나 갈랑갈, 레몬그라스 같은 생소한 재료를 직접 보여 주시고 요리책도 펼치며 설명해 주신다. 걸리적거리는 식객에도 불구하고 뚝딱 점심상이 차려진다. 어머니들이 요리하면 뭐든 쉬워 보인다.

뇨냐 음식 한 상을 앞에 두고 말수 적으신 킴의 아버지와 아버지보다 더 과묵한 킴의 남동생과 마주 앉았다. 하지만 그 누구보다 무게감 있는 것은 끌루악이다. 생긴 모양은 알이 매우 굵은 밤톨 같고 색깔은 검은색이며 속살은 껍질보다 더 새카맣다. 불에 충분히 익힌 열매는 부드럽게 쪼개지지만, 색깔 때문인지 맛과 식감은 마치 어떤 물질을 씹는 기분이다. 검은 올리브를 먹듯이 젓가락으로 집어서 입안에 넣기만 하면 된다거나, 냄새 없는 구운 밤이라고 최면을 걸어봐도 잘 삼켜지지 않는다. 귀한 음식을 마련해주신 분 앞에서 가려 먹으려니 여간 죄송스러운 게 아니다. 모두 모여서 조용히 식사하는 가운데 그 집의 커다랗고 까만 개가 나를 향해 컹컹 짖는다.

미르부스 Mee Rebus

미르부스의 기원은 분분하다. 인도네시아 자와에서 시작되어 말레이반도에 이주한 자와인이 주로 만들어 먹었다거나, 말레이반도 북쪽에서 시작된 것을 인도인 행상이 다른 지역으로 전파했거나, 페라나칸이 처음으로 만들어 먹었다는 의견도 있다.[71] 진실은 알 수 없지만 뇨냐 음식을 다루는 식당에서 종종 찾을 수 있는 음식인 것은 분명하다. 미르부스를 그대로 풀이하면 데친 국수라는 뜻이다. 미르부스의 특징은 소스에 들어가는 감자에 있다. 삶아서 으깬 감자와 양파, 레몬그라스, 생강, 강황을 갈아서 닭 육수에 넣고 뭉근히 끓여 만든다. 감자 덕분에 육수가 미끄덩해지는데 여기에 데친 국수를 넣고, 파, 숙주, 삶은 달걀, 튀김, 칼라만시를 고명으로 올린다.[72] 감자 육수에 흠뻑 젖은 채소튀김과 향긋한 고수를 집어 먹자, 입안에 달콤함이 퍼진다.

감자는 옥수수, 밀, 쌀과 더불어 세계에서 가장 많이

경작되는 작물이다. 어디에나 흔하면서 다른 재료와 잘 어울리고 다루기 까다롭지 않은 감자처럼 미르부스 요리도 쉬울 줄 알았다. 그러나 대게 요리법이 그렇듯 재료를 훑다 보면 오늘도 요리는 불가능해 보인다. 어느 야심 찬 블로거는 양념만 열한 가지, 고명은 아홉 가지를 요구한다. 이럴 땐 말레이시아 부엌에서 주로 쓰는 향신료를 갈아서 버무린 '페낭 커리 페이스트' 같은 시판 양념이 있으면 요긴하게 쓸 수 있다. 대체할만한 고명은 뭐가 있을까? 꼬들꼬들한 노란색 면은 라면으로, 숙주는 콩나물로 대신하고, 칼라만시보다 구하기 쉬운 레몬을 쓰면 되지! 결국, 있는 재료만으로 요리하다 보면 목표로 삼은 음식은 온데간데없다. 그래도 갖은 고명을 골라가며 먹는 번잡스러움은 과연 말레이시아답다. 인도네시아 음식점에서는 미르부스를 미자와Mee Jawa라는 이름으로 판다.

첸돌 Cendol

동남아시아 사람들이 후식을 만들 때 즐겨 쓰는 재료 중 하나가 팜 설탕이다. 말레이시아에서는 팜 설탕을 굴라믈라까Gula Melaka라고 한다. 옛날에는 굴라믈라까를 만들 때 대나무 통을 이용했다. 코코넛 나무 꽃눈에서 얻은 수액을 끓인 후 10cm 정도 되는 대나무 통에 담아 식히면 원통형 모양의 굴라믈라까가 된다.[73] 짙은 갈색을 띠는 굴라믈라까는 느끼하지 않

은 단맛에 강한 향을 지녔다. 어떤 이들은 굴라믈라까에서 캐러멜 향을 떠올리기도 하는데, 그 때문인지 음식보다는 후식에 널리 쓰인다.

굴라믈라까는 코코넛 우유를 만났을 때 그 맛과 향이 가장 잘 살아난다. '부드러운 달콤함'이란 수식어가 초콜릿만큼이나 잘 어울리는 이 조합은 첸돌에서 빛을 발한다. 첸돌은 말레이시아식 빙수다. 본래 첸돌이라는 단어는 빙수 그릇 한쪽에 가느다란 몸을 눕히고 있는 연두색 떡류의 이름으로서, 빙수도 떡 이름을 그대로 써서 첸돌이 되었다. 떡 첸돌은 녹두가루나 쌀가루에 전분을 섞고 판단 잎 물로 색을 내어 만드는데, 그 맛에는 별다른 특징이 없다. 하지만 애벌레 같은 생김새 때문에 시각 효과만은 뛰어나다. 똑똑 끊어지며 엷은 판단 향을 남기는 떡 첸돌, 자연의 부드러움을 고스란히 담은 코코넛 우유, 태양에 그을린 듯한 짙은 달콤함을 흘리는 굴라믈라까, 그리고 천천히 녹으면 최고인 얼음. 이 네 가지 재료만으로 만든 음식이 첸돌이다. 좋은 재료를 사용한 첸돌은 완성된 자태나 색감이 고급스럽다. 첸돌과 비슷하지만 떡 대신 사

고Sago를 넣고 얼음을 뺀 후식을 사고굴라믈라까라고 한다. 사고는 사고야자 나무에서 채취한 녹말을 말하는데, 아주 작은 구슬 형태로 빚거나 분말로 만들어 판다.

한낮에 거리를 헤매다가 첸돌을 파는 행상을 만나면 정말 반갑다. 그중에는 직접 손으로 기계를 돌려서 간 고운 얼음으로 빙수를 만들어주는 곳도 있다. 얼음이 녹을세라 후루룩 떠먹으며 땀을 식히고 다리 피로까지 풀었는데, 그 값으로 2링깃도 안 되는 돈을 내자니 참 송구스럽다. 이럴 땐 엄지손가락을 치켜들고 "스답, 스답! 맛있어요!" 하고 외쳐야 얼음 갈아주신 값을 한 것 같다.

아이스까짱 Ais Kacang

옛날 손두부나 들깨 버섯탕만 먹다 보면 이것저것 다 넣고 시뻘겋게 끓인 부대찌개가 생각난다. 첸돌의 반항, 말레이시아 빙수계의 부대찌개가 아이스까짱이다. 아이스까짱은 기본 첸돌 재료에 자줏빛 강낭콩과 노란색 옥수수를 올리고 울긋불긋한 젤리를 탑처럼 쌓은 뒤 장미 향 시럽으로 마무리한다. 조금 더 요란해지고 싶다면 과일 통조림이나 땅콩에 더해 연유를 뿌릴 수 있다. 맛있는 아이스까짱을 논하는 데 있어

최우선 조건은 '빠짐없이 다 들었는가'다. 무엇보다 까짱이 말레이어로 콩(혹은 땅콩)을 뜻하므로 콩류가 빠져서는 안 된다. 아이스까짱은 간단히 에이비씨ABC라고도 불린다. 이것은 아이르바뚜짬뽀 Air Batu Campur의 약자로서 아이르는 '물', 바뚜는 '돌', 짬뽀는 '혼합'을 뜻한다. 물로 된 돌이라……. 아하! 얼음이구나! 여기에 잡다한 고명을 얹는 바람에 기억하기 쉽고 재밌는 이름이 태어났다.

 분위기 좋은 뇨냐 식당에서 빙수는 먹고 싶은데 정식까지 주문하기 부담스러울 땐 로박Lor Bak을 시킨다. 로박은 달게 양념한 돼지고기를 유부에 넣고 튀긴 음식으로서 생강을 다져 넣은 매콤한 고추 소스와 잘 어울린다. 야시장에서 첸돌이나 아이스까짱을 먹는다면 주변에 작게 포장해서 파는 먹거리가 있는지 둘러본다. 바나나 잎에 싼 나시르막이나 미시암 같은 볶음국수가 있을 것이다. 미시암Mee Siam은 얇은 쌀 면인 비훈Bee Hoon을 볶은 요리로 시큼하면서 단맛이 난다. 뇨냐식 꼬치구이 오딱오딱Otak Otak도 간식으로 훌륭하다. 오딱은 말레이어로 '뇌'를 뜻한다. 먹거리 이름으로서 꽤 파격적인데, 완성된 음식의 질척한 모양이 뇌를 닮았다

고 하여 붙여진 이름이다. 으깬 새우나 생선살에 코코넛 우유와 달걀을 섞고 갖은 양념하여 반죽을 만들고, 이걸 조금씩 떼어내어 바나나 잎으로 감싼 다음 애벌로 찐 후에 다시 불에 구우면 오딱오딱이 완성된다.[74] 뿔룻우당Pulut Udang은 코코넛 우유로 지은 찹쌀밥과 매콤하게 양념한 새우를 섞어서 바나나 잎에 말아 구운 요리다. 그 밖에도 뇨냐 식당은 검은쌀로 만든 죽 뿔룻히땀Pulut Hitam이나 밀과 팥으로 만든 달콤한 죽도 갖추고 있다.

꾸이 Kuih

뇨냐 음식점 뇨냐컬러즈Nyonya Colors는 쇼핑몰 한쪽 구석에 다소곳이 자리를 잡고 있다. 화사하게 채색된 실내 장식으로 쎄라나칸 분위기를 한껏 풍기는 한편, 중국인 경영 감각을 살려서 식탁과 의자는 경제적으로 배치했다. 소량 포장한 간식 종류가 많으면서 가격이 부담스럽지 않은 데다가 차림 상도 깔끔해 간단히 끼니를 해결하려는 직장인이 많이 찾는다. 이 식당 전면에 전시한 음식 중 반 이상은 꾸이다. 꾸이는 코코넛 가루와 코코넛 크림, 굴라믈라까를 기본 재료로 한 후식으로서 여기에 전분이나 찹쌀가루를 섞고 그 반죽을 쪄서 만든다.[75] 완성된 꾸이의 촉감은 도토리묵보다 약간 거칠고 단단하다. 인공 첨가물을 넣지 않았다는 사실이 믿기지 않을 만큼 색깔이 현란한데, 고구마나 옥수수, 참마, 토란, 녹두, 판단 잎 등에서 다양한 색과 향을 얻는다. 뇨냐컬러즈의 꾸이는 적당히 달고 느끼하지 않아 여러 개 먹어도 질리지 않는다. 단, 내 친구 병아리콩알이 다녀가면 그날 꾸이가 동난다는 사실을 새겨두어야 한다.

 볶은 병아리콩을 수북이 쌓아 놓고 먹는 친구가 있다. 어쩌다 콩알 하나가 떨어지면 엉덩이 치켜들고 찾아내서 씹어먹고야 만다. 병아리콩알을 주워 먹던 친구는 동남아, 그중에서도 특히 필리핀을 좋아하고, 코코넛 기름, 모든 채소, 모든 견과류, 모든 과일, 모든 콩도 좋아한다. 병아리콩알 친구는 아토피피부염과 평생 동거 중이다. 증상이 심하면 엉엉 울기도 했다. 그런데 울어봤자 붓기는 그대로에 수포가 작아지지도 않음을 깨달은 후 더는 울지 않았다. 언젠가 그녀는 말했다. "나에게 아토피는 축복이야. 아토피 아니었으면 성격이 되게 나빴을 거야." 아프지 않고 오늘을 사는 데 익숙해진 병아리콩알은 내일 생각은 거의 없다. 어제를 생각할 때도 있으나 두 번 하지 않는다. 새벽 네 시에 기상하면 토마토 다섯 개, 당근 세 개, 양상추 반 통을 씹어 먹고 피스타치오 한 봉지로 입가심한다. 그러고도 유독 허한 날에는 돌아앉아 바나나 한 송이로 간식한다. 이렇게 저렇게 배를 채우며 왕성하게 활동하다가 오후 두세 시경 속을 따뜻하게 해주는 식사를 마친 뒤 하루를 마감할 준비를 한다. 그리고 예닐곱 시면 잠자리에 누워 오늘도 먹고 싶은 음식 잘 먹고 사랑하고 싶은 것들 실컷 사랑했다며 옆에서 망치질해도 모르고 잔다. '좋다, 사랑한다, 너는 이런 걸 잘한다, 그래서 넌 참 예쁘다.' 같은 말을 자주 하는데, 독특하게도 나쁜 말은 입에 올리지 않는다. 가끔은 얄미울 정도로 자기 입을 절대 더럽히지 않고 추악한 건 오히려 아름답다고 둘러 표현한다. 과거를 곱씹거나 남 탓하고 눈치 보고 계산하고 타협하고 걱정하는 것은 그녀에게 변명도 이유도 아무것도 아니다. 그럴 시간이 있으면 커튼을 열어젖히고, 너는 너대로 멋있고 나는 나대로 좋은 것 아니겠냐는 듯이 말도 안 되는 춤을 춘다. 병아리콩알은 자신을 잘 알고 있다. 한계를 인정하고 자기가 가진 것과 지금 누릴 수 있는 것에 집중한다. 어디에 있어야 행복한지 알고 그곳에 있겠다는 결단과 용기가 있다. 자기를 철저히 위하는 만큼 음악도 사람도 춤도 몸이 허용하는 음식까지도 열정적으로 사랑한다. 그녀와 함께 밥을 먹으며 우리가 얼마나 아름다운 순간에 있는지를 이야기하다 보면, 음식을 거쳐 간 모든 손과 나를 지탱하는 가족, 그리고 이 세상에 감사하다. 살아있어 다행이다.

마막 갈까? |인도 음식

184

잠시만, 그런데 정말 잘한 선택일까? "마지막 식사는 아쌈락사로 하지!"라고 잘라 말하려니, 깜찍한 돼지고기 만두를 얹은 완탄미가 자기는 어쩔 거냐며 한숨 쉰다. 단출하지만 든든한 로띠차나이도 눈앞에 아른아른, 이처럼 싼값에 탄두리치킨과 코리앤더 난을 언제 또 먹겠는가? 무엇보다 고추 양념에 쓱싹 비비면 향긋한 코코넛 냄새가 올라오는 나시르막은 기필코 배에 담아가야 한다. 아! 배불러서 더는 못 먹겠으니 바나나 튀김은 포장이라도 해서 공항버스에 올라야겠다.

먹거리가 다양해서 좋긴 한데 한 가지 궁금한 점이 생겼다. 왜 식당은 '사뚜 말레이시아'가 불가능할까? 식당 간판은 물론 음식을 만들고 파는 사람과 때로는 손님까지 민족 구분이 확실한 편이다. 오랜 세월 여러 민족이 함께한 세월에도 불구하고 내외하는 분위기가 의아했다. 그런데 가만히 생각해보니 이해가 된다. 무슬림 음식은 돼지고기를 절대 쓰지 않고 힌두 식단은 소고기가 빠졌으며, 중국 밥상은 넣으면 안 되는 재료가 없다. 그런 음식을 한 부엌에서 같은 칼과 도마를 써서 만드는 것이 불가능했을 것이다. 이슬람이 널리 퍼지기 전에는 말레이인과 중국인의 혼인이 흔했다고 하니, 과연 종교의 영향은 크다. 한동안 말레이·중국·인도 식당을 비교하기에 여념 없다가 문득 독특한 것이 눈에 띄었으니, 바로 마막 문화다.

본래 마막Mamak은 인도계 무슬림을 뜻하는 단어였으나, 이제는 그들이 운영하는 대중음식점을 일컫는 말로 더욱 유명하다. 우스운 이야기를 좋아하는 킴의 사촌에 의하면 마막은 다음 네 가지 조건으로 설명된다. 인도계 무슬림이 운영하고 로띠차나이를 팔며 매기고렝과 떼따릭을 찾을 수 있는 식당. 이곳이 바로 마막이다. "마막에서 만날까?"라고 말하며 장난스러운 미소를 짓는 중국계 친구들을 보니 그 존재가 모든 말레이시아인에게 특별해 보인다. 24시간 운영되는 마막에 앉아 떼오아이스나 떼따릭을 시켜놓고 늘어지게 이야기 나누는 게 그들이 즐기는 밤 문화다. 대부분의 마막은 1994년에 설립된 말레이시아 무슬림식당대표연합 PRESMA에 소속되어 있다. PRESMA 회원들은 지지와 연대로 마막의 크고 작은 문제를 해결한다. 이들의 노력으로 마막은 '비교적 깨끗하고 가격이 적절하며 축구 경기 중계를 시청할 수 있고 하루 중 언제라도 먹거리를 찾을 수 있는 모임에 적합한 장소'가 되었다.[76] PRESMA 회장 누룰 하산Noorul Hassan Saul Hameed은 마막의 인기 이유를 이렇게 짚었다. "우리는 손님이 원하는 바를 정확히 알고 있거든요. 비결은 간단해요. 모든 종류의 음식을 제공하는 거죠."[77] 그러나 민족, 나이, 신분을 막론하고 누가 마막을 싫다 하겠는가?

떼따릭 Teh Tarik

떼따릭은 말레이시아의 대표 음료다. 떼는 '차'를 말하고 따릭은 '당긴다'는 뜻이다. 차를 만드는 사람은 양손에 용기를 하나씩 들고 한쪽 팔을 높이 들어 뜨거운 차를 다른 용기에 따르길 여러 번

반복한다. 이 모습이 찻물을 잡아당기는 것 같다고 하여 떼따릭이라는 이름이 붙었다. 이 과정은 차와 연유를 잘 섞어주는 동시에 온도를 적당히 식히는 역할을 한다. 이때 떼따릭 장인은 차를 흘리지 않을수록 구경꾼의 박수를 더 받는다. 이렇게 만들어진 떼따릭은 풍성한 거품을 얹고 식탁에 오른다. 차를 높은 곳에서 여러 번 따르는 과정에서 생기는 이 거품은 떼따릭의 얼굴과도 같다. 두꺼운 유리잔 위에 뜬 희멀건 거품이 그다지 입맛을 당기지 않는다고 생각했다. 그런데 언제부터인가 요것이 시원찮으면 '이 집은 떼따릭을 잘 못 만드는군!' 하며 어쭙잖은 판가름을 한다. 아침부터 밤까지 말레이시아인의 손에서 떨어질 줄 모르는 떼따릭은 동네 구석진 곳으로 갈수록 단맛이 진해진다.

로띠차나이 Roti Canai

컴컴한 마막 한쪽에서 한 노인이 밀가루 반죽을 치댄다. 아기 주먹만큼 떼어낸 반죽을 얇게 늘려 펴다가 구멍이 뚫릴 정도로 늘어지면 반죽 모서리를 모아 네모지게 접고 뜨거운 철판에 올린다. 빵이 다 구워지면 손바닥으로 팡팡 두드려 공기를 빼고 접시에 담아낸다. 김이 모락모락 나는 로띠차나이 냄새에 미소가 번진다. 말레이어로 로띠는 '빵', 차나이는 '반죽을 밀어 펴다'라는 뜻이다. 또는 인도 체나이Chennai 지역에서 온 노동자들에 의해 소개되었기 때문에 붙여진 이름이라고도 한다.[78] 로띠차나이 반죽은 밀가루와 물, 약간의 소금만으로 만들지만, 요리 과정에서 기름이나 정제 버터인 기Ghee를 많이 사용하므로 내 입에 들어오는 최후의 순간은 매우 기름지다. 기본 로띠차나이 반죽에 달걀이나 채소를 얹을 수도 있다. 하지만 다른 재료를 섞으면, 수분 때문에 바삭함이 줄어든다. 영양을 생각하면 달걀을 넣은 로띠뜰루르Roti Telur나 양파를 섞은 로띠바왕Roti Bawang을 시켜야겠지만, 가능하면 제정신 차리기 전에 탄수화물과 기름만 그득한 로띠차나이를 주문해야 만족스럽다.

겉은 바삭하면서 안은 쫀득한 이 빵은 렌즈콩으로 만든 수프 달Dhal이나 카레에 찍어 먹는다. 그리고 꼭 떼따릭과 함께 해야 제맛이라고들 한다. 차림새는 소박해도 싸고 맛이 좋아 주로 아침 식사로 먹지만, 늦은 밤 허기를 달래주는 음식으로도 사랑받는다. 가장 좋아하는 말레이시아 음식이 뭐냐는 질문에 "마막에 앉아 떼따릭이랑 로띠차나이 먹는 게 최고죠!"라고 대답하면 말레이시아 사람들은 흡족해한다. 로띠차나이는 나시르막과 함께 모든 민

족이 애정을 보이는 음식이다. 두 음식은 싸고 어디에서든 찾기 쉽다는 공통점이 있다. 대단히 값지거나 갖기 어려운 것보다 여럿이 언제라도 공유할 수 있는 것이 널리, 그리고 오래 사랑받는다.

인도 빵

마막의 메뉴판은 어디부터 짚어야 할지 모르겠다. 자잘하게 음식 종류가 많다. 그중 삼 분의 일이 로띠나 난Naan 등의 빵류를 기본으로 한 음식이라고 생각하면 한결 안심된다. 나머지는 탄두리와 고기 요리, 카레 요리, 기타 볶음 요리 외에 음료 정도로 구성된다. 로띠는 말레이어로 빵을 뜻한다. 인도식 화덕Tandoor에 구운 발효 빵은 특별히 구분하여 난이라고 부른다. 대부분의 빵류는 찍어 먹을 카레와 함께 나온다.

로띠 중 가장 기본은 차빠띠Chapati다. 카레와 고기 요리에 빠지지 않고 등장하는 차빠띠는 슈퍼마켓에서도 구할 수 있을 만큼 흔한 빵이다. 그래서인지 그 존재감은 한국 식탁의 공깃밥과 같다. 반죽은 발효제 없이 통밀가루와 소금에 물만 넣어 만들고, 기름을 살짝 두른 철판에서 뭉근히 굽는다.[79] 차빠띠는 맛이 아주 담백하여 향신료를 많이 쓰는 인도 음식과 잘 어울린다.

채식률이 높은 인도에서는 렌즈콩으로 만든 빵 반죽이 발달했다. 렌즈콩은 단백질이 풍부할 뿐만 아니라 반죽을 발효하면서 비타민이 증가하므로 영양식으로 여겨진다. 도세Tosai(혹은 Dosa, Dose, Dosai)는 렌즈콩과 쌀로 만든 반죽을 하룻밤 발효시켰다가 뜨거운 팬에 넓게 펴서 굽는다.[80] 다 구워진 도세는 접시 크기에 맞게 접어서 대접한다. 아무것도 넣지 않은 도세 하나에 보통 1.5링깃 정도 하며, 기본 도세에 달걀이나 양파, 우유 등을 추가해 만들 수도 있다. 페이퍼도세Paper Tosai는 도세 반죽을 종이처럼 아주 얇게 펴서 원통형으로 둥글게 말아 구운 바삭한 음식이다.

웃따빰Uttapam은 걸쭉한 도세 반죽을 두껍게 부친 것으로 양파나 당근, 감자, 토마토, 고추, 버섯, 코코넛 등을 얹어 다양한 맛을 낸다. 온갖 재료를 올려 만든 웃따빰은 모양이 피자와 비슷하다. 하지만 보기와 다르게 맛은 시큼하다. 혹시 상한 것인가 하여 잠시 움찔하지만, 발효 음식이 몸에 좋다는 사실을 떠올리며 감사히 먹는다.

로띠띠슈Roti Tissue는 로띠차나이 반죽을 매우 얇게 펴서 신비의 기술을 동원, 어찌어찌하여 원뿔형으로 만든 음식이다. 그 위에 코코넛 우유와 달걀로 만든 카야Kaya 잼이나 설탕을 뿌려준다. 로띠티슈는 식탁에 앉은 사람의 머리 높이를 훌쩍 넘기도 하는 모

양새로 눈길을 끈다. 겉모양뿐만 아니라 달콤하고 바삭한 맛 덕분에 친구와 마냥 앉아서 부셔 먹는 재미가 쏠쏠하다.

인도 식당에서 맵지 않은 것으로 달라고 하면, '뭘 모르는군!' 하는 얼굴로 그런 거 없다는 농담이 돌아온다. 그만큼 매운 요리가 많다는 뜻이다. 맵고 걸쭉한 카레에는 차빠띠나 이들리 같은 담백한 빵류가 필요하기 마련이다. 이들리Idli는 발효한 렌즈콩과 쌀가루 반죽을 대략 5~6cm 지름이 되도록 찐 것으로 단맛 빠진 술떡 같다. 콩과 타마린드, 각종 채소를 끓여 만든 삼바르Sambar나 처트니Chutney(채소, 과일, 견과, 향신료를 섞어 만든 걸쭉한 소스)를 곁들여 먹는다.[81] 이들리는 남인도 사람들이 아침 식사로 즐겨 먹는다. 부드럽고 소화가 잘되기 때문에 아기나 환자, 노인을 위한 식단에 잘 오른다. 언젠가 한 마막에서 이 보송보송한 흰색 빵을 새침하게 먹고 있을 때 옆에 앉은 아저씨가 나에게 이런 말을 남겼다. "이들리는 말이지, 이렇게 조금씩 뜯어서 손때 묻게 꽉 뭉친 다음에 요 처트니에 퐁퐁 던져 푹 적셔 먹는 게 제맛이여."

이들리 / 까리빱 / 빠빠담 / 와데 / 무루쿠

빵이 부담된다면 바삭한 빠빠담Papadam을 시켜본다. 빠빠담은 렌즈콩 가루나 쌀가루, 밀가루, 병아리콩 가루, 전분 가루 등으로 반죽을 만들어 튀기거나 굽는다.[82] 그 맛이 너무 심심할까봐 커민, 후추 등의 향신료를 추가해서 맛을 낸 빠빠담도 있다.

와데Vadai 혹은 Vada, Vade와 까리빱Karipap

비슷한 재료를 조금씩 다르게 섞고 요리했다고 이름이 다르니 인도식 빵류를 섭렵하기가 쉽지 않다. 렌즈콩이나 병아리콩을 물에 불려서 갈거나 렌즈콩 가루만으로 반죽을 만들어 한입 크기로 튀기면 와데가 된다. 와데는 대표적인 남인도식 튀김이다. 반죽에 카레 잎, 양파, 생강, 마늘, 마른 고추, 겨자씨나 마살라Masala(갖은 향신료를 섞은 양념)를 넣어 풍미를 준다.[83]

까리빱(영어로 Curry Puff)은 말레이시아, 인도네시아, 싱가포르 등지에서 즐겨 먹는 파이다. 딱히 인도 음식으로 분류하지 않지만, 와데를 파는 마막이라면 까리빱도 갖추고 있다. 배가 잔뜩 부른 만두 같은 모양이 포르투갈과 스페인 음식 엠빠나다와 닮았다. 말레이시아의 까리빱은 카레와 감자로 속을 채우는 게 일반적이고, 말레이 식당에서는 닭고기를 넣은 까리빱도 흔히 찾을 수 있다.

인도인들이 오가는 골목에서 쉽게 만날 수 있는 과자로 무루쿠Murukku가 있다. 무루쿠는 대개 똬리 모양을 하고 있는데, 자세히 보면 건빵의 별사탕처럼 표면이 울퉁불퉁하다. 이는 반죽을 무루쿠용 틀에 넣고 뽑을 때 생긴 모양이다. 무루쿠는 쌀가루와 렌즈콩 가루를 섞은 반죽을 튀겨서 만든다. 설탕을 넣지 않아 달진 않지만 콩 반죽 덕분에 담백하고 커민이 들어가 향긋하다.

무타박 Murtabak

무타박은 로띠차나이 반죽에 양념한 고기를 넣어 지진 음식이다. 무타박의 고향은 예멘으로, 이곳에 살던 인도인들이 처음으로 만들어 먹기 시작했다고 한다.[84] 무타박의 든든한 맛을 알아본 무역상들에 의해 인도로 전해졌고, 이제는 말레이시아와 인도네시아, 싱가포르에서도 사랑받는 음식이 되었다.

마막이나 야시장에서 놓칠 수 없는 구경거리가 무타박이다. 요리사는 반죽을 작업대에 던지듯이 치대며 펼친다. 기름에 절여지다시피 한 반죽은 요리사 장단에 맞춰 잘도 늘어난다. 반죽이 충분히 펼쳐지면 그 위에 달걀을 깨서 손바닥으로 문지른다. 노른자와 흰자가 대충 섞이면 미리 익혀둔 고기 속을 얹은 다음, 보자기를 싸듯이 반죽을 네모지게 접어 부친다. 보통 양고기나 닭고기로 속을 만든다. 고기와 달걀을 미리 섞어서 준비해 두기도 하지만,

즉석에서 달걀을 깨고 장난하듯이 손으로 쓱쓱 문지른 무타박이 왠지 더 맛있어 보인다. 그런데 저 달걀은 씻었을까? 잠깐 딴생각을 해봐도 달걀과 기름의 조화로 노릇해진 반죽 살은 눈으로라도 꼭 먹을 수밖에 없다. 무타박은 카레와 양파 피클을 곁들여 먹는다.

매기고렝 Maggi Goreng

뜨거운 기름에 다진 마늘을 볶는다. 마늘 향이 퍼지면 달걀을 넣고 주걱으로 풀면서 익힌다. 여기에 '마법의 소스 세 가지'를 뿌리자 금세 달큼한 냄새가 올라온다. 그다음, 자글자글 끓는 소스에 미리 데쳐 둔 면을 투하한다. 면발마다 윤기 나는 갈색 소스가 입혀지면 숭덩숭덩 썬 잎채소를 넣고 두어 번 뒤적거린 뒤 접시에 담는다. 고명으로 깜찍한 라임을 얹으면, 이제 포크를 들 차례!

마막의 최전방 진열대를 빽빽이 채우고 행인을 유혹하는 노란색 봉투가 있다. 바로 '매기라면'이다. 그리고 한낱 라면 상표가 요리 이름으로 등극했으니, 이른바 매기고렝이다. 하지만 결코 '한낱'으로 얕잡아 볼 수 없다. 매기라면은 세계 최대 식품 생산 업체인 네슬레의 인기 식품으로서 말레이시아 즉석라면 시장의 41%를 점유한다.[85] 두껍고 밋밋하게 생긴 밀가루 면발이나 쌀로 만들어 차진 꿰띠아우, 너무 얇아 끊어질 듯한 쌀 면 비훈도 감히 대신할 수 없다. 매기고렝은 오로지

곱슬곱슬한 매기라면의 면발이어야만 한다. 매기고렝을 완벽하게 해줄 비밀의 소스 삼인방은 바로 간장, 칠리소스, 케첩이다. 도저히 맛이 없을 수 없는 조합이다. 매기고렝은 얼핏 라면 스프 맛도 나는데, 아닌 게 아니라 요리사에 따라 매기라면 분말 가루를 넣는 일도 있다고 한다. 가끔 나쁜 어린이 짓이 필요할 때면 이 달고 짭짤한 볶음면을 비장하게 주문하고 앉아서 개구지게 먹는다.

브리야니 Briyani 혹은 Biryani, Beriani

치명적이진 않지만 감기보다 심각한 이유로 병원을 몇 번 다녀오고 나면, 혀보다 머리로 밥을 먹게 된다. 병원만으로 부족한 것 같아서 건강 관련 서적을 뒤적이니, 별생각 없이 즐기던 음식이 의심하고 선별해야 할 대상으로 바뀐다. 몸에 어떤 영향을 줄지 계산하다 보면 아쉬움만 씹어 먹어야 할 지경이다. 그런 면에서 밥알 한 톨 한 톨 기름옷을 입은 브리야니는 멀리해야 할 것만 같다.

브리야니는 낱알이 길쭉한 바스마티 쌀로 지은 밥이다. 그냥 밥이 아니라 '향이 좋은 밥'이다. 이유는 양념이다. 몇 가지 양념이 아니라 '가능한 많은 양념'을 쓴다. 어느 블로거는 브리야니 양념으로 생강과 마늘, 고추, 양파, 토마토, 고수, 박하 잎, 요구르트, 코코넛 우유, 후춧가루, 고춧가루, 커민가루, 회향가루, 강황가

루, 가람마살라를 제시한다.[86] 가람마살라는 여러 가지 향신료를 혼합한 것으로서 이 블로거의 가람마살라에는 월계수 잎, 계피, 정향, 카다몬, 스타아니스가 이미 포함되었다. 여기에 더해 지구에서 가장 비싸다는 향신료 사프란을 쓸 수도 있다! 이렇게 밥이 화려한데도 고기가 빠지면 섭섭하다고 여기는 사람이 있으니, 양고기나 닭고기, 새우나 생선으로 만든 브리야니도 등장했다. 재료와 상관없이 브리야니를 요리할 땐 정제 버터 기를 쓴다. 기는 낮은 온도에서 버터를 천천히 녹여서 가라앉은 고체와 물을 제거해 얻는다. 이 과정을 거치면 상온에서 안정적이고 발연점이 높은 기가 태어난다. 기는 양념이 재료에 깊이 배어들고 영양분이 인체에 잘 흡수되도록 돕는다고 하여 예로부터 인도요리에 널리 쓰였다.[87]

브리야니는 단순한 밥이 아니다. 그 자체로 식탁의 중심에 오를 수 있는 요리다. 한 그릇 가득히 쌓아 올려 밥알이 우수수 떨어질 듯한 브리야니를 보라! 노란 빛깔에 혀가 입술을 훔치고, 밥알을 씹을 때마다 입안에 퍼질 향긋함이 머리 속을 어지럽힌다. 먹거리 앞에서 계산해본들 무슨 소용인가! 찝찝해하지 않고 기분 좋게 먹을 때 맛이 좋고 소화도 잘되는 것 같다. 그러니 오늘 저녁 식사로 브리야니를!

바나나리프라이스 Banana Leaf Rice

말레이시아에서는 음식을 싸거나 꾸밀 때 바나나 잎을 즐겨 쓴다. 사람들은 따뜻한 음식이 닿은 바나나 잎에서 폴리페놀 같은

몸에 좋은 성분이 스며 나온다고 여긴다. 정말로 폴리페놀 덕분에 세포가 탱탱해졌는지 확인하긴 어렵지만, 바나나리프라이스를 앞에 두면 확실히 기분은 좋다. 선명한 초록 잎을 깔고 앉은 하얀 밥과 그 위에 뿌려진 노란 카레의 색 대비가 식욕을 살려준다. 브릭필즈 옆 동네인 방사Bangsar의 방사 빌리지 쇼핑센터 주변에는 손맛 좋은 바나나리프라이스 전문점이 여럿 있다. 스리니르와나마주Sri Nirwana Maju나 데비스코너Devi's Corner가 대표적인데, 식당에 들어가기 전에 먼저 정신을 바짝 차려야 한다. 자리에 앉으면 바나나 잎, 밥, 채소 반찬, 고기 요리, 카레를 각각 담당한 직원들이 순식간에 식탁 위를 채워준다. 일사불란하게 움직이는 직원들을 보며 '와, 빠르다!' 하고 눈을 껌뻑이는 순간 혼자 먹기 벅찬 밥상이 차려진다. 그러므로 음식이 놓이기 전에 원하지 않는 것은 거절하거나 양을 조절해서 부탁하는 게 현명하다.

나뭇잎에 밥을 얹어 먹다니, 참 운치 있다. 만약 모든 손님이 무슬림처럼 손으로 밥을 먹는다면 수저도 필요 없는 셈이니 여러모로 경제적인 음식이기도 하다. 바나나리프라이스를 다 먹은 뒤에는 내 몸쪽으로 잎을 반으로 접는 것이 음식을 준비한 이에 대한 예의로 여겨진다. 다만, 장례식에서 이 음식을 먹게 되면 애도의 표시로 몸 반대쪽을 향해 접는다.

탈리|Thali

 동행이 부담되고 고기를 먹고 싶지 않고 음식 고르는 수고도 피하고 싶다. 이런 날에는 모노레일 케이엘센트럴 역 근처의 인도 식당 젬Gem을 찾는다. 이 음식점은 의뭉스럽게 문을 꽁 닫아놓고 있어서 내부가 보이지 않는다. 요리하고 먹는 곳이 탁 트인 마막에 비하면 구조가 비밀스럽지만 냉방만은 확실히 잘된다. 식당 구석에 앉아서 탈리를 주문한다. 잠시 뒤 검은색 정장 바지에 흰 셔츠를 입고 한쪽 팔에는 수건을 걸친 아저씨가 잔잔한 꽃다발을 날라준다. 아니, 꽃다발이 아니라 탈리구나! 둥그런 쟁반 위에 종지보다 조금 큰 그릇들이 올려져 있다. 쟁반과 그릇은 모두 은색이다.

카레, 달, 처트니, 익힌 채소, 피클, 요구르트, 후식을 각각 담은 작은 그릇들이 밥그릇을 에워싼다. 밥 위에는 차빠띠까지 얌전히 올라앉았으니, 상차림이 제법 훌륭하다.

탈리는 그릇을 받친 스테인리스 쟁반을 일컫는 말이다. 같은 재질의 반찬 용기는 카토리Katori라고 부른다. 카토리에 담을 반찬 종류는 식당에 따라 다르지만, 다양한 맛을 한 끼에 맛본다는 특징은 어디서나 같다. 탈리는 인도인의 일반적인 가정식이라고 할 수 있는데, 식후에 먹을 달콤한 후식까지 한 상에 오르는 데는 특별한 의미가 있다. 탈리는 각각의 카토리가 내는 짜고 맵고 쓰고 시고 달고 떫은 맛을 통해서 풍부한 미각을 느끼도록 배려하는 음식이다.[88] 그리고 그 맛을 모두 음미하려면 때로는 혼자가 나을지도 모른다.

나시깐다 Nasi Kandar

깐다는 커다란 나무통을 양쪽에 매단 지게를 말한다. 옛날에는 밥과 반찬을 넣은 깐다를 지고 동네를 돌아다니며 파는 행상들이 있었다. 세월이 흘러 마을이 커지자 지게를 졌던 상인들은 한곳에 자리를 잡고 밥집을 운영하기 시작했고, 그들이 지고 다니던 깐다와 나시(밥)는 음식 이름이 되었다. 뷔페식으로 준비된 십수 가지 반찬 중에서 원하는 것만 골라서 접시 하나에 담아 먹는 음식을 나시깐다라고 한다. 나시깐다의 고향은 삐낭이다. 펠리타Pelita는 삐낭에서 시작하여 성공한 대표적인 나시깐다 음식점이다. 펠리타의 시작은 어느 음식점의 한쪽 귀퉁이 가판이었다. 좋은 음식 맛이 입소문을 타면서 펠리타는 곧 세든 가게를 살 수 있었고, 지금은 말레이시아 전 지역은 물론 인도까지 진출한 최대 나시간다 식당이 되었다.[89] KLCC 근처 고층 건물 사이에서 단층으로 버티고 있는 펠리타 분점을 보면 그 배짱과 명성을 느낄 수 있다.

펠리타의 직원들은 말레이시아 국기가 그려진 모자를 쓰고 있다. 직원 한 명이 손님 한 명씩 담당하고, 손님이 원하는 음식을 그릇에 담아준다. 직원들은 1초에 대략 세 종류의 반찬 국물을 퍼 올리는 기술을 선보이는데, 비결은 오로지 하나의 국자로 모든 반찬을 과감히 찌르는 것이다. 직원들은 주걱을 들고 눈빛으로 다음 손님을 재촉한다. 뭐가 맛있을지, 뭐가 들었는지 생각하거나 묻기에 식당은 너무 바쁘다. 밥을 기본으로 한 나시간다의 반찬은 채소 요리부터 국류와 튀김까지 망라하는데, 그중에서 가장 중요한 음식은 카레다. 닭고기 카레, 소고기 카레, 양고기 카레, 오징어 카레, 새우 카레, 생선 카레에 채소만 넣은 카레도 있다. 사람들은 누렇고 빨갛고 심지어 까만 카레 국물에 밥을 폭 적셔서 손으로 비벼 먹는다.

"내 앞에 있던 사람이 직원한테 뭐라고 말했더니, 온갖 카레를 잔뜩 뿌려주더라고. 그게 까리 짬뽀Kari Capur라고 주문한 거 아니었을까? 전부 섞어달라고. 아무튼, 나시짬뽀랑 똑같아 보였어."

어느 날 내가 카페 직원 에릭에게 말했다. 책상에 앉아서 나시간다와 나시짬뽀를 비교하는 나를 보던 에릭은 혀를 끌끌 찼다. 그는 당장 앞치마를 벗고 나시깐다가 많은 초우킷으로 나를 몰았다. 또다시 한 아저씨가 주걱을 들고 내 말이 떨어지길 기다린다. 정말 부담스럽다. 내가 우물쭈물하자, 에릭이 시뻘겋고 새까만 국물만 골라서 시켜준다. "이 까만 국물은 도대체 뭐로 만든 거야?" 내가 에릭에게 묻자, 그는 "소똥 같은데? 에이, 생각 그만하고 어서 먹어봐!" 하며 재촉한다. 짭조름한 국물은 보기보다 훨씬 맛이 좋다. 밥이 푹푹 넘어간다. 맛있게 먹긴 하는데 나시깐다와 나시짬뽀의 경계는 여전히 알쏭달쏭하다. 아무래도 나시짬뽀를 먹어봐야겠다. 참, 소똥은 말레이어로 오징어를 말한다.

말레이시아 로작이에요! |말레이 음식

늦은 밤 떼따릭 한 잔을 두고 수다를 늘어놓는 모습은 마막에서 끝나지 않는다. 야식에 대해 논하자면 말레이인의 눈빛은 누구 못지않게 초롱초롱, 행여 그들 없이 밤 문화에 대해 쑥덕쑥덕했다면 그날 결론은 무효가 된다. 여자 직원이 흔치 않은 마막과 달리 말레이 식당의 부엌은 뚜둥을 둘러쓴 이들이 주름잡는다. 마막이 아저씨 무대인 동시에 사회적 공간이라면, 남녀가 함께 일하는 말레이 식당의 분위기는 가족적이다. 흥얼흥얼 노랫가락이 낮게 울리는 말레이 식당 덕분에 어두운 밤길도, 출출한 밤도 두렵지 않다. 고추장이 묻었을지도 모를 플라스틱 의자에 앉아 친구와 어울리노라면 하루의 끝은 엿가락처럼 늘어난다. 그런데 말레이 식당의 가장 기본적인 풍경인 뷔페식 반찬은 마막의 나시깐다와 비슷하다. 오랜 세월 함께 살면서 우리 동네 설탕 줄게, 너희 소금 좀 줄래 식으로 재료와 요리법을 나누었을 테니 뜬금없는 상황도 아니다. 그렇다고 이거나 저거나 얼추 비슷하다고 말해버리면 말레이, 인도 사람 누구랄 것 없이 발끈한다. 무엇이 다를까?

나시짬뽀Nasi Campur와 이깐바까르Ikan Bakar

나시짬뽀는 접시 하나에 밥과 반찬을 원하는 만큼 덜어 먹는 말레이 음식이다. 얼추 보기에 나시깐다와 구분하기 어렵다. 중국 식당에도 찹판Chap Fan이라고 부르는 그들만의 나시짬뽀가 있으니, 이런 식사법은 말레이시아 음식점의 일반적인 백반 문화라 할 수 있겠다. 요리 시간을 기다리지 않아도 되고 음식 남길 일이 적으며 반찬 그릇이 따로 필요치 않으니 여러모로 착한 음식이다.

그래도 나시짬뽀와 나시깐다, 찹판은 엄연히 다르다. 만드는 사람과 재료, 요리법이 다르기 때문이다. 말레이 요리를 여타 음식과 구분 짓는 가장 큰 특징은 삼발Sambal과 블라짠Belacan이다. 삼발은 고추를 갈아서 만들고 블라짠은 잔 새우를 발효해서 만든 양념이다. 삼발은 마늘과 양파, 생강, 라임즙 등을 섞어서 생선이나 오징어에 발라 굽거나 코코넛 우유로 지은 밥에 얹어 먹는다. 블라짠은 각종 해산물과 고기류의 잡내를 잡으면서 풍미를 더 해주고, 나물을 버무리거나 국물 요리의 맛을 내는 데도 요긴하다. 말레이 사람들은 전통적으로 양념을 만들 때 돌절구를 썼는데, 위의 두 가지 기본양념에 마른 고추를 갈아 넣고 라임즙을 섞으면 말레이시아 식탁에서 가장 사랑받는 양념 '삼발블라짠'이 된다. 삼발과 블라짠이 주는 강한 맛과 향은 코코넛 우유로 부드럽게 가라앉힌다. 코코넛 우유는 말레이식 카레 요리에 빠지지 않으며, 떡과 빙수의 주요 재료면서 밥을 지을 때 넣기도 한다. 그러니 말레이 가정의 부엌 찬장에는 코코넛 우유가 넉넉해야 할 것이다.

이 부드럽고 기름진 액체의 사용 여부는 말레이 음식과 중국 음식을 구분하는 잣대가 될 수 있다.

나시짬뽀를 먹는 이유는 싼값에 원하는 반찬을 골고루 먹을 수 있기 때문이다. 하지만 이깐바까르를 얹으면 가격은 훌쩍 뛴다. 이깐바까르는 숯불에 구운 생선 요리로서 대개 새우나 오징어 같은 해산물도 함께 구워 판다. 음식의 부패를 늦추기 위해 고기와 생선에 채소까지 튀기고 볶고 굽느라 말레이 식당은 뿌연 연기에 싸여있다. 연기를 헤치고 넙치쯤으로 보이는 놈을 하나 낚아서 나시짬뽀로 가득한 접시 위에 얹는다. 둘이 먹고도 남을 양이지만 숯불에 구운 고기에 손이 안 갈 수 있겠는가? 구운 생선을 잡고 욕심스럽게 뜯어 먹는다. 배불러서 도저히 다 못 먹겠다고 했더니, 주인아주머니는 저녁밥 걱정하지 말라며 남은 음식까지 포장해준다. 야호! 시간 벌었다!

나시르막 Nasi Lemak

초록 잎과 누런 종이로 멋스럽게 치장하고 손님을 기다릴 줄 아는, 준비된 국가 대표 음식 나시르막! 르막은 말레이어로 지방을 뜻하는데 물 대신 코코넛 우유를 넣어 '기름진 밥'이라고 불리게 되었다. 밥을 지을 땐 판단 잎을 넣어 독특한 향을 준다. 완성된 밥에 바싹 튀긴 멸치와 볶은 땅콩, 삶은 달걀과 오이 두어 조각, 그리고 삼발을 얹으면 기본 나시르막이 된다. 김밥에 단무지가 빠질 수 없듯 나시르막에는 삼발이 꼭 필요하다. 여기에 튀긴 닭이나 생선을 올릴 수 있다. 나시르막은 접시에 담겨 대접하거나 바나나 잎에 피라미드 모양으로 싸서 탁자나 계산대 옆에 미리 올려놓는다. 포장한 것은 나시르막 붕꾸스Bungkus라고 부른다. 나시르막 붕꾸스와 접시에 나오는 나시르막은 양이 다를 뿐 기본 반찬은 같다. 나시르막 붕꾸스는 출근길 거리나 야시장에도 빠지지 않고 등장하니, 한국의 김밥 한 줄에 견줄 수 있겠다. 가격은 2링깃 안팎. 이 정도면 누구나 주저 없이 손이 갈만한데, 대도시를 벗어나면 그마저 1링깃으로 떨어진다. 그런데도 칼슘까지 챙겨주는 고마운 음식이다.

사떼 Satay

쇠꼬챙이에 고기를 끼워서 구워 먹는 중동의 풍습이 무역상을 통해 인도를 거쳐 동남아시아까지 소개되었다. 이 꼬치구이는 동쪽으로 여행하면서 쇠꼬챙이 대신 나무에 꽂히게 되었고, 고기 크기가 한 입 거리도 안 되게 작아졌으며 땅콩소스와 어울리게 되었다.[90] 그리고 사떼라는 이름을 얻었다. 동남아시아형 꼬치구이 사떼가 제일 처음으로 시작된 곳을 다시 따져보면 인도네시아 자와라는 견해가 일반적이다.[91] 이 소문을 들은 말레이시아와 태국은

당연히 거센 반기를 들었다. 그들의 원조 싸움은 애석하지만, 모두가 진짜임을 주장할 만큼 세계 어디를 가도 꼬치 요리가 맛있으니 여행자로서는 좋은 일이 아닐 수 없다.

말레이시아 사떼는 양념에 재어 둔 양고기나 닭고기 혹은 소고기를 구운 뒤 소스에 찍어 먹는다. 땅콩으로 만든 달짝지근한 소스는 불 냄새를 풍기는 석쇠 요리와 잘 어울린다. 여기에 뭉치 밥 끄뚜빳과 생오이, 생양파를 곁들이면 하나만 더, 하나만 더 자꾸 손이 간다. 사떼 전문점은 온 정성을 담아 사떼만 판다. 그리고 사람들은 오로지 사떼를 먹기 위해 맛집을 찾아 나선다. 말레이시아 사떼의 본고장은 카장이다. 케이엘센트럴에서 KTM 기차를 타고 남쪽으로 한 시간쯤 달리면 카장 역에 닿는다. 이곳에 사는 킴, 멜, 미아, 비비, 에밀리와 사떼를 먹기로 했다. 밤 아홉 시가 넘어서야 모두 모였고, 우리가 도착한 곳은 식당이라기보다 누구네 집 마당 같았다. 긴 탁자 서너 개가 백열등 하나에 의지하고, 그리고

도 조금 남은 빛을 모아서 한 청년이 한쪽에서 사떼를 굽고 있었다. 겹쳐서 쌓아 놓은 플라스틱 의자를 하나씩 뽑아 앉았다. 친구들은 머릿수를 가늠하더니 구십 개의 꼬치를 시켰다. 다시 물었다. "열아홉 개?" 아니다. 백에서 열이 모자란 수가 확실했다. 밤 열 시에 꼬치 구십 개를 나눠 먹고 이튿날 새벽에 일출 보러 등산하는 그들. 이것이 술을 마시지 않아도 왁자지껄 즐거운 말레이시아 젊은이들의 휴일이다.

사떼가 중국 음식 스팀보트를 만나서 탄생한 음식이 사떼첼롭 Satay Celup이다. 뜨겁게 끓인 사떼 소스에 갖가지 꼬치를 익혀 먹는

데, 꼬치 재료는 육류, 해산물, 어묵, 채소, 버섯, 두부, 메추리알 등 무궁무진하다. 사떼첼롭은 믈라까가 유명하지만 쿠알라룸푸르의 야시장이나 부낏빈땅 잘란 알로에서도 쉽게 만날 수 있다.

르망Lemang과 끄뚜빳Ketupat, 른당Rendang

라라와 꼬따바루로 가는 길. 쿠알라룸푸르를 벗어나 진짜 말레이다운 분위기에 빠질 꿈에 부풀었다. 그런데 때마침 연휴라서 문을 연 식당이 없었다. 몇 시간 동안 쫄쫄 굶던 우리를 살린 음식이 있었으니, 도로 옆 화덕에서 자욱한 연기 속에 익어간 르망이다. 르망은 대나무 통에 넣고 지은 찰밥으로 명절에 즐겨 먹는다. 른당이나 치킨커리 같은 고기 요리와 곁들이지만 때를 못 맞추어 그

마저도 다 팔렸다. 그래도 르망이 어디 그냥 밥이던가? 물 대신 코코넛 우유를 넣고 소금으로 살짝 간하여 맛도 좋거니와 오랫동안 배가 꺼지지 않는다. 르망을 만들 땐 찹쌀이 들러붙지 않도록 대나무 안쪽에 바나나 잎을 말아 넣는데, 덕분에 잎에서 나는 향과 불 냄새가 밥에 은근히 스민다. 르망은 땔감을 준비해야 하는 수고와 네다섯 시간의 기다림, 밥이 고루 익도록 수시로 대나무 통을 돌리는 정성으로 빚은 음식이다. 굶주린 이를 살린 값으로 3링깃만 내놓기가 참 미안하다.

르망과 함께 먹는 른당은 명절이나 특별한 행사에 빠지지 않는 말레이 민족의 대표 음식이다. 주재료로 양고기나 닭고기를 쓰기도 하지만, 소고기 른당이 일반적이다. 고기와 코코넛 우유, 곱게 간 갖은 양념을 함께 넣고 낮은 온도에서 서너 시간 끓이는데, 국물이 졸아들면서 고기에 양념이 고루 배고 육질이 연해진다. 이 과정 덕분에 른당은 상온에서 이삼일쯤 보관할 수 있다고 한다.[92]

끄뚜빳도 른당과 잘 어울려 먹는다. 끄뚜빳은 라마단 뒤에 따라오는 하리 라야의 대표 음식으로서 야자나무 잎을 얽어 만든 주머니(끄뚜빳) 안에 쌀을 반쯤 채워 넣고 끓인 밥이다. 쌀이 익을수록 주머니 안에 꽉 차면서 압축되어 불룩한 마름모꼴이 된다. 찹쌀을 넣은 끄뚜빳은 세모 모양이다. 이 연둣빛의 독특한 생김새는 라마단 기간을 장식하는 조형물로 자주 등장한다. 끄뚜빳은 사떼와 곁들여 먹기도 하는데, 요즘 사떼 식당에서는 전통적으로 만든 끄뚜빳 대신 간단하게 조리한 주사위 모양의 밥 덩어리를 내줄 때도 있다. 그 매끈한 단면에서 기계 냄새가 나는 것 같지만, 짭짤한 사떼를 두세 개 먹고 나면 밥 한술이 생각나니 먹지 않을 수 없다.

끄로뽁 Keropok

뻥튀기를 차곡차곡 담은 봉투가 눈에 띄어 냉큼 샀는데, 그 맛이 아니다. 뻥튀기보다 오히려 새우깡에 가까울까? 끄로뽁은 생선이나 새우 혹은 오징어 살에 전분과 소금, 설탕을 섞어 만든 반죽을 익힌 간식이다. 반죽을 소시지 모양으로 빚어서 찌거나 삶거나 튀긴 것은 끄로뽁르꼬르 Keropok Lekor라고 하며, 우리네 어묵과 비슷하게 생겼다. 소시지보다 반죽을 두껍게 빚어서 찌거나 삶은 뒤에 납작하게 썰고 햇볕에 말린 것은 끄로뽁끄뼁 Keropok Keping(혹은 Keropok Kering)이다. 각각의 생김새 때문에 끄로뽁르꼬르는 '생선 소시지', 끄로뽁끄뼁은 '말린 생선 과자'로 불린다. 끄로뽁은 말레이반도 동부지역에서 특히 사랑받는다. 쿠알라뜨릉가누 시내

중심 시장에는 끄로뽁 가게 수가 압도적으로 많고, 한적하고 아름다운 바닷가에 하나 있는 포장마차도 끄로뽁 차지니, 동부 사람들의 끄로뽁 사랑을 알만하다.

로작 Rojak

"이건 어느 민족에서 유래된 거죠?"

"그게 아마 중국이지? 가만있자. 말레이던가? 아니, 인도? 에이, 그거 말레이시아 로작이에요."

말레이시아 로작Malaysian Rojak. 민족적 특성을 구분하기 모호한 질문에 따라오는 최후의 대답이다. 로작은 샐러드다. 과일만 넣은 것부터 데친 깡꿍과 숙주, 오이에 페띠아우가 들어간 로작도 있다. 여기에 상큼한 맛을 주기 위해 파인애플이나 새콤한 샐러드용 망고를 넣을 수 있다. 마막식 로작은 새우와 오징어 튀김에 삶은 달걀을 넣고, 중국식 로작은 튀긴 두부나 요우티아오가 빠지지 않는다.[93] 이처럼 갖은 재료를 가리지 않고 섞은 결과물인 로작은 말레이시아의 다양성을 대변한다.

그런데 소스 색깔이 심상치 않다. 양념 통닭처럼 붉은색은 땅콩과 갖은 양념을 섞어 매콤하게 만든 마막식 로작 소스다. 바비큐 소스처럼 짙은 갈색을 띠는 것은 새우로 만든 양념 해코 Hae ko나 블라짠을 섞은 말레이와 중국식 로작이다. 짭짤하면서 매콤한 새우 소스가 과일의 상큼함을 억누르고, 바다와 태양과 바람의 향을 풍긴다. 과일을 새우로 버무릴 생각을 하다니! 저

마다 다른 생각을 하는 사람과 신비로운 자연이 어우러져 만드는 복잡하고도 재밌는 지구에 태어나 얼마나 감사한지, 로작 버무리는 아가씨를 보면서 생각한다.

쁘따이 | Petai

쁘따이는 잘 자라면 삼십 미터 가까이 크는 콩과 나무다. 나뭇가지에 무리 지어 달리는 콩꼬투리는 납작한 몸통을 살짝 비튼 모양이고, 그 길이는 어른 팔뚝만 하다. 콩꼬투리 안에 든 연둣빛 쁘따이 콩알은 생김새가 넓적하면서 도톰하고 표면은 울퉁불퉁한 게 마치 아몬드를 물에 불린 것처럼 애매하게 생겼다. 그러나 외모는 중요하지 않다. 쁘따이 콩알의 가장 큰 특징은 냄새다. 어릴 때부터 혀와 함께 이 냄새에 훈련되지 않았다면 쉽게 익숙해지기 힘든 종류의 냄새로서, 그 오묘함이 얼마나 강한지 다음 날까지도 다른 사람이 알아챌 정도에, 길게는 이틀까지 소변으로 잔향이 확

인된다. 하지만 몸에는 더없이 이롭다니 어쩌면 냄새 또한 그다지 중요하지 않을지 모른다. 쁘따이는 칼륨과 철분이 풍부하여 혈압을 조절하고 빈혈 증세를 줄여준다. 쁘따이 열매가 지닌 트립토판은 인체에서 신경을 진정시키는 세로토닌으로 바뀌어 우울증 치료에도 효과가 있다고 한다. 그 밖에도 혈당을 조절해주어 당뇨병 환자에게 권장되는 한편, 속 쓰림과 변비 완화, 뇌졸중 예방, 스트레스 해소를 돕고 생리 증후군을 진정시켜 준다.[94]

몸에 좋다니 먹어봐야겠다. 쁘따이는 껍질을 벗겨서 날로 먹거나 마늘, 고추, 블라짠처럼 향이 강한 재료와 함께 요리한다. 삼발과 섞어서 삼발쁘따이라는 양념으로 변신하기도 하지만, 독특한 쁘따이 향은 여전하다. 이런 특별한 시식에는 뭐든 한 번쯤 먹어본다는 내 친구 폴이 필요하다. 삼발쁘따이에 돼지고기와 채소를 볶아 얹은 덮밥을 시켰다. 쁘따이를 씹기도 전에 구린 냄새가 입안에 퍼진다. 폴은 딱 한 개만 먹고 젓가락을 내린다. 나는, 어차피 쁘따이를 먹은 몸, 마지막 한 알까지 다 먹기로 했다. 사실 냄새가

강할 뿐 맛은 완두콩처럼 참 좋다. 한 개가 어렵지 두 개부터는 더 먹지 못해 아쉬울 정도다. 고약한 겉모습 때문에 빛나는 속을 알아보지 못하는 쁘따이가 세상에 얼마나 많을까?

나시고렝 Nasi Goreng과 미고렝 Mee Goreng

서울 시내 백화점의 푸드 코트에서도 만날 수 있는 말레이시아 요리가 나시고렝과 미고렝이다. 말레이어로 고렝은 볶았다는 뜻이고 나시는 밥, 미는 면을 말한다. 다시 말해 세계 어디에서도 만들어 먹을 수 있는 볶음밥과 볶음국수의 말레이어 이름이다. 찬밥이 많거나 뭘 해 먹을지 고민일 때 김치볶음밥을 만들어 먹듯이, 남은 밥과 고기반찬에 채소를 볶아 먹는 아침 식사가 나시고렝이라고 한다.[95] 메뉴판도 없는 작은 식당에서는 주문하는 대로, 칼 잡은 사람 마음대로 나시고렝이 만들어진다. 주재료에 따라 나시고렝아얌Ayam(닭고기), 나시고렝다깅Daging(소고기), 나시고렝깜뿡Kampung(시골) 등으로 이름이 바뀐다. 그중 갖은 채소와 달걀을 넣고 볶은 밥에 튀긴 멸치를 소복이 올린 나시고렝깜뿡은 할머니가 만들어준 시골 밥처럼 소박하고 맛있다.

나시고렝 재료에서 밥을 면으로 바꾸고 마법의 소스를 쓰면 얼추 미고렝이 된다. 혹은 매기고렝을 만들다가 매기 면 대신 미 면발로 바꾸면 미고렝이 될 수도 있겠다. 미고렝도 간장과 케첩, 칠리소스, 혹은 굴 소스로 맛을 내기 때문이다. 미고렝 위에 라임즙을 좌악 뿌리고 포크에 국수를 착착 감아 먹으면, 분말 스프 팍팍

뿌린 한국 라면을 먹는 기분이 난다. 나시고렝과 미고렝은 전국 어디서나 어느 민족의 식당에서나 흔한 대중 음식이다. 쉽게 찾을 수 있다고 언제나 맛이 좋은 건 아니지만, 칠리 빠디Chili padi만 있으면 맛없는 음식도 아주 잘 넘어간다. 칠리 빠디는 동남아 요리에서 즐겨 쓰는 작고 매운 고추로서, 말레이시아 식당에서는 이 고추를 송송 썰어서 간장에 넣은 소스를 주요리에 곁들여 대접하곤 한다. 고추 한 조각만 입에 물고 있어도 입안과 입술까지 활활 탈 것 같으니, 어떤 음식이라도 먹지 않고는 버틸 수 없게 해주면서 입맛을 돌게 하는 매력적인 소스다.

숩으꼬르 Sup Ekor

케이엘센트럴 역에서 라지와 우연히 마주쳤다. 그는 저녁 식사를 하러 가는 길이었고 나는 노을을 보러 호수 공원으로 가는 중이었다. 매우 반가웠지만 갈 길이 다른 우리는 인사를 나누고 금세 헤어졌다. 나는 얼마간 걷다가 공원을 앞에 두고 멈춰 섰다. 말레이시아에서의 마지막 저녁이었다. 이렇게 끝낼 것인가? 노을이냐 사람이냐? 마음은 갈팡질팡하는데 다리가 사람을 택했다. 그리고 이제서야 깨달았다는 듯 마음이 함박웃음을 지으며 다리보다 앞서 달렸다. 그는 분명히 YMCA 뒷골목에서 꼬리곰탕을 먹고 있을 테다. 그리고 정말 거기에서 라지를 찾았다! 이곳은 라지와 내가 쿠알라룸푸르 최고의 숩으꼬르 식당으로 꼽는 곳이다. 싸고 맛이 좋다. 숩으꼬르는 커민, 고수, 회향 등의 향신료와 몇 가지 채소를 넣어 소꼬리 뼈를 푹 삶고, 레몬그라스와 토마토로 새콤한 맛을 낸 맑은 국물 음식이다.[96] 으꼬르는 말레이어로 '꼬리'를 뜻한다. 후덥지근한 저녁 차로를 침범한 플라스틱 의자에 앉아서 뜨거운 숩으꼬르에 밥을 말아서 떠먹는다. 어후, 맛있다!

말레이시아를 떠나기 전날 극적으로 그를 만나서 함께 꼬리곰탕을 먹다……. 잠시만, 꼬리곰탕? 이건 좀 아니지. 엥? 게다가 유부남이라니! 안돼! 엉뚱한 사랑 이야기로 흘러가도 그럴듯할 이 아름다운 마무리는 사실 평범한 사제지간 이야기다. 라지는 말레이어 강사인데 그에게 본업이 따로 있다는 것을 마지막 날에서야 알게 되었다. 그가 말했다.

"가르치는 게 정말 재밌어. 그래서 업무 마치고 일주일에 세 번 샤알람에서 여기까지 수업하러 오는 거야."

좋아하는 일을 자신 있게 말하고 실행하는 사람을 보면 가슴이 뛴다. 어쩌면 그런 당당함 앞에서 내 몸이 쪼그라드는 것 같아서 두근거리는지도 모른다. 라지는 유쾌한 대화 사이사이 내가 말레이시아에서 보낸 지난 시간을 돌아보도록 배려해주었다. 그는 다그치거나 넘겨짚지 않는 얼굴로 편안히 웃어주었다. 태어날 때 누군가 나에게 어떤 광석을 붙여 준 건 아닌지 가끔 생각한다. 좋은 인연이 빙그르르 따라오는 자석 말이다. 같은 수업을 두 번이나 들은 부족한 제자를 인내하며 선생은 몇 마디 더 가르쳐주었다.

"Saya akan rindui kamu. Jaga diri awak. Salam! 네가 보고 싶을 거야. 잘 지내. 그럼, 안녕히!"

마깐 라! |중국 음식

며칠 동안 향신료 가득한 음식만 먹었더니 속이 더부룩하다. 따뜻한 멸치 육수에 말은 국수가 먹고 싶다. 아니면 식당 구석에 앉아 흰죽을 먹는 것도 좋겠다. 여기에 요우티아오나 찐빵을 곁들이면 속이 훨씬 든든하다. 허한 기분에 삼계탕이 생각날 땐 약초 넣고 푹 삶은 돼지고기 요리 바쿠테로 대신하거나, 생강을 듬뿍 저며 넣고 간장으로 맛을 낸 개구리 고기 음식점을 찾는다. 기름지다고만 생각했던 중국 요리가 낯선 나라에 오니 집밥을 대신할 제일 좋은 선택이 된다.

중국계 친구들을 만나는 날은 단단히 각오하거나 아예 마음을 비운다. 그들에게 저녁 식사는 긴 밤의 시작일 뿐이다. 밥을 먹고 나면 자리를 옮겨서 후식을 두고 실컷 이야기를 나누다가 집에 가면 좋을 시간에 얌차Yam-cha를 외치며 또 먹으러 간다. 얌차는 '차 마시러 가기' 정도로 번역할 수 있는데, 마막이나 꼬삐띠암 등에서 친구와 어울려 노는 것을 말한다. 그들은 맛있는 음식을 먹으면서도 믈라까나 삐낭, 이포Ipoh로 가야 최고의 중국 음식을 맛볼 수 있다고 아쉬워한다. 그런데 이런 도시까지 가지 못 해도 괜찮다. 꼬삐띠암Kopitiam이라면 한자리에 앉아서 중국인의 손맛을 충분히 느낄 수 있기 때문이다.

꼬삐띠암은 '커피숍'이라는 뜻으로 일반적인 중국 식당을 일컫는다. 세계 어딜 가도 중국 식당을 찾을 수 있듯이 말레이시아 곳곳에는 꼬삐띠암이 있다. 이포에 본점을 둔 올드타운 화이트커피 OldTown White Coffee가 꼬삐띠암의 대표적인 예다. 또한, 여러 점포가 모여서 한 가게를 이루는 특이한 형태의 중국 식당도 꼬삐띠암이라고 한다. 가게를 소유한 주인은 대개 음료만 팔고 호커 Hawker(행상인) 여럿에게 나누어 세를 준다. 과연 중국인다운 효율적인 상술이다. 한 가지 요리만 전문으로 하는 호커들이 모였기에 음식 맛이 좋고 가격이 싼 게 꼬삐띠암의 강점이다. 위생관리를 위해 길거리 음식점을 한데 모으고 대규모 식당 군을 이루는 호커센터Hawker Centre는 부낏빈땅 잘란 알로나 쁘딸링자야 SS2 등지에서 찾을 수 있다. 꼬삐띠암이나 호커센터에서 한 상 가득 차려 놓고 먹으면 삐낭에 사는 친구도 부럽지 않다.

삶은 달걀과 카야토스트 Soft Boiled Eggs and Kaya Toast

킴의 삼촌이 운영하는 꼬삐띠암에서 삶은 달걀 두 개, 코코넛 우유로 만든 카야 잼을 바른 빵 두 조각, 그리고 떼따릭을 앞에 두고 앉았다. 제대로 된 이름도 없는 이 상차림은 말레이시아와 싱가포르의 중국계 사람들이 즐겨 먹는 아침 식사다. 마막의 정의를 내려 준 킴의 사촌 샤론이 아침 공기를 가르며 말한다. "마깐 라 Makan lah! 먹어, 먹어!"

왜 달걀은 꼭 두 개여야 하는지 몰라도, 하나뿐이면 섭섭하긴 할 테다. 이 특별한 달걀은 낮은 온도에서 천천히 익히되 완전히 삶지 않기 때문에 속이 매우 부드럽다. 몽글몽글 엉기다 만 흰자와 노른자 위에 간장과 백후추를 양껏 뿌리고 숟가락으로 후루룩 떠먹거나 빵을 찍어 먹는다. 이 빵은 카야토스트라고 부르는데, 식

빵에 카야를 바르고 버터 조각을 올린 다음 빵 한 조각을 더 얹어서 굽거나 쪄서 대접한다. 따끈한 빵을 끈적한 노른자에 찍어 입에 넣으면 호사라도 누리는 기분이다.

맨 처음 이 식사를 앞에 두었을 때, 달걀 하나는 그만 상 위에 쏟고 말았다. 달걀을 그릇 모서리에 쳤더니 흰자가 주룩 흘러내렸다. 반숙한 달걀인 줄 어찌 알았겠는가? 두 번째 달걀은 안전을 위해서 손으로 껍질을 까기 시작했다. 그러자 보다 못한 직원이 달려왔다. 그녀는 숟가락으로 달걀을 톡 두드린 뒤 날달걀을 깨듯이 흰자와 노른자를 그릇에 떨어뜨려 주었다. 신기해라! 예측하지 못한 경험이 때로는 여행에 후추 같은 역할을 한다. 이 상차림에는 화이트 커피를 어울려 마신다. 이름처럼 커피 색깔이 하얗지는 않다. 말레이시아에서는 전통적으로 커피를 볶을 때 설탕과 마가린을 넣는데, 마가린만 넣고 볶아 색이 덜 어두운 것을 화이트 커피라고 부른다. 화이트 커피는 취향에 따라 설탕과 연유를 넣어 마신다.

치킨라이스 Chicken Rice

푸의 나시르막으로 하루를 시작하는 날라리 한국인이 있다. 그 한국인이 종일 카페에 앉아서 말레이시아 음식에 관해 물으면 주방장 푸는 성심껏 답해준다. 두 번째 커피의 마지막 한 방울을 입에 털어 넣고 한국인이 뜬 자리는, 올빼미형 터키인 차지다. 푸의 펜네 파스타를 최고로 여기는 터키인은 푸와 함께 세상의 기역부터 히읗까지 설전 벌이길 좋아한다. 푸가 일을 마친 밤 11시. 작은 호텔에 딸린 카페 주방장 푸, 한창 하루를 보내고 있는 장기 투숙객 터키인, 이미 너무 졸린 한국인이 나란히 앉아서 '우리가 머무는 신개념 호스텔형 호텔이 어떻게 하면 창창한 앞날을 약속할 수 있겠는가'라는, 굳이 본인들이 따지지 않아도 될 주제로 열렬히 대화한다. 그나마 푸만이 생산적인 일을 하고 있었으니, 바로 치킨라이스 먹기다. 푸의 먹는 모습은 아주 열정적이다. 젓가락을 쥔 손과 치아, 혀의 힘찬 연합 동작은 연료를 가득 싣고 출발하는 열차 같다. 이 시간에 그보다 더 맛있게 식사하는 사람이 또 있을까 싶다. 푸는 화내는 일이 없다. 그에게 인생은 즐거운 것이다. 하루 9시간 근무는 너무 짧고 12시간은 되어야 일한 것 같다는 푸가 먹으니 치킨라이스도 보람찰 테다.

  닭 밥. 치킨라이스는 이름만큼 차려진 모양새도 단조롭다. 하지만 제대로 맛을 내기는 어려운 음식이다. 닭 비린내를 잡으면서 밥도 차지게 지어야 한다. 닭고기 삶기가 중요한데, 필요한 물만 더 붓고 본래의 육수를 그대로 쓸수록 고기 맛이 깊어진다고 한다. 이 대목에서 그 육수가 얼마나 오래됐는

진 가늠하지 않겠다. 다만, 고기와 육수가 주고받으며 짜낸 깊은 맛을 혀로 이해할 뿐이다.

전통적인 요리법을 따르면 치킨을 삶을 때 생기는 기름을 이용해서 밥을 짓기 때문에 밥알이 차지고 노란 빛깔을 띠게 된다. 하지만 푸가 말하길, 요즘 세상이 그렇듯 전통이 유지되는 곳을 찾기가 쉽지 않다고 한다. 믈라까에서는 '치킨라이스볼'이라고 하여, 닭고기와 함께 올리는 밥을 골프공 크기로 뭉쳐서 접대하는 것으로 유명하다. 그 꼴은 밋밋하나 풍미가 훌륭하고 밥알이 입안에 착착 달라붙는다. 쿠알라룸푸르 북부에 있는 이포 지역의 치킨라이스는 닭과 밥에 살짝 데친 숙주가 곁들여진다. 여기에 생강이 잘근잘근 씹히는 고추 소스를 곁들이면 치킨라이스 밥상 완료!

차꿰띠아우 Char Kueh Teow

꿰띠아우는 넓적한 면발 안에 재료의 향과 맛을 오롯이 담아내는 재주를 지녔다. 그래서 해산물이 들어간 차꿰띠아우의 바다 맛

은 이 쌀 면이 맡아야 제맛이다. 먼저 오목한 팬에 기름을 붓고 마늘과 새우를 넣고 익히다가 국수와 숙주, 달걀, 얇게 썬 어묵, 부추, 꼬막을 넣어 센 불로 재빠르

게 볶는다.[97] 차꿰띠아우는 높은 온도에서 볶을수록 맛이 좋다고 여겨진다. 간장으로 부족한 간은 해산물과 잘 어울리는 블라짠이 돕는다. 차꿰띠아우는 가난한 노동자를 위해 생긴 음식으로서 옛날에는 싼값에 영양과 열량을 충족시키기 위해 돼지고기 지방으로 재료를 볶거나 바삭하게 튀긴 돼지비계를 넣었다고 한다.[98] 이제는 신분과 민족을 가리지 않는 대중 음식으로 자리 잡아 할랄 차꿰띠아우도 찾을 수 있다.

캐롯케익 Carrot Cake/Chai Tow Kway

당근 맛이 아니다. 주황색도 아니다. 말레이시아의 캐롯케익은 달콤한 서양의 후식과 다르다. 중국 남부지방에서 전해 내려온 캐롯케익은 무와 쌀로 만든 음식이다. 한국 무보다 홀쭉한 중국 무 모양이 당근을 닮긴 했다. 이런 무를 하얀 당근이라고 부르기도 한다니, 아마도 여기에서 음식 이름이 유래된 것으로 보인다.[99] 무와 쌀가루를 섞은 반죽을 찐 다음 주사위 모양으로 썰고

달걀과 새우, 꼬막을 함께 넣고 볶아서 만든다. 무와 쌀가루의 비례에 따라 캐롯케익의 맛이 달라지는데, 찰진 표면은 꿰띠아우와 비슷해 보이지만 무 덕분에 씹는 맛이 있다. 요리 재료가 비슷한 차꿰띠아우 가게에서 흔히 캐롯케익을 판다.

완탄미 Wantan Mee

언제나 네가 문제다. 완탄미는 꼬삐띠암의 방해꾼이다. 엄지손가락 한 마디쯤 되는 돼지고기 완탄(만두)을 얹고 간장소스에 범벅한 밀가루 면발이 혀끝에 감돌아서 섣불리 다른 음식을 선택할 수 없다. 항복하고 완탄미 집으로 발길을 돌리자마자 또 다른 고민이 시작된다. 얄궂게도 완탄미에는 두 종류가 있으니, 드라이완탄미와 완탄미숩이다. 드라이완탄미는 국물 없이 만든 비빔국수로서 달착지근한 간장 비빔면 한 접시에 완탄을 띄운 돼지고기 육수를 곁들인다. 완탄미숩은 뜨끈한 육수에 완탄과 국수를 함께 말아 먹는 음식이다. 국수 위에는 짭짤하게 익힌 돼지고기를 썰어 얹고 송송 썬 파로 고명을 올려 마무리한다. 그런데 앙증맞은 만두는 감칠맛 나도록 네 개 정도만 넣어 준다. 한 젓가락 뜨니 어이구나 맛있고 두 번째 젓가락부터는 다 먹을까 봐 아쉽다. 뜨거운 육수냐 간장 비빔면이냐! 결국, 두 개 모두 시켜야 평화가 찾아온다.

호키엔미 Hokkien Mee

쿠알라룸푸르에서 역사가 오래되고 분위기도 그럴듯하면서 맛까지 보장할 중국 식당을 찾는다면 차이나타운으로 가야 할 것이다. 그런데 차이나타운의 수많은 밥집 중 숨어있는 맛집을 어떻게 찾을 수 있을까? 도통 모르겠고 시간도 부족하다면 부낏빈땅의 후통Hutong으로 간다. 한 쇼핑몰 건물 지하에 자리한 후통은 유서 깊은 호커만을 선정해 한곳에 모아 놓은 먹거리 장터다. 말레이시아 최고의 중국 요리를 에어컨 바람맞으며 먹을 수 있다는 뜻이다. 바쿠테Bak Kut The와 차시우Char Siu 같은 전통 돼지고기 요리부터 돼지고기 버거, 오리고기 요리, 죽 전문점에 요우티아오, 포피아, 첸돌, 두리안 같은 후식 전문점까지 두루 갖추고 있다. 그중 우동 면발처럼 통통한 면을 짙은 갈색 소스로 볶은 호키엔미가 눈길을 끈다. 짜장면이 생각나지 않을 수 없는데, 중독적인 짜장면의 춘장 맛과는 사뭇 다르다. 호키엔미는 돼지고기와 새우, 양배추를 볶다가 통통한 밀가루 면을 넣고 걸쭉한 간장으로 색과 맛을 낸 볶음면이다. 여기에 돼지고기 간을 넣으면 호키엔미의 풍미는 더욱 깊어진다. 싱가포르와 삐낭의 호키엔미는 새우를 주재료로 만든 국수로서 쿠알라룸푸르의 호키엔미와 구별된다.

판미 Pan Mee

일 년에 한 번은 꼭 먹어왔기 때문인지 종종 미역이 생각난다. 특히 아플 때면 들기름 잔뜩 뿌리고 들들 볶아 만든 미역국이 간절하다. 하지만 외국에서 미역이 들어간 음식을 찾는 게 쉽지 않다. 지금처럼 음식 문화가 다양해지기 전 바닷가에 사는 인류에게 해조류는 중요한 식량이었다고 하는데, 이제는 한국인·중국인·일본인을 제외한 지구인에게 미역은 바닷가 냄새를 풍기는 미끄덩한 식물일 뿐, 먹기 힘든 음식이 되었다. 말레이시아에서는 미역국을 대신할 음식으로 판미가 있다. 판미는 돼지고기나 멸치 육수에 끓인 국수다. 수제비를 뜨듯 밀가루 반죽을 손으로 뚝뚝 떼어냈기에 넓고 납작하다며 판미라는 이름이 붙었다. 고명으로 잎채소와 버섯, 다진 돼지고기, 튀긴 멸치, 해조류를 올리는데, 식당에 따라서 해조류를 넣지 않는 곳도 있다. 최근에는 반죽을 손으로 뜯지 않고 기계로 길쭉하게 뽑아낸 국숫발을 사용하는 곳이 흔하며, 육수 없이 매콤한 고추소스를 넣고 비벼 먹는 칠리판미도 인기다.

치청펀 Chee Cheong Fun

치청펀은 쌀 반죽으로 만든 넓적한 면을 말한다. 찹쌀가루와 쌀가루를 섞어 만든 묽은 반죽을 납작한 팬에 얇게 펴 붓고 찐 다음에 돌돌 말면 치청펀이 된다. 이 모양이 돼지 창자(치청)와 비슷해 '창자 면'이라는 이름이 붙었다.[100] 치청펀의 맛은 쌀 면에 좌우되는데, 너무 두꺼워도 안 되고 떡처럼 지나치게 쫄깃해도 안 된다. 치청펀은 씹어도 씹은 줄 모르게 부드러워야 맛이

좋다. 삐낭식 치청펀은 둥글게 말은 쌀 면을 뚝뚝 썰어서 접시에 담고, 달고 짭짤한 해코 소스와 고추 소스를 뿌려 먹는다. 뇨냐 식당에서는 치청펀을 국수 면발처럼 길고 얇게 썰어 낸다. 딤섬 식당을 찾으면 돼지고기나 새우를 넣고 쌀 면을 말아서 찐, 한 뼘 길이의 치청펀을 즐길 수 있다. 새우 두어 개를 품고 접시에 납작 엎드린 치청펀을 한 젓가락 들어 입안에 넣는다. 아, 부드러워! 중국 음식은 마르지 않는 샘이다.

용타우푸 Yong Tau Foo

로작과 탈리가 아무리 화려함을 자랑해도, 어묵으로 갖은 변주를 부린 용타우푸를 능가할 수 없다. 용타우푸는 두부나 채소를

반으로 갈라서 어묵을 채우고 튀기거나 찐 음식이다. 어묵을 넣을 채소로 가지와 버섯, 고추, 여주, 레이디핑거 등을 써서 차림새가 다채로울 뿐만 아니라, 짭짤한 어묵만 먹는 것보다 맛은 물론 영양도 훨씬 좋다. 먹고 싶은 용타우푸를 골라서 그릇에 담고 콩으로 만든 소스를 뿌려 먹거나 국수와 함께 따뜻한 육수에 말아 먹는다. 제법 큰 용타우푸 가게는 재료가 더 다양해지니, 배추나 청경채 같은 잎채소에 각종 국수류와 해조류까지 갖춰 놓아 진열대가 당당하다. 하지만 먹고 싶은 대로 고르다 보면 그릇이 점점 작아지면서 밥값이 오르는 게 흠이다.

요우티아오 Youtiao

쿠알라룸푸르의 한낮 평균 기온은 32도. 실컷 부풀다가 지쳤는지 밀가루 반죽이 흐물거린다. 질펀하게 발효된 반죽을 다루는 손놀림을 넋 놓고 바라본다. 가게 아저씨는 반죽을 대충 잡아서 뚝뚝 잘라내고 뜨거운 기름에 빠뜨린다. 반죽이 황금 갈색이 되면 건져 올려서 기름을 털고 진열대로 던진다. 이 길쭉한 튀김이 요우티아오다. 요우티아오 가게에서는 단순한 밀가루 반죽 튀김인 요우티아오 외에, 팥으로 속을 채우거나 깨를 묻힌 도넛도 판다. 가벼운 한 끼 식사로 부족함이 없도록 흰 쌀죽이나 두유를 함께 먹는다. 요우티아오는 종종 바쿠테에 곁들여 먹으며, 새우 대신 이것을 넣고 만든 '요우티아오 치청펀'도 있다. 그래도 제일 맛있는 요우티아오는 밥을 먹고도 허기가 져 후식으로 먹을 때다. 이렇게 기름진 요리를 많이 먹어도 괜찮을지 모르겠다. 그런데 우리가 갑자기 튀김을 끊으면, 지구 어디에선가 폐식용유로 자동차를 모는 사람들이 당황할 수 있다. 그러니 적당히 먹어줘도 괜찮겠지.

찹판 Chap Fan

찹판은 중국식 나시깐다 혹은 나시짬뽀다. 카레 요리가 많은 나시깐다와 나시짬뽀와 달리 찹판은 다양한 나물류를 올려서 상차림이 밝다. 튼튼한 줄기를 가진 잎채소 깡꿍은 마른 새우와 블라짠으로 요리하여 깡꿍블라짠Kangkung Belacan이라는 요리가 된다. 말레이시아의 청경채 사위Sawi나 잎자루가 굵으면서 사위보다 씹히는 맛이 강한 카이란Kai Lan은 주로 굴 소스로 요리해서 튀긴 마늘을 올려 먹는다. 찹판의 반찬 중 인기품목은 메뉴판에서 별도로 찾을 수 있다. 뜨거운 철판 위에서 연두부와 달걀, 채소를 간간하게 요리한 핫플레잇토푸Hot Plate Tofu에 깡꿍블라짠을 시켜서 밥에 비벼 먹으면 맛도 좋고 뱃속도 편안하다.

개구리고기와 흰죽 Frog Porridge

어느 날 피욘이 말했다. "언니, 뭐 먹고 싶어요? 새로운 거? 나 대박 식당 알아요. 가자, 언니!" 간단한 한국어를 섞어서 말하는 피욘은 크리스탈을 만난 친한파 모임에서 만났다. 한국에 한 번 다녀오면 곧 두 번, 세 번이 되는 말레이시아인 중에서도 한국말을 곧잘 따라 하는 피욘이다. 그녀가 개구리고기에 대해 말했을 때 나는 얼굴을 찌푸렸다. 그런데 병아리콩알이 큰 눈을 부릅뜨며 "그 귀한 개구리고기가 어디에 있다고?" 하는 게 아닌가? 슈퍼마켓에서 파는 고기는 못 먹으면서 희귀한 건 소화하는 병아리콩알을 위해 개구리 식당에 가보기로 했다. 맹세코 구경만 하겠다고 나선 길이다. 개구리는 흙으로 빚은 냄비에 실려 나왔다. 저민 생강과 걸쭉한 간장 양념 사이에 솟은 새하얀 살점, 그것은 흡사 망고스틴 과육이 엎드린 듯했다. 고기를 보고 과일을 떠올리는 자신을 이해할 수 없는데, 머리보다 빠른 손이 젓가락을 들었다. 아주 싱싱한 흰 살 생선 맛이랄까? 아니면 게살 같기도 했다. 도약이라는 삶에 단련된 개구리는 그 어떤 살점과 비교해도 뒤지지 않을 맛을 지녔다. 혼자서 여섯 마리를 먹는 병아리콩알 눈치 봐가며 겨우 한 마리만으로 만족하기에 개구리는 너무 맛있다. 아! 작은 개구리에 이런 깊은 맛이 있었다니! 미래 식량으로 주목받는다는 벌레나 곤충도 맛이 좋을까? 경험할수록 너는 모른다고 세상이 가르친다. 싱가포르의 유명한 개구리고기 식당 게이랑로9GeyLang Lor 9 Fresh Frog Porridge를 쿠알라룸푸르 SS2 지역에서도 찾을 수 있다. 이 식당에서는 간장에 조리거나 튀긴 개구리고기 요리를 흰 쌀죽과 함께 먹는다.

스팀보트 Steamboat

중국계 가정에서는 오랜만에 가족이 모이는 날이면 상차림이 푸짐한 스팀보트가 차려진다. 샤부샤부, 수키야키 또는 신선로처럼 뜨거운 육수에 채소나 고기 등을 익혀 먹는 요리를 말레이시아에서는 스팀보트라고 부른다. 이 음식은 오랜 여행에 시달린 입맛을 달래기에도 좋다. 따끈한 국물이 넉넉하고 찍어 먹을 소스나 양념을 개인이 조절할 수 있기 때문이다. 일반적으로 스팀보트 식당은 닭 육수나 돼지고기 육수를 준비해 놓고 있는데, 채식한다면 국물은 맹물로 달라고 할 수 있다. 육식을 꼭 해야만 하는 사람과 동행하면 스팀보트 식당이 더욱 빛을 발한다. 육수를 끓이는 냄비가 '짬짜면' 그릇처럼 반으로 갈려 있으니, 한쪽은 육수로 다른 쪽은 맹물로 주문할 수 있다. 여기에 각종 채소와 버섯, 두부, 유부, 고기, 국수 등을 익혀 먹는다. 스리쁘딸링Sri Petaling의 하버스팀보트 Harbour Steamboat는 갑오징어와 새우로 만든 수제 어묵 맛이 일품이다. 쿠알라룸푸르 외곽에 여러 점포를 둔 코코스팀보트 Coco Steamboat는 규모가 어마어마하게 큰 식당으로서, 맛이 좋을 뿐만 아니라 수백 명이 스팀보트를 먹는 장관을 덤으로 즐길 수 있다.

탐스러운 선물 |열대과일

코코넛 Coconut / 끌라빠 Kelapa (말레이어 이름)

말레이시아에 이런 민간설화가 있다.

아주 먼 옛날 바닷가 동굴에 현명한 노인이 살았는데, 어느 날 한 젊은 청년이 찾아와서 노인에게 물었다.

"저는 남에게 도움을 주는 사람이 되고 싶습니다. 어떻게 하면 평생 그들을 위해 살 수 있을까요?"

노인이 말했다.

"여기 이 상자를 받게나. 그런데 집에 도착하기 전에는 절대로 열어 보면 안 되네. 만약 그 전에 상자를 열면 자네에게 어떤 일이 생길지도 모른다네."

청년은 상자를 받고 동굴을 나왔다. 하지만 그는 궁금증을 이기지 못하고 이내 상자를 열고 말았고, 그 자리에서 키가 큰 나무가 되어버렸다. 노인의 말을 거역한 대가로 청년은 나무로 변했으나 쓸모있는 사람이 되고 싶다는 그의 바람은 이루어졌다. 그 나무가 바로 코코넛 나무였기 때문이다.[101]

말레이시아에서는 코코넛 나무를 '천 가지로 사용되는 나무 Pokok Seribu Guna'라고도 부른다.[102] 그만큼 나무의 쓰임이 많기 때문이다. 코코넛 열매가 담고 있는 물은 갈증을 해소한다고 알려져 있다. 열매가 익을수록 물은 줄어들고 과육이 두꺼워지는데, 하얗게 살이 오른 과육은 말려서 요리에 쓴다. 곱게 간 과육을 볶음 요리에 넣으면 잘근잘근 씹히는 맛과 함께 코코넛 향이 퍼져서 음식이 특별해진다. 과육에서 얻은 코코넛 우유와 코코넛 기름은 요리와 미용제품에 넓게 활용한다. 특히 코코넛 기름은 일상생활에 여러모로 쓸모 있다. 아침에 일어나면 코코넛 기름 한 숟가락을 입에 물고 오물거려서 입안을 정화하고, 버터나 잼 대신 이 기름을 빵에 발라먹기도 한다. 코코넛 기름은 기온이 24도 아래로 내려가면 굳기 시작하는데, 하얗게 굳은 기름을 떠서 손에 올리면 사르르 녹는다. 샤워하고 난 뒤에 이 향긋한 기름을 온몸과 머리카락에 바르고 튼 입술에도 잘 나아라, 주문을 외우며 발라준다. 코코넛 기름은 화장을 지울 때 특히 효과적이다. 크림·바디로션·헤어에센스·클렌징·립밤을 코코넛 기름 하나로 대신할 수 있으니 여행할 때 더없이 간편하다. 수명이 다한 코코넛 나무는 상업용으로 가공하거나 생활용품으로 이용한다. 위키피디아가 소개하는 코코넛 나무 활용에 따르면, 뿌리는 약재나 칫솔로 쓰고 나무 몸통은 작은 배나 가구, 다리를 만드는 데 사용하며, 나뭇잎은 엮어서 음식 담는 도구로 쓰거나 이엉을 만들어 지붕에 얹고, 단단한 잎줄기는 모아서 빗자루를 만든다. 그리고 딱딱한 열매 겉껍질은 그릇

이나 악기, 공예품 재료가 되거나 연료로 활용되며, 껍질에서 얻은 섬유질은 밧줄과 자루, 깔개로 변신하고, 부피가 큰 겉껍질은 쓰레기가 되나 했더니 높게 쌓아 담벼락을 만들거나 그대로 태워서 모기를 쫓기도 한다고 한다.[103] 아, 그 무엇을 쓸모없다고 버리겠는가!

망고스틴Mangosteen/ 망기스Manggis

8월께부터 망고스틴 가격이 매우 싸졌다. 슈퍼마켓에 갔더니 조금 언짢게 생긴 망고스틴을 가득 담아서 1.5링깃에 팔기에 얼른 건져왔다. 얼마 전까지만 해도 1kg에 8링깃을 웃돌던 가격이다. 집에 오자마자 과일을 씻으면서 싱크대 앞에 선 채로 먹기 시작했다. 망고스틴은 손 안에 쏙 들어오는 크기에 비교하면 껍질이 꽤 두꺼운 편이지만, 잘 익으면 부드러워져서 손으로 은근히 눌러 쪼갤 수 있다. 그런데 한 놈이 잘 열리지 않는다. 눈을 부릅뜨고 손가락에 꽉 힘주었더니 팍하고 터진다. 엄마야! 터진 입구로 시커먼 개미들이 쏟아져 나온다. 방정맞게 뛰면서 옷을 싹싹 털고, 집안에 퍼질라 부랴부랴 개미를 잡는다. 박 깨고 나온 도깨비를 본 놀부는 얼마나 놀랐을까! 유독 망고스틴을 좋아하는 이 까만 개미는 손 위에 놓으면 무게가 느껴질 만큼 큼직하다.

망고스틴처럼 맛있는 과일을 나만 즐길 수는 없는 모양이다.

　망고스틴 껍질은 짙은 보랏빛이다. 알맹이는 새하얀 예닐곱 쪽 과육이 서로 달라붙은 모양으로서 껍질을 깐 귤과 흡사하다. 눈처럼 하얀 살은 촉촉한 복숭아를 씹는 맛과 비슷하고 향은 달콤하고 가벼우면서 매우 깔끔하다. 꽃잎 같은 열매꼭지와 손에 폭 안기는 완벽한 크기는 장신구나 예술품의 소재가 되어 왔다. 적당한 당도에 새초롬한 크기, 상큼한 맛과 향이 고급스럽다 하여 망고스틴은 예로부터 유난한 사랑을 받아온 과일이다. 급기야 사람들은 이 새콤달콤한 과일을 찬양하기 위해서 더 이상의 수식어가 필요 없도록 '과일의 여왕'이라는 별칭을 선사했다. 망고스틴은 열량이 낮고 섬유질과 여타 영양소를 두루 갖췄으며, 크산톤이라는 강력한 항산화제를 함유한다는 연구결과도 있다.[104] 이런저런 영양학적 사실을 따지지 않아도 후식이 달고 새콤하면 그만이라며 맛있게 먹는다. 껍질을 깔 땐 가능한 몸에서 멀리 떼어놓고!

잭푸룻Jackfruit／낭까Nangka

　색깔에 맛이 있다면 노란색은 아마도 잭푸룻 맛일 테다. 잭푸룻은 나무에서 나는 과일 중 세상에서 제일 크다고 알려졌다. 열매  크기는 길이 90cm, 지름 50cm에 무게가 36kg까지 자라기도 하므로 혹시 길 가다 잭푸룻 나무를 마주쳐도 모르고 지나치기가 쉽지 않다.[105] 열매는 두꺼운

나뭇가지에 총총 열리거나 나무 몸통에서 짧고 굵은 줄기가 배죽이 나와 맺히는데, 마치 혹부리영감 볼에 달린 혹처럼 보인다. 연둣빛 열매껍질은 뭉툭한 돌기로 덮여 있다. 열매가 워낙 크므로 대개는 과육만 분리해서 판다. 껍질을 가르면 주머니처럼 생긴 과육 수십 개가 나오는데 그 색깔은 주황이거나 샛노랗다. 세로로 부드럽게 찢어지는 과육은 보기보다 아삭하면서 지나치게 달다. 특유의 향긋한 단내는 과육을 집은 손가락에 야릇한 냄새를 남긴다. 잭푸룻 냄새는 파인애플과 바나나를 섞은 향에 곧잘 비유되지만, 강한 향 때문에 잭푸룻을 싫어하는 사람들도 있다.

비위가 약한 사람에겐 애석한 일이지만, 잭푸룻은 기후 변화로 인한 식량난에서 수많은 사람을 살릴 것으로 기대하는 작물이다. 잭푸룻 열매 과육은 100g당 바나나보다 많은 95kcal의 열을 내고, 비타민과 칼륨, 칼슘에 철분도 풍부하여 밀가루나 국수 같은

주식보다 영양이 풍부하다.[106] 과육 덩어리마다 들어 있는 묵직한 씨앗은 단백질을 함유하고 있으며 끓이거나 구워 먹을 수 있다. 무엇보다 잭푸룻 나무는 가뭄에 강하면서 높은 기온이나 각종 병충해에도 잘 살아남는 편이므로 미래의 대체 작물로 주목받는다.[107]

두리안 Durian

피곤할 때 두리안 생각이 간절한 이유가 있었다. 두리안은 비타민과 미네랄, 식이섬유가 풍부하고 탄수화물에 지방, 단백질까지 공급하는 과일 이상의 식품이라 할 수 있다. 그러니 열량이 필요한 몸이 단시간에 원기를 회복해주는 두리안을 생각하는 것이다. 그래서일까, 두리안은 비싼 과일에 속한다. 다양한 두리안 종자 중에서 무상킹 Musang King 같은 최상급은 다른 종류보다 두 배 이상 비싸다.

두리안에는 몇 가지 속설이 있다. 중국인들은 두리안을 먹은 뒤 그 껍질에 물을 받아먹거나 차가운 성질을 지닌 망고스틴과 함께 먹도록 권한다. 열을 식히기 위해서라는데 이에 대한 과학적 근거는 없으며, 아마도 두리안 수확기가 6월부터 8월 정도로 망고스틴과 비슷하여 함께 먹던 풍속에서 비롯된 것으로 보인다.[108] 두리안과 맥주를 함께 먹으면 치명적이라는 무서운 속설도 증명된 사실은 아니다. 안심해도 되지만, 동시에 이 두 음식을 지나치게 섭취하면 지방과 당을 처리해야 하는 간에 부담이 되는 것은 사실이다. 또한, 두리안은 열량이 높으므로 옆구리 살이 걱정된다면 아

무리 맛있어도 적당히 섭취하는 게 좋다. 잘 익은 두리안은 달콤한 양파 맛이 나고 매우 향긋한 냄새를 풍긴다. 그러나 폐쇄된 장소에 두리안을 두면 다음 날에 고약한 냄새로 변한다. 이 때문에 대중교통이나 호텔에서는 두리안의 반입을 금지하기도 한다. 택시를 타면서 두리안을 샀다고 이실직고하면 트렁크에 실어 주는 기사님도 있다.

드래곤푸룻Dragon Fruit/ 부아나가Buah Naga

'아침 해가 빛나는 끝이 없는 바닷가'를 내달리던 피구왕 통키의 하늘로 솟구친 머리, 혹은 통키가 '반짝이는 눈동자로 승리를 위해' 던지던 불꽃 슛을 닮았다. 불타오르는 듯한 껍질을 손으로 쓱 벗겨 내고, 검은 씨앗이 박힌 속살을 욕심스럽게 한입 베어 문다. 곧 진달래 빛 과즙이 손가락을 타고 흘러내린다. 거울에 비친 내 모습이 섬뜩하다. 선명한 색상과 달콤함으로 탐욕을 부추기는, 수분이 넉넉하면서 적당히 달고 선뜻 뭉그러지면서 씨앗이 톡톡 씹히는 이 과일은 드래곤푸룻, 용과다. 중앙아메리카가 원산인 용과 나무는 19세기에 프랑스인들이 관상용으로 베트남에 가져오면서 동남아시아에 소개되었다고 한다.[109] 용과의 맛을 알아본 베트남인들은 이 과일을 식용으로 재배하기 시작했고, 베트남과 이웃 나라 태국은 주요한 용과 수출국이 되었다. 용과는 껍질과 속살의 색이 몇 가지로 나뉜다. 붉은 껍질에 붉은 과육, 붉은 껍질에 하얀 과육, 노란 껍질에 하얀 과육이 대표적이다. 말레이시아에서는 붉은 과육이 맛있더니 태국에서는 하얀 과육이 더 맛있고, 여러 번 먹어 보면 처음 생각과 달라지기도 하니, 이건 형편없고 저게 최고라고 단언할 수 없다.

언젠가 어느 등산로 입구에서 파인애플이 열린 것을 본 적이 있다. 알로에와 비슷하게 생긴 식물의 한가운데에 파인애플 하나가 비딱하게 붙어있는 모양이 참 우스꽝스러웠다. 본 적이 없는 과일나무를 상상하는 일이란 안 먹어 본 과일 맛을 상상하는 일만큼 어렵다. 사실 먹기 좋게 준비된 과일만 먹을 줄만 알았지 그것을 키워낸 나무 생각은 해본 적이 없다. 그래서 가끔은 인

터넷으로 과일나무를 검색해 본다. 용과 나무는 한숨이 나올 만큼 산만하게 생겼다. 용과 꽃은 밤에만 피어 '밤의 여왕'이나 '달꽃'이라는 멋진 별명을 가졌지만, 나무 자체는 우아함과 거리가 멀다. 어른 키를 훌쩍 넘는 나무 꼭대기에서 수많은 선인장 줄기가 분수처럼 쏟아지고 그 끝에 열매가 방울방울 맺힌다. 나무는 좀 우스운 꼴이어도 열매를 키우는 데 아무런 문제가 없다. 용과에는 비타민 B와 C, 칼슘이 풍부하며, 과육에 깨알처럼 박힌 씨앗은 오메가3과 오메가6지방산 함유량이 많다.[110] 그런데 몸에 좋고 맛있다고 너무 많이 먹으면 소변 색깔에 놀라게 될 수도 있다.

망고 Mango / 망가 Mangga

더는 바나나우유를 탐하지 않고 필리핀산 바나나 한 송이값이 가계에 큰 부담이 되지 않게 되었을 즈음 망고가 등장했다. 바다를 건너온 망고는 참 비쌌다. 그래서 엄마와 캄보디아 여행을 떠날 때는 다른 식구들에게 망고 많이 먹고 오겠다는 말로 인사를 대신하기도 했다. 현지 안내자는 절대 호텔 밖으로 나가지 말라고 했지만, 엄마랑 나는 망고를 사기 위해서 손 잡고 시장에 다녀왔다. 패키지여행 너머의 세계에 다녀온 보람이 있었다. 엄마가 머리에 헤어롤을 말고 잠옷 바람으로 침대 위에 앉아서 갈비라도 뜯어 먹듯이 망고를 발라먹는 모습을 보니 제대로 효도한 기분이었다.

꼬리를 살짝 빼 올린 망고의 생김새는 복숭아만큼 선이 곱다. 망고의 달콤새콤한 맛이야 어디 가지 않지만, 크기와 색깔이 다양해서 망고인 줄도 모르고 지나치기도 한다. 길이가 짧고 단단한 초록색 망고는 샐러드용인데, 며칠간 상온에서 익히면 씨앗 쪽부터 단맛이 슬슬 들어 그대로 먹을 만하다. 창백한 노란색 껍질을 입고 꼬리가 길쭉하게 빠진 릴리망고는 우아한 모양과 색 때문에 끌린다. 모양만큼 맛도 참 좋다. 다홍색에 몸통이 굵은 것은 인도산 망고로 브릭필즈에서 쉽게 찾을 수 있는데, 다른 것보다 가격이 비싼 편이다. 망고는 비타민과 엽산 함량이 높고 섬유질이 많아서 변비 해소에 도움이 된다. 인도 고대 의학인 아유르베다에서는 망고 껍질과 씨를 말려서 약으로 썼다고 한다.[111] 말레이시아에서 찾을 수 있는 대부분의 망고는 씨앗이 납작하고 과육이 많다. 알맹이가 작아 감질나게 하는 망고스틴과 달리 가격 대비 양이 넉넉하고 향긋하면서 맛까지 좋으니 망고가 널리 사랑받는다. 어디 열대지역뿐이랴. 말린 거라도 가방에 넣어 가려는 여행자의 심정이 세계인의 망고 사랑을 대변해준다.

파파야 Papaya/ 버띡 Betik

언젠가 등장한 소녀 가수 그룹 때문이었을까, 파파야는 귀엽고 상큼할 줄 알았다. 그런데 아니다. 파파야 열매는 길이가 한 뼘을 족히 넘고 두께는 한 손으로 잡기에 벅차며 생김새는 늙은 오이나 호박처럼 펑퍼짐하다. 뭉툭하고 단색으로 무장한 겉모습은 창의력 없어 보이지만 단순한 자신감을 풍긴다. 잘 익은 파파야는 당도가 높지만 새콤하거나 아삭한 맛이 없다. 한편으로는 입안에서 줏대 없이 뭉그러지는 겸손함과 가격 대비 넉넉한 부피감, 아무리 먹어도 질리지 않는 맛을 지니기도 했다. 파파야는 깜찍한 소녀보다 엄마를 닮았다. 그래서 자꾸 찾게 된다.

껍질이 연초록색에서 밝은 주황빛으로 변하고 약간 말랑해지면 먹기 좋은 때다. 속살은 껍질보다 더 짙고 선명한 주황 빛깔을 띤다. 길쭉한 열매 중간을 가로질러 가르면 별 모양의 속이 드러나는데 그 안에는 까만 씨앗이 빼곡하게 들어차 있다. 작고 시커먼 씨

앗 무더기는 꼭 꿈틀댈 것만 같다. 민간요법에서는 이 씨앗이 구충제 역할을 했다니 조금씩 과육과 섞어서 먹어본다. 자꾸 먹다 보면 씨앗도 후추 같은 매큼한 매력이 있다. 덜 익은 파파야에 든 파파인은 단백질 분해 효소 작용을 하여 예로부터 소화제나 고기요리에 쓰였다고 한다.

파파야 나무는 홀쭉한 몸통의 꼭대기에 가지와 잎이 몰려있고, 가지가 뻗어나는 자리에 열매가 옹기종기 박혀 자란다. 빼빼 마른 몸에 커다란 머리를 얹고 겨우 버틴 모양새가 좀 우습다. 과일이라면 참외처럼 땅에 붙어 자라거나 사과처럼 가지가 많은 나무에서만 자라는 줄 알았다. 그런 기준으로 보니 열대 과일나무가 특이해 보일 수밖에 없다. 좀 웃는다고 기분이 나쁘진 않겠지. 나무야, 비웃는 게 아니라 내가 모르던 사실이 신선하고 재밌어서 웃는 거란다.

스타푸룻 Starfruit / 블림빙 Belimbing

"이게 과일이야?" 다섯 명 중 세 명이 얼굴을 찌푸린다. 후후. 경쟁자가 적음을 내심 기뻐하며 스타푸룻을 한입 그득 베어 물고 아삭아삭 씹는다. 입안에 신선한 과즙이 꽉 찬다. 높은 수분 함량이나 껍질째 먹는 특징을 생각하면 과일보다는 채소에 가까운 것 같기도 하다. 게다가 풀 내음까지 나기 때문에 과일이 아니라는 오해가 짙어질 수 있다. 그러나 스타푸룻은 키가 큰 나무에 열리는 엄연한 과일이다. 열매의 단면이 대여섯 개의 꼭짓점을 가져서 '별 과일'이라고 불린다. 연둣빛 껍질이 밝은 노란색으로 물들고 바깥쪽으로 튀어나온 모서리가 연  한 갈색을 띠기 시작하면 먹기 좋은 때다. 껍질째 먹는 스타푸룻은 비타민C 함량이 높아 감기 예방에 탁월하다. 스타푸룻을 썰어서 한 컵 가득 담은 양이면 하루 비타민C 권장량의 75%에 달한다.[112] 다른 열대 과일과 비교했을 때 열량이 낮고 섬유질이 많으므로 살찔 염려가 적고 변비 해소까지 돕지만, 옥살산을 함유하고 있어 신장이 좋지 않은 사람에게는 해롭다고 한다.[113] 말레이시아에서는 5월과 11월 즈음에 열매가 많이 맺힌다.

로즈애플 Rose Apple / 잠부아이르 Jambu Air

로즈애플은 막 피어오르는 장미처럼 생겼다. 껍질은 약간 바랜 듯한 붉은빛에 매끄러운 촉감이다. 로즈애플은 동인도제도와 말  레이반도가 원산지로서 열대 기후에서 잘 자라는데, 수분이 많고 별로 달지 않은 탓에 스타푸룻과 함께 과일이 아니라는 오해를 받곤 한다. 그러나 같은 가게에서 산 수박이 달 때가 있고 아닐 때가 있듯이, 로즈애플도 유난히 달콤한 녀석을 종종 만날 수 있다. 와사삭 깨무니 달콤한 즙이 치아 사이로 흐르고, 은은한 향기가 입천장을 타고 코로 전해진다. 아, 그래서 로즈애플이던가!

슈거애플 Sugar Apple / 부아노나 Buah Nona

슈거애플의 겉모양은 태극기 깃대 끝에 달린 깃봉을 닮았다. 담녹색 껍질은 곰보빵에서 제일 맛있는 부분인 곰보처럼 생겼다. 충분히 익은 열매는 손가락으로 누르면 껍질이 쉽게 갈라진다. 미색 속살을 보자, 너무 단맛에 입안이 아렸던 느낌이 되살아나 혓바닥이 움츠러든다. 슈거애플은 잭푸룻처럼 열량을 많이 내는 과일로서 비타민 B와 C, 철분, 인, 마그네슘 등을 제공한다.[114] 망고만큼 흔한 과일은 아니어도 가게 한쪽에서 심심치 않게 만날 수 있다.

비슷한 종자 중에 커스터드애플 Custard Apple이라고 있는데, 곰보 껍질 하나하나를 칼로 도려낸 듯 표면이 매끄럽다. 돌배처럼

씹히는 과육 맛이 마치 커스터드 크림과 사과를 섞은 것 같다고 하여 붙여진 이름이다. 어떤 지역에서는 슈거애플을 커스터드애플로 통칭하기도 한다.

구아바 Guava/ 잠부바뚜 Jambu Batu

울퉁불퉁한 생김새가 꼭 심통 난 사과 같다. 하지만 구아바의 본심은 그게 아니다. 구아바는 여리다. 껍질이 얇은 탓에 잘 익은 열매는 서로 닿으면 쉽게 상처 난다. 그래서 구아바는 낱개로 종이에 싸서 팔기도 한다. 이렇게 소중하게 다뤄져서 손안에 들어온 구아바의 껍질을 깎고 속살만 먹으면, 치른 돈의 반쯤을 그냥 버리는 셈이다. 그 어떤 과일보다 구아바에 많다는 비타민C가 대부분 껍질에 있기 때문이다. 몸에 좋다고 알려진 이 과일은 종종 다른 친구들과 비교해 회자한다. 구아바는 같은 양의 파인애플보다 단백질이 세 배나 많고 섬유질은 네 배에 달하면서 더 많은 열량을 내고, 칼륨 함량에서는 그 유명한 바나나를 넘어있으며 비타민C는 오렌지의 네 배나 많이 갖고 있으니 피부 관리에도 탁월하다고 한다.[115] 물론 매일 하나씩 먹는다는 조건이 있다.

말레이시아에는 갖가지 과일을 썰어서 매대에 진열해 놓고 파는 행상이 흔하다. 파파야나 수박처럼 큰 과일도 맛볼 수 있도록 껍질을 깎아서 먹기 좋게 썰고 나무 꼬치와 함께 작은 봉투에 담아 판다. 출출할 땐 두세 종류의 과일을 사곤 하는데, 달지 않고 씹는 맛이 좋은 구아바는 꼭 순위권을 차지한다. 탄탄한 과육은 쉽게 배를 불려주지만 두리안이나 잭푸룻과 달리 산뜻한 든든함만을 남긴다.

스네이크푸룻 Snake Fruit / 살락 Salak

인도네시아가 원산인 살락은 비타민C와 철분, 칼슘을 많이 함유한 과일이다.[116] 멀리서 본 살락 나무는 마치 야자나무 잎을 잔뜩 모아서 땅에 꽂은 모양인데, 가까이 다가가 보면 줄기를 덮은 무시무시한 가시가 눈에 들어온다. 줄기 아래쪽에 무더기로 붙어 자라는 열매는 뱀의 비늘 같은 껍질을 가졌다. 가시나무에 열려야 하는 숙명으로 열매껍질도 거친 모습으로 태어난 것 같다. 개미 군대가 쏟아진 망고스틴을 샀던 가게에서 처음으로 살락을 사 보았다. 감히 손댈 수 없게 생겼지만 껍질은 생각보다 쉽게 찢어졌다. 그런데 시고 떫어서 차마 다 먹지 못했다. 그래도 실망하지 않고 다음에 다시 찾아서 먹어보았다. 이야! 맛이 매우 좋았다. 살락 과육은 파인애플을 꼭 짠 뒤에 남은 은은한 향과 맛이 나고, 제법 단단하면서 꼬들꼬들 씹히는 질감이 독특하다. 단단한 과육 때문인지 살락의 새콤함에는 무게가 느껴진다. 징그러운 껍질 속에 뜻밖에도 이런 향긋함을 숨기고 있다니, 과일이란 정말 지치지 않는 매력을 가졌다.

타마린드 Tamarind/ 아쌈자와 Asam Jawa

말레이어로 아쌈은 산(신맛)을 뜻한다. 이름에서 맛을 짐작할 수 있지만, 실제 그 신맛은 추측을 초월한다. 덜 익은 타마린드는 너무 시어서 날로 먹을 수 없고 요리에 사용한다. 열매가 익을수록 단맛이 강해져 과일처럼 먹을 수 있는데, 아주 새콤하면서 곶감처럼 쫀득하다.

타마린드는 맛도 좋지만 무엇보다 몸에 이로운 열매다. 예로부터 타마린드는 배앓이에 두루 쓰였고 염증과 일사병을 다스렸으며, 과육으로 찜질 주머니를 만들어 이마에 얹으면 열을 내려주고 인후염을 완화해 감기에도 효과가 있다고 한다.[117] 타마린드 100g에는 하루 권장 티아민의 37%와 미그네슘 26%, 철분 22%, 인 16%를 담고 있고, 그 외에 니아신·리보플래빈·칼륨·칼슘 함량도 높아 건강을 지켜주는 열매로 알려졌다.[118] 소화에도 도움을 주기 때문인지 밥을 먹고 나면 타마린드 몇 알이 생각난다. 몸에 좋은 점을 줄줄이 읽으면서 바삭한 껍질을 톡 눌러 부수고, 씨앗을 중심으로 똘똘 뭉쳐있는 과육을 골라낸다. 열매를 골라내기가 쉽지 않으니 혀에 닿기까지 침이 꼴딱꼴딱 넘어간다. 손가락은 끈적해지고 손톱 밑은 갈색으로 물들어도 기꺼이 감수한다. 먹는 데 수고가 드는 음식이 특별히 맛있으니까.

롱안Longan과 두꾸Duku

도깨비 머리처럼 쌓여있는 람부탄Rambutan이나 다발로 묶어 파는 롱안은 자잘하여 셈하지 않으려다가, 또 이런 것들이 웅크리고 앉아서 까먹는 재미가 있으니 외면할 수 없다. 롱안은 누런색 껍질 속에 반투명한 속살을 감싸고 있는데, 씹을 거리가 많지 않아 더욱 달게 느껴진다. 과육이 싸고 있는 까맣고 매끄러운 씨앗의 태가 마력을 숨긴 보석 같다. 그 생김새가 용의 눈과 같다 하여 롱안龍眼이라 부른다. 야시장이나 길거리에서 음료로 만들어 판매되는 마따꾸칭Mata Kucing은 생김이 롱안과 거의 비슷하지만 크기가 작다. 말레이어로 마따는 '눈', 꾸칭은 '고양이'라는 뜻이다. 람부탄은 롱안보다 덜 달지만 롱안에 없는 새콤한 맛이 있다. 말레이시아에서 람부탄은 6월부터 11월까지 많이 열리며, 산 주변이나 도롯가에서 키가 큰 나무에 열리는 람부탄을 종종 볼 수 있다.

크기가 작고 과육이 비슷하게 생겼다고 묶어 놓은 것이 못내 미안한데 정말 구분하기 힘든 친구들은 따로 있다. 바로 두꾸 형제

다. 크기와 모양, 색깔이 비슷한 과일만 가득 쌓아 놓은 가게에서 설마 하며 물어봤다.

"이거 전부 다른 과일이에요?"

"다르지. 이건 두꾸Duku, 요건 랑삿Langsat, 저놈은 도꽁Dokong……."

이들 열매는 같은 종자를 교배한 품종으로서 생김새가 거의 비슷하지만, 시장에서는 꼭 구분해 판다. 롱안보다 크고 색이 약간 흐린 두꾸는 동남아시아 서쪽이 원산지로서 말레이시아에서는 뜨릉가누 산이 유명하다. 얇은 껍질을 벗기면 다섯 쪽으로 나뉜 흰색 과육이 붙어있다. 뽀얀 아기 귤처럼 생긴 과육은 탱글탱글하고 적당히 새콤하면서 꽤 달다.

세상에 아직 먹어보지 못한 과일이 얼마나 많을까? 새로운 맛을 볼 때면 나를 둘러싼 세계의 장막을 들춰서 그 신비로움을 엿본 기분이 든다. 타마린드의 새콤함을 더듬으며 몇 자 적는 사이 주변이 어둑해졌다. 열대의 비가 공간을 장악하는 건 순간이다. 이곳의 과일 맛이 풍부한 것은 넉넉한 비와 뜨거운 볕 덕분일 테다. 앞이 보이지 않을 만큼 세찬 이 빗줄기는 때때로 도시를 삼키는 연무도 쓸어준다. 플랜테이션을 만들려고 산을 홀랑 태우는 바람에 생기는 연무는 8월을 전후한 건기면 더욱 기승을 부린다. 비는 금세 그쳤다. 그리고 아무렇지 않게 해가 다시 나온다. 태양은 마지막 수분까지 말려버릴 듯 광선을 내리쏟다. 유리창을 통과한 햇살과 냉방 바람의 영역 다툼이 살갗에 느껴진다. 몸을 최대한 펴고 볕을 받아들인다. 참 따뜻하다. 우리를 살릴 수도 죽일 수도 있는 자연은 언제까지 인간의 횡포를 참아줄까? 알알이 다른 멋을 불어 넣은 어떤 힘과 우리를 키우는 흙, 해, 바람, 그리고 비를 생각한다. 그리고 지구에게 부탁한다. 아껴 쓰고 나눠 쓰고 바꿔 쓰고 다시 쓸 테니 오래오래 건강해 주오!

먹고 떠들고 꼬이고 혹하고
| 재래시장

상설 재래시장

초우킷 역으로 모노레일이 미끄러져 들어간다. 열차 창밖을 내려다보니 파라솔들이 서로 기대어 웅성거린다. 뭔가 신나는 일이 있을 것 같은 이곳은 재래시장 초우킷Bazaar Baru Chow Kit이다. 초우킷에서는 생활에 필요한 거의 모든 것을 구할 수 있는데, 그중 윗 마켓은 쿠알라룸푸르에서 규모가 제일 크다. 금방 자연에서 얻어 수분이 듬뿍 담긴 먹거리 시장을 말레이시아에서는 윗 마켓 Wet Market이라고 부른다. 찔러도 국물 한 방울 안 나올 전자제품과 의류 잡화를 뒤로하고 촉촉함을 쫓는다.

초우킷 윗 마켓은 산뜻하게 과일전부터 시작된다. 수박보다 큰 잭푸룻을 비롯해 별별 신기한 열대 과일을 보니 기대가 커진다. 그런데 어디선가 옅은 고린내가 풍긴다. 채소전을 예상했는데 말린 새우와 멸치가 먼저 기다리고 있었다. 반가운 마음에 멸치한테 손을 내미는데 주인아저씨가 별안간 소리를 지른다. "마리Mari 마리 마리 마리!" 옆 가게 총각도 질세라 같은 말을 외친다. 어서 와서 구경 좀 해보라는 뜻이다. 상인들 외침마다 미소로 답하고 사진 찍으면서 구경까지 하려니 바쁘다. 그런데 건어물도 등장했으니 이제 생선일 거라는 예상과 달리 갑자기 소머리가 튀어나온다. 소의 머리가 저렇게 컸던가! 제 갈빗살을 옆에 둔 소머리는 말도 안 되게 인자한 미소를 띠고 있다. 화들짝 놀란 것도 미안할 처지에 그동안 입은 은혜에 인사도 않고 다음 가게로 피신한다. 그런데 이를 어쩐다? 여기엔 옷 벗고 시선 잃은 닭이 쓰러져 있는 게 아닌가! 몸매 가꾼다며 가슴살만 골라 먹더니 닭님 제대로 응시도 못한다. 아, 드디어 채소전이구나 싶은데 웬걸, 고등어가 생강에 코를 대고 킁킁거리고 축 늘어진 닭발은 토마토 뺨을 어루만질 것만 같다. 무슨 시장이 이렇게 정신없담! 출구야, 어딨느냐? 시장 진입 십 분 만에 탈출을 시도한다.

두서없이 섞인 가게 풍경보다 더 고약한 것은 냄새다. 시장 바닥이 헐떡헐떡 숨을 몰아쉬면서 평생 잡아둔 냄새를 뿜는다. 빨라지는 걸음은 더 많은 냄새와 소음을 날라준다. 어깨가 움츠러들고 목 뒤가 뻐근하다. 생각해보면 서울 가락시장 담벼락 너머에서도 맡을 수 있는 냄새인데, 극도의 긴장은 '세상에 이런 시장이 있을 수 있다니!' 하는 어처구니없는 생각마저 키운다. 그런데 그 거북한 냄새에도 자꾸 가고 싶다. 초우킷은 무언가를 떠올리게 한다. 알고 보면 모두 같은 나라 사람인데 생김새나 옷차림이 각양각색인 나라. 말레이어와 영어에 한자, 타밀어, 아랍어까지 뒤죽박죽 섞인 나라. 초우킷은 말레이시아를 닮았다.

빠사르 푸두Pasar Pudu는 초우킷에 버금가는 쿠알라룸푸르의 대표 재래시장이다. 고기와 생선이 한창 팔리는 아침 일찍 도착하니 그 잔해 냄새가 고약하다. 대강 세워 놓은 판막이 사이로 무언가 파닥인다. 그리고 차가운 칼날이 번뜩! 아아! 도마에서 붉은 물이 뚝뚝 떨어진다. 그리고 그 물이 흘러드는 하수구에는 주먹만 한 쥐가 득실거린다. 초우킷 경험자라며 자부하고 마음도 단단히

먹었건만 바로 무장해제되었다. 책상에 앉아서 하는 말이지만 있는 그대로 말레이시아 시장을 받아들일 수밖에 없다.

까닥거리는 중닭의 날개를 거세게 잡아서 누런 봉투에 넣어 주고, 저울에 올라간 개구리는 망치로 머리를 후려쳐 기절시킨 뒤 주둥이를 잘라 판다. 기겁할 노릇이다. 가만있자. 그런데 저건 망고스틴을 닮은, 내가 맛있다고 호들갑 떨던 그 순백의 고깃덩어리 아니던가! 삼겹살은 애당초 세 겹 모양 고기로 태어나기라도 했다는 듯이 꿀꿀거리는 돼지와는 별개인 것만 같다. 마트에 가면 깔끔히 다듬어서 포장된 고기를 우아하게 집어 계산만 하면 되는 편리함 탓에 더 자주 더 많이 소비한다. 먹거리를 키우는 과정의 번거로움과 정성, 그리고 사람이 먹기 위해 생명이 도축됨을 생각한다면 지나친 육식도 불필요한 과식도 줄지 않을까?

푸두 시장의 생생함에 매료되어 이곳을 거쳐 간 사진가와 영상 촬영가가 많다. 그 때문인지 이곳 상인들은 사진 찍히는 기술이 남다르다. 사진을 찍으라면서 손에 든 것, 그것이 가판에 남은 생선이든 그날 번 돈이든 번쩍 들어 올린다. 시장터 근처에는 생긴 지 50년이 넘은 먹자골목이 있는데, 대를 이은 맛좋은 노점상이 즐비하다. 그러니 푸두 시장을 찾는 발걸음은 더욱 신난다.

야시장

초우킷과 푸두 시장은 이른 아침부터 오후까지 여는 쿠알라룸푸르의 대표적인 상설 재래시장이다. 그리고 흔히 말하는 야시장(말레이어로 '빠사르pasar(시장) 말람malam(밤)')은 상인들이 일주일에 한 번씩 정해진 장소로 직접 찾아가는 장이다. 하루해가 마지막 볕을 거두고 대기는 푸르스름해질 즈음, 옛날처럼 밥 지으려고 아궁이에 불 지피는 것도 아닌데 아파트 사이로 옅은 연기가 설핏하다. 학교에 다녀온 아이가 엄마를 찾고 모두가 휴식을 기대하며 집으로 돌아오는 이때, 쿠알라룸푸르 곳곳에서는 야시장이 열린다. 보고만 있어도 좋은 자연인데 그중에서 특별히 먹음직스러운 것만 모은 곳. 게다가 먹고 마시고 웃고 떠들고 붙들고 꼬이고 혹하고 흥정하는 사람 살이 구경까지 할 수 있으니 시장이 어이 좋지 않겠는가! 살기 위해 먹고 먹기 위해 장 보는 풍성이 좋아 야시장을 향해 일주일 시계가 돌아간다.

그럼 주말의 끝자락부터 시작해보자. 애 보다가 지쳐서 차라리 출근하길 기다리는 젊은 부모들의 속마음을 모른 체한다면, 일요일은 모두에게 아쉽다. 밤을 붙잡고 징징거려보지만 어쩔 수 없다. 어서 한 주를 시작해서 다음 주말이 빨리 오도록 할 수밖에. 그리고 어느새 금요일이 다가오면 세월이 너무 빨리 흐르는 것 아니냐며 한탄하는 직장인 마음은 월요일 자체보다 더 우울하다. 그런데 월요일 야시장이라니! 형형색색 파라솔 아래에 싱싱한 농산물이 펼쳐지고 즉석조리 음식 냄새가 동네 골목을 파고든다. 주민들은 퇴근길에 들러 먹거리를 장만하거나 삼삼오오 모여 앉아 사떼를 나눠 먹는다. 대형상점보다 가격이 싸면서 신선하기까지 하니 한 주 먹거리가 떨어지는 토요일부터 야시장을 생각한다. 월요일은 즐거워 만큼은 아니어도 조금 기다려져 후후 정도는 된다.

LRT 세띠아왕사Setiawangsa 역 월요시장은 말레이 상인이 주를 이루는 꽤 큰 장이다. 월요일 오후 다섯 시쯤 넓은 주차장 자리에 차들은 모습을 감추고 시장 골목 세 줄이 생긴다. 한쪽 골목은 옷이나 생활용품과 장난감류를 팔고, 가운데는 즉석조리 음식이 준비되며, 마지막은 생선, 육류, 채소, 과일, 건어물 등을 다루는 가게가 늘어선다. 계획적인 구성 덕분에 초우킷 같은 역사적인 냄새는 맡을 수 없지만, 일주일에 한 번 장이 돌아오듯이 새롭고 활기가 넘친다. 가운데 골목이 가장 기대되지만 맛있는 떡은 나중에 먹는 습관대로 채소와 과일을 먼저 고른다. 아기 엉덩이처럼 토실하게 살이 오른 망고 여섯 개, 적당히 익어서 내일쯤이면 먹을 수 있을 파파야 하나, 한 개에 8링깃 하던 용과가 세 개에 십 링깃이

라니, 얼씨구나 잘생긴 놈들로 골라 담고 날로 먹을 오이와 당근도 세 개씩 챙겼다. 서둘러 즉석요리 골목을 찾았지만 퇴근 인파까지 몰려 우왕좌왕 벌떼 골목이다. 그래도 볶고 지지고 튀기는 요리사와 음식 구경에 입은 헤벌쭉하다. 하지만 언제나 구경뿐이다. 뜨거운 음식을 플라스틱 용기에 담는 게 께름하여 마음 놓고 주문하지 못하고, 포피아나 아빰발릭 정도로 간단히 요기하는 데 만족한다. 포피아Popia는 묽은 밀가루 반죽을 얇게 부쳐낸 피에 각종 채소를 넣고 말아서 그대로 먹거나 튀겨 먹는 음식으로서 스프링롤과 비슷하다. 반죽 속 재료로는 삶아서 양념한 순무만 쓰거나 오이와 숙주 등을 추가할 수도 있다. 밀가루 반죽에 땅콩을 얹어 구운 아빰발릭Apam Balik은 얇고 바삭한 것과 도톰하면서 촉촉한 것이 있다. 포피아를 물고 집에 돌아오는 길, 묵직한 과일 때문에 온몸이 땀에 젖지만, 선풍기 바람 쐬면서 망고 말라믹을 생각하면 벙실벙실 기분이 좋다.

세띠아왕사 역에서 전철을 타고 남쪽으로 하염없이 내려가면, '행복한 공원Taman Bahagia'이라는 예쁜 이름을 가진 역에 닿는다. 역 앞에서 택시를 타고 오 분 정도 가면 또 다른 월요일 야시장을 찾을 수 있다. 대략의 주소를 다시 말하자면 'KL 서남쪽 PJ의 도로 이름이 SS2'로 시작하는 동네다. 도대체 무슨 소린지! KL은 쿠알라룸푸르, PJ는 쁘딸링자야라는 지역, SS는 숭아이웨이-수방의 머리글자다. 온갖 약자를 익히지 않는 한 말레이시아에서 길 찾기는 힘들겠다. 에스에스투 월요 야시장은 호커센터와 작은 공원을 둘러싸고 네모 모양으로 장을 이룬다. 주로 중국계 상인으로 구성된 시장은 아기자기한 장신구와 학용품, 의류 따위가 많다. 하지만 중국인 둘 이상이 모이는데 식도락이 빠질 수 없는 법. 즉석 먹거리도 만만치 않게 다양하다. 파란색 플라스틱 의자에 다리를 쩍 벌리고 앉아서 무언가를 먹고 있는, 러닝셔츠만 입은 아저씨의 뒤태마저 식욕을 당긴다. 그런데 에스에스투는 야시장을 논하지 않아도 이미 먹거리로 유명한 동네다. 중국식 먹거리 장터인 호커센터가 공원을 따라 길게 들어서 있고, 시장 자리를 둘러싼 상가에는 나시르막부터 개구리고기를 아우르는 소문난 음식점이 많다. 그뿐인가? 한쪽에는 '두리안 뷔페'라 하여 두리안만 전문으로 파는 포장마차 골목도 있으니 월요일에는 위가 두 개여도 모자라다.

문득 야시장에 가고 싶을 때 당황하지 않도록 요일마다 야시장 위치를 꿰어야겠다는 생각이 들었다. 화요일 오후 한껏 달궈진 거리로 나섰다. 빤단자야Pandan Jaya 야시장은 장터가 두 곳으로 나뉜 점이 독특하다. 그 구분이 민족별로 되었으니 어쩌면 말레이시아답다고 할 수도 있겠다. 말레이 시장은 전철역 근처 아파트 단지를 따라서 일렬로 선다. 그리고 여기에서 도보로 오 분쯤 떨어진 거리에 중국계와 인도계 상인이 모여 장을 이룬다. 시장에 들어서면 집중력이 생긴다. 어떤 싸고 좋은 물건이 나를 놀래 주려고 숨어있나, 구석구석 살핀다. 냉장고에 뭐가 남았는지 더듬으며 가판대를 훑는다. 배고플 때 시장을 보면 너무 많이 사서 탈이다. 게다가 갑자기 국화꽃이 아는체하는 바람에 한 다발을 품에 안았더니 손이 모자라다. 큰마음 먹고 패션푸룻 주스를 샀는데 실제 과즙은 한 숟가락도 안 되고 시럽으로 범벅한 얼음물이라며 분개한다. 하지만 그것도 잠시, 어느새 락사와 차꿰띠아우 사이에서 무얼 먹을까 고민하며 갈팡질팡한다. 이 맛에 야시장을 찾는 거지, 뭘!

뻐꺼리링Pekeliling 버스터미널 근처에도 화요일마다 장이 선다. 시장 규모가 크진 않아도 있을 건 다 있다. 장을 보려는 사람들에 더해서 평소 오가던 차량도 통행을 포기하지 않으니 골목은 미어 터질 것만 같다. 오늘은 왠지 튀김이 끌린다. 치즈 넣은 닭고기 튀김과 어묵 꼬치를 고르고 뭔지 모를 동그란 녀석도 재미 삼아 봉투에 넣었다. 작은 물병에 담은 아이르뜨부와 라임, 박하 잎도 샀다. 아이르뜨부Air Tebu는 사탕수수를 짓이겨 얻은 달콤한 연둣빛 즙이나. 사탕수수즙에 라임을 짜서 섞고 다진 빅하 잎과 얼음을 띄우면 꽤 괜찮은 주스가 된다. 직접 만든 주스와 튀김으로 저녁 식사를 대신한다. 동그란 튀김은 물컹한 느낌에 놀라서 바로 뱉어 버렸으니, 영원히 이름을 알 수가 없다.

말레이시아 야시장의 최고 장점은 집 앞에서 식재료와 생필품을 살 수 있는 편리함이다. 하지만 멀리서도 기꺼이 찾아 나서게 하는 시장도 있다. 수요일마다 열리는 따만코넛 빠사르 말람Taman Connaught Pasar Malam은 쿠알라룸푸르에서 가장 긴 시장으로 유명하다. 좁은 골목에 두 열로 늘어선 장판 길이가 무려 칠백 미터를 넘는다고 한다. 킴, 멜, 미아, 비비, 에밀리가 저녁나절에 잔뜩

뜸을 들이다가 시장으로 간 이유가 있었다. 주변에 대학교와 하숙집이 많아서 젊은이들이 주로 찾는 이 야시장은 밤 아홉 시가 지나야 후끈 달아오르기 때문이다. 쿠알라룸푸르의 야시장은 보통 오후 다섯 시부터 열 시까지 여는데, 따만코넛 야시장은 새벽 한 시쯤에 파장한다. 손님의 취향에 맞춰 채소나 생고기 가게는 거의 없고 학생들을 유혹할 의류와 잡화, 즉석 먹거리 위주로 구성된다. 사람이 너무 많아서 오고 가는 행렬에 몸을 실어야만 앞으로 움직일 수 있다. 앞사람 어깨에 두 손을 올리고 열차 놀이라도 해야 할 것 같다. 사람들은 잔뜩 상기되어 그런 분위기를 즐긴다. 하행선에 몸을 싣고 가는데 비비가 상행선에 끼어 있는 자기 친구를 찾아냈다. 이곳 청년들에게 따만코넛은 일주일에 한 번, 항상 그곳에서 기다리는 놀이터인가 보다. 그러나 나는 언제 또 올지 모를 여행자, 다시 아이가 된 것처럼 많은 것이 신기하고 궁금한 이방인이다. 상인이든 행인이든 눈 마주치면 찡긋 웃음을 주고받고 "이건 뭐에요? 먹어봐도 돼요?" 하며 너스레 떠는 특권을 누린다.

어느 목요일 오후, 말레이어 수업에 가던 중이었다. 노란색, 주황색, 분홍색 비닐 봉투를 들고 줄줄이 걷는 사람들이 눈에 띄었다. 나에겐 이 비닐 봉투가 여행 길잡이가 된다. 아니나 다를까 그들이 온 길을 되짚어가니 시장이 나타났다. 모노레일 케이엘센트럴역에서 열차 선로 아래를 따라가면 좁다란 공터가 나오는데, 이곳에서 목요일마다 야시장이 열린다. 겨자색과 진달래색을 과감하게 배치한 펀자비 수트를 입고 깡꿍 한 단을 뒤집는 여자의 손길이

깐깐하다. 나에게는 지나가는 아줌마지만, 누군가의 저녁 밥상을 준비하는 엄마일 테다. 브릭필즈 야시장에는 유난히 그런 여자, 엉덩이는 펑퍼짐하고 나물에 양념치는 손은 큼직한 이가 많다. 그래서인지 브릭필즈 야시장은 즉석 음식류가 빈약한 대신, 신선하고 풍성한 잎채소를 포함한 각종 채소와 과일이 많다.

  KLCC에서 전철로 네 정거장 떨어진 젤라텍 역 주변은 말레이인 주거지역이다. 특별한 일이 없을 것 같은 이 역 공터에서 금요일마다 시장이 열린다. 말레이 사람들이 좋아하는 즉석요리가 많으니 젤라텍 야시장 Jelatek Pasar Malam에 가는 날이면 저녁밥 걱정은 접어둔다. 한창 음식이 만들어지는 오후 여섯 시쯤 시장에 들어선다. 사떼랑 코코넛 주스를 포장 주문하고, 후식으로는 두리안과 망고스틴을 챙긴다. 두리안 들고 지하철을 탈 수는 없으니 큰길 건너에 있는 작은 공원으로 간다. 코흘리개들은 사탕 물러 야시장으로 갔나 보다. 비행 청소년도 저녁은 먹어야 했는지 공원은 한적하다. 호숫가 벤치에 자리를 잡고 포장을 푼다. 땅콩 소스에 사떼를 찍어 먹으면서 페트로나스 트윈 타워 뒤로 지는 해를 보내준다. 하루가 저물어도 아쉽지 않다. 후식으로 두리안이 있으니까!

  야시장으로 한 주를 셈하다 보면 어느새 주말이 돌아온다. 토요일 저녁이면 로롱 뚜안꾸압둘라흐만은 차량이 통제된다. 야시장이 들어설 차례기 때문이다. 이곳은 의류 원단 가게가 많아서 워낙 혼잡한 지역인 데다가, 라마단 기간이면 하리 라야에 입을 새 옷을 장만하려는 사람들로 더욱 북새통을 이룬다. 뚜안꾸압둘라흐만 빠사르 말람은 도심에 위치하고 규모가 커서 쿠알라룸푸르의 대표 야시장으로 통한다.

뚜안꾸압둘라흐만 야시장이 작은 남대문 시장쯤 된다면 깜뽕바루 시장은 이름 그대로 시골스럽다. 라자무다무사 길 중간쯤에서 전철역 쪽으로 막힌 도로가 하나 있는데, 이 길을 중심으로 또 다른 토요일 야시장이 열린다. 평상에 앉아서 사람 구경하는 할머니들과 가족 대표로 저녁거리를 사러 나온 아저씨, 오토바이 뒷자리에 매달려 풍선을 가리키는 아이, 손을 맞잡고 걷는 젊은 부부가 이루는 풍경이 한가롭다. 시장 규모는 작지만 음식점이 몰려있는 라자무다무사 길의 분위기까지 덩달아 달아올라서 동네잔치라도 열린 것만 같다. 시장에서 볶음국수 한 접시를 먹고 동네를 빠져나올 즈음이면 KLCC 쪽으로 멋진 야경이 기다린다. 말레이 전통 가옥과 수백 개 별이 내려앉은 페트로나스 타워가 어울린 모습이 꽤 볼만하다.

방사Bangsar 일요일 시장은 유독 생동감이 넘친다. 다른 시장보다 과일 종류가 압도적으로 많으면서 싱싱하기 때문이다. 현지에서 수확한 열대 과일에 더해 사과나 배, 포도, 감 같은 수입 과일도 넉넉히 취급한다. 방사 시장에서는 과일과 함께 기대를 저버리지 않는 것이 즉석 먹거리다. 차꿰띠아우, 캐롯케익, 락사, 포피아, 사떼, 사떼첼롭, 아빰발릭, 뿔룻우당, 요우티아오 등 야시장 음식이라면 빠진 것 없이 알차게 모여 있다. 방사 빌리지 쇼핑센터 앞쪽에 자리한 시장터를 시작으로 뜰라위 길이 시작된다. 뜰라위 길 상권은 외국인이 많은 주민 성향에 맞춰 각종 세계 음식점이 발달했다. 브런치를 즐길만한 카페와 각종 양식점, 후식 전문점에 양질의 빵집은 물론 바나나리프라이스 식당과 전통 말레이 음식점도 두루 갖추고 있다. 쿠알라룸푸르 야시장은 주민 구성에 따라 식품 종류와 찾아오는 상인이 달라진다. 말레이 집중 주거 지역은 말레이 상인이 찾아와 할랄에 따른 육류와 말레이 음식을 판다. 인도계가 많이 사는 브릭필즈 야시장은 채소류가 풍성하며, 중국인이 주로 찾는 야시장에는 즉석 먹거리를 비롯해 아기자기한 소품이 많다. 반면 서양에서 온 외국인이 많이 사는 방사 지역의 야시장은 대체로 가격이 높다. 방사 시장 상인들은 영어를 쓰지만, 외곽 지역의 말레이 상인들은 대개 말레이어만 사용한다.

내가 쿠알라룸푸르의 야시장에 한창 빠져있을 때, 지구 한쪽에서는 믿기 힘든 일이 벌어지고 있었다. 돈은 있지만 거동이 불편한 탓에 멀리까지 음식 재료를 사러 갈 수 없어서 굶는 노인들이 있다고 한다. 이른바 '구매난민'이 생긴다는 소식에 가슴이 철렁 내려앉았다. 대형상점에 밀려 동네 구멍가게가 사라지기 때문이다. 쿠알라룸푸르도 안전지대는 아니다. 곳곳에 늘어나는 건설 현장의 위세가 동네 시장마저 위협하지 않을까 불안하다. 그래서 나는 때가 되면 시장터로 나선다. 여기 야시장이 꼭 필요한 한 사람이 더 있다는 걸 알려주려고.

시장 가는 길

Chow Kit Wet Market	Jalan Raja Bot과 Jalan Raja Alang 사이. Chow Kit 역에서 걸어서 5분.
Pudu Wet Market Pudu Hawker Street Wai Sek Kai	Jalan Pasar Baharu. Pudu 역에서 걸어서 5분. Jalan Sayur.
(월)Setiawangsa Pasar Malam	Jalan AU 1a/4a, /4c, 4d, /4e. Setiawangsa 역에서 걸어서 3분.
(월)SS2 Pasar Malam	Jalan SS 2/60, 2/61, 2/62, 2/63. Taman Bahagia역 앞 건너편 길에서 택시로 5분.
(화)Pandan Jaya Pasar Malam	Jalan Pandan 3/1, 3/2, 3/8.
(화)Kompleks Damai Pasar Malam	Jalan Cemur. 모노레일 Titiwangsa 역에서 걸어서 3분.
(수)Taman Connaught Pasar Malam	Jalan Cerdas.
(목)Brickfields Pasar Malam	Jalan Sultan Abdul Samad.
(금)Jelatek Pasar Malam	Jalan Jelatek. Jelatek 역 주차장.
(토)Lorong Tuanku Abdul Rahman Pasar Malam	Masjid Jamek 역에서 걸어서 3분.
(토)Kampung Baru Pasar Malam	Jalan Raja Muda Musa.
(일)Bangsar Baru Pasar Malam	Jalan Telawi 1. Bangsar 역에서 걸어서 20분.
기타 쿠알라룸푸르 야시장 검색	mycen.my/tag/monday/

자연과 산책

땅에 내려앉은 첫 햇살
| 쿠알라룸푸르 등산

우리 가족은 내가 태어난 동네에서 여전히 살고 있다. 하지만 고향이라고 부르기는 어색하다. 아파트 단지로 개발되는 바람에 옛 모습이 사라져서 그런 것 같다. 어릴 때 살던 집은 오래된 한옥이었다. 올림픽 개막식 불꽃놀이를 구경했던 옆집 돌담을 따라 언덕을 내려가면 내 동생 다섯 살 때 그의 인생에서 가장 멀리 가출했던 삼거리가 나왔고, 엄마가 물빨래하던 개울은 한 시간에 한 대쯤 오던 버스 정류장 옆으로 흘러갔다. 우리 다섯 남매는 이십 분쯤 걸어서 학교에 다녔다. 한 학년에 한 반씩 전교에 여섯 반만 있던 작은 학교였고, 나는 스무 명 남짓한 친구들과 사 년 내내 같은 반이었다. 그런데 어느 날 갑자기 그 친구들과 헤어져야 했다. 당시 전국을 휩쓸던 개발 바람이 우리 동네까지 닥쳤기 때문이었다. 작별해야 했던 건 친구만이 아니었다. 마당에 있던 연자방이와 앵두나무, 감나무, 살구나무, 그리고 풀이나 칡을 잡고 기어오르던 채소밭 비탈도 영원히 안녕이었다. 내가 자라온 세계를 다시 볼 수 없다는 생각이 가슴에 박혀 혼자 숨어서 많이도 울었다. 아마도 어린 나는 땅과 언덕을 콘크리트로 완전히 덮는다는 것의 의미와 정말로 그렇게 할 수 있는 파괴력을 감당하지 못했던 것 같다.

그런데 단 하나 완전히 사라지지 않은 것이 있으니, 동네를 둘러싸고 있던 산이다. 부모님은 내가 태어나기 전부터 이 산을 보고 살아오셨다. 아버지는 매일 산에 오르신다. 세월이 흐를수록 힘드시다며 산책 시간이 짧아지긴 해도 가능한 매일 산을 찾으신다. 나도 이런 아버지를 따라 한 번쯤 나설만도 한데, 어찌 된 일인지 아버지가 산에 갈 채비를 하시는 것만 봐도 내 다리는 무거워진다. 그래도 취미란에는 당당히 등산이라고 적는다. 그나마 걷기보다는 등산이 더 그럴듯해 보이기 때문이다. 그렇게 잠자던 취미 활동에 날개가 달리는 때가 있으니, 바로 여행이다. 새로운 곳에 도착하면 높은 곳에 올라 지도를 펼친다. 산은 어디에 솟아 있고 물은 어디로 흐르며 사람들은 어디부터 모여 살기 시작했는지 가늠해 본다. 쿠알라룸푸르에도 산이 많아 보인다. 하지만 눈으로 훤히 보이는 산이 가기에는 쉽지 않다. 대중교통으로 산을 찾는다고 하면 모두가 "따 볼레Tak boleh(안돼)!"라고 말한다. 그래도 간다고 우기면 다음 반응은 "위험해!"다. 그러다가 만난 구세주가 크리스탈이었다. 친한파 모임에서 그녀를 처음 만나고 두어 시간쯤 지났을 때였다. 그녀가 이튿날 등산 간다는 말을 듣자마자 나는 그녀에게 철썩 들러붙었다. 그녀를 따라서 오른 산이 부낏사가다.

부낏사가 Bukit Saga

따뜻한 나라 사람처럼 숲도 너그러울 줄 알았다. 그러나 열대의 산은 거칠다. 나무는 굵직한 몸통을 곤추세우고 하늘을 향해 뻗어 있다. 줄기와 뿌리는 힘이 넘치다 못해 서로를 칭칭 감거나 허공이라도 휘감을 기세로 발버둥 친다. 거센 빗줄기에 흙이 깎여서 나무뿌리가 드러나고, 그 뿌리들이 모여서 자연 계단을 이룬다. 이 뿌리에서 저 뿌리로 오르려면 때로 두 손을 써야 한다. 숨은 턱까지 차고 얼굴의 후끈한 열기가 안경을 뿌옇게 흐린다. 잠시 숨을 고르고 나무에 기대어 단단한 몸통을 더듬어 본다. 눈으로 나무의 키를 훑어 올라가다 보니 뒤통수가 어깨에 닿을 것만 같다. 매일 쏟아지는 빗물과 넉넉한 햇살을 먹으니 잘도 클 테다. 아무래도 열대 사람들의 너그러운 품성은 자연의 위력을 몸소 겪으며 체화한 겸손의 일면 같다.

부낏사가는 쉬지 않고 오르면 꼭대기까지 사오십 분쯤 걸리는 짧은 등산길이다. 정상은 수풀에 둘러싸인 탓에 좋은 전망을 기대할 수 없는 대신 동네 산악회 살림살이를 구경할 수 있다. 부지런한 회원들이 산행 정보를 모아 게시판을 채우고 공터에는 간단한 운동 기구도 설치했다. 천막을 치고 의자와 식탁을 놓아 도시락을 나눠 먹고 때로는 불꽃놀이도 즐기는 모양이다. 산에서 담배 피우는 것이 종종 목격되니 불꽃놀이 흔적에도 놀랍지 않다. 정싱 근처에 난 갈림길은 폭포로 이어진다. 비탈진 길을 내려갔다가 오르길 반복하면서 사십 분 정도 걷자 드디어 거친 물소리가 들린다. 폭포는 크지 않다. 그래도 여기까지 찾아온 사람들은 웅덩이에 몸을 담그거나 세게 내려치는 물살에 몸을 맡기고 한때를 즐긴다. 집에 돌아가려면 다시 꼬부랑 산길을 되짚어 오르고 정상을 거쳐야 한다. 돌아갈 길이 막막하다

고 산속에 주저앉을 순 없다. 어차피 내려올 길을 왜 오르나 싶긴 해도 등산을 멈추고 싶지 않다. 집채만 한 바위를 기어오르거나 계곡 따라 쓰러진 거대한 나무를 밟고, 자연이 만든 계단을 오르면서 땀에 흠뻑 젖는 재미를 산 말고 어디에서 느끼겠는가?

부낏브로가 Bukit Broga

부낏브로가는 부낏사가와 사뭇 다르다. 부낏사가가 깊고 깊은 정글을 탐험하는 기분이라면, 부낏브로가는 갈대가 흐드러진 산등성이를 걷는 청년들과 다시 뜨는 태양에서 젊음이 넘친다. 킴, 멜, 미아가 적극적으로 추천한 이 산을 향해 나섰다. 운전은 언제나 친구들 몫이니 나는 하품하고 눈만 비빈다. 한참을 달리다 보니 가로등도 없는 길에 접어들었다. 어둠 저편에 거짓말처럼 별이 총총하다. 저게 뭐지? 고개를 빼고 자세히 본다. 묵직하게 내려앉은 검은 형체의 등골을 타고 하얀빛들이 흔들린다. 아! 등산객의 손전등 빛이다. 우리도 서둘러 차를 세우고 신발 끈을 조여 맨 뒤 산행을 시작한다. 지구에 바싹 다가와 드러누운 그믐달이 야자나무 사이로 따라온다. 낯선 달의 모양은 이곳이 북위 3도라는 사실을 되새겨준다.

몸은 아직도 잠을 원한다. '정신 차려야 하는데. 다치면 안 돼. 다칠 걱정이나 하면서 왜 또 산에 온 건데? 해돋이 놓치지 않게 어서 오르기나 하라고. 그런데 쟤들 어젯밤에 사떼를 그렇게 많이 먹더니 뱃속은 괜찮나?' 손전등 빛을 밟으면서 이런저런 생각을 하는데 문득 풀벌레 소리가 귀에 잡힌다. 찌르르르 혹은 뚜르르르의 무한 변주가 숲을 가득 메우고 있다. 그걸 깨닫자 쓸데없는 생각의 고리는 끊긴다. 귀를 기울여 하나, 둘, 셋. 벌레 소리를 구분해 본다. 그사이 나무들의 키가 작아지고 산길은 가팔라진다. 정상에 가까워지자 손전등 없이도 걸을 만한데, 그때야 주위에 얼마나 많은 사람이 있는지 알아챈다. 사람들은 자리를 잡고 동쪽을 향해

앉는다. 태양이 먼 산을 밀고 오른다. 모두가 떠오르는 해를 바라볼 때, 나는 고개를 돌려서 땅에 내려앉는 첫 햇살을 쫓는다. 빛은 익숙한 곳도 달라 보이게 하는 재주를 가졌다. 그 신비를 확인하고 싶어 우리는 해돋이를 보려는 게 아닐까? 세상에 또 다른 하루를 데려다주는 저 태양이 좋아 이곳을 떠나고 싶지 않다.

다시 브로가산에 돌아왔을 땐 라라와 폴이 함께였다. 내가 계획을 세운다기보다 바람을 넣으면 라라와 폴은 마침 심심했다는 듯이 곧잘 따라와 준다. 내가 "열대과일 파티 어때?" 하면 라라가 과일을 사 오고 폴은 접시와 칼을 준비한다. 내가 "저 산 너머가 궁금해!" 그러면 라라는 간식을 챙기고 폴은 차를 갖고 온다. 라라는 행동과 말이 바르다. 타인에 대한 공감 능력이 뛰어나고 배려심도 깊어 사랑하지 않을 수 없다. 라라는 채식을 하고 폴은 하루에 한 끼는 꼭 고기를 챙겨 먹는다. 그와 함께 일하는 외국인 동료 열댓 명 중 말레이어를 배우는 사람은 폴뿐이다. 그 때문인지 그는 말레이시아인 동료들에게 인기가 좋다. 다른 문화를 배우려는 자세와 진정성이 예쁘다. 나는 몇 번인가 그들을 선동하여 쿠알라룸푸르 안팎을 돌아다녔는데, 그때마다 우리는 길을 잃었고 산속이나 폐가에서 모기 밥이 되기 일쑤였다. 하지만 부낏브로가는 달랐다. 적당히 땀을 낼 수 있

는 산행과 해돋이 풍경에 친구들도 만족스러운 눈치였다. 무엇보다 브로가산은 보통 열대우림에서 볼 수 없는 매력적인 산세와 식생을 가졌다. 정글을 연상시키는 나무나 풀 대신 억새가 흔히 자라며, 산등성이는 두리뭉실하게 뻗어 있어 시야가 훤하다. 부낏브로가는 억새를 뜻하는 말레이어를 써서 부낏랄랑Bukit Lalang이라고도 부른다.

쿠알라룸푸르의 산에는 젊은이들이 많다. 학교에서 단합대회를 겸해 단체로 오거나 친구들과 산에서 밤을 지새우며 해맞이를 하기도 한다. 부낏브로가에는 특히 그런 젊은이들이 많은데, 싱그러운 자연에 청년의 기운까지 넘실거려 더욱 푸르게 느껴진다. 정상까지 오르는 데 한 시간이 채 안 걸리는 어렵지 않은 산행이지만, 해돋이를 보려면 어두울 때 시작해야 하고 흙 입자가 모래처럼 굵어서 미끄러질 위험이 있다. 자가용 없이는 닿기 어렵지만 그렇다고 포기하기에 이 해돋이 마중은 꽤 근사하다.

부낏따부르 Bukit Tabur

곰박Gombak으로 가는 LRT는 공룡 등뼈처럼 생긴 바위산을 향해 달린다. 잘생긴 산을 등지고 있다는 건 참 멋진 일인데, 전철 창밖으로 눈길을 주는 사람이 없다. 산속에 들어가고 싶지만 누구도 저것이 무어라 시원스레 말해주지 않으니 산 입구를 알 수 없고 주변 주택가만 맴돈다. 마지막 믿는 구석은 인터넷뿐이다. 지도에 표시된 길 이름이나 사소한 건물 혹은 지명을 인터넷 검색창에

입력해본다. '끌랑 게이츠 댐Klang Gates Dam'이라는 검색어로 찾은 산 이름은 따부르였다. 먼저 이 산에 다녀온 이들의 사진을 보니 마음이 더 설렌다. 산과 물이 어우러진 풍광은 도심에서 삼십 분 거리라는 게 믿기 어려울 만큼 고요하고 아름답다. 호수처럼 보이는 물줄기는 1950년대 댐 건설로 생긴 저수지로서 수도권 일대의 중요한 식수원인 동시에 부낏따부르 산행에서 빼놓을 수 없는 장관이기도 하다. '끌랑 게이츠 댐 트레일'로 불리는 이 등산로는 시내에서 가깝고 산행 만족도가 높아 등산객의 사랑을 받는다. 산행로는 댐을 중심으로 동쪽 따부르와 서쪽 따부르로 나뉜다.

먼저 동쪽 따부르에 오르기로 하고 라라와 폴에게 연락했다. 우리는 곰박 역에서 내려 택시를 탔다. 이곳에 등산로가 있는지 몰랐다는 택시 기사가 우리를 엉뚱한 데 내려주긴 했지만, 어렵지 않게 산 입구를 찾았다. 두 개의 은색 송수관이 숲속에서 뻗쳐 나와 산행 출발 지점을 가로질렀다. 송수관은 크기만으로도 위압적이어서 그 밑으로 몸을 굽혀 지나가려니 괜히 간담이 서늘했다. 산에 오르기 시작하자 곧 숨이 차올랐다. 사진 찍을 엄두는 내지도 말라는 듯이 산길은 경사가 심했고, 나는 그 경고를 꼼짝없이 받아들여야 했다. 팔과 다리는 물론 오랫동안 눌려 있었을 척추뼈까지 최대한 늘려 펴야 겨우 전진할 수 있었다. 온 길을 되돌아가게 될까 두려워서 길을 옳게 잡았는지 어떤지는 알고 싶지도 않았다. 시작한 이상 어떻게든 끝내야 한다. 바위와 나무뿌리 틈에 발을 걸치고 밧줄에 의지해 위로, 위로 향했다.

나는 따부르 산에 오를 수 있다는 사실 감격하여, 정작 산행 정보 수집에는 소홀했다. 이곳 등산이 어렵고 위험하단 사실을 미처 챙기지 못한 탓에 갑자기 동원되어 온 친구들이 당황했던 것은 물론이다.

폴은 "동남아시아에서 한 일 중 가장 정신 나간 짓이야."라고 중얼거렸고, 라라는 긴장을 늦추지 않는 한편 "나 숨은 재능을 찾은 것 같아!"라고 말하며 눈을 반짝였다. 친구들이 있어 안심되면서도 사고 위험이 큰 곳으로 그들을 데려온 책임감에 마음이 무거웠다. 제발 무사히 내려가기만을 바랐다. 다행히 주말마다 이곳을 찾는다는 한 등반가 부부가 우리를 도와주었다. 그들은 초행길

은 위험하다면서 우리가 발을 디딜 때마다 적절한 지점을 안내해주었다. 세 번째 고개를 넘자 하늘을 향해 곧장 솟구친 마지막 봉우리에 직면했다. 그리고 그곳에 수직으로 매달린 것들이 사람임을 알아챘을 때 피가 일순간 식는 것 같았다. 온몸으로 가고 싶은 열망을 뿜는 라라를 애써 모른 체했다. 한 무리의 등산객은 수박을 나눠주면서, 일생에 한 번 운운하며 우리를 꼬드겼다. 이 험난한 길에 수박을 메고 온 그들 중 몇은 간단한 한국말도 할 줄 알았

다. 우리가 저곳에 오르면 이쪽에서 한국말로 '사랑해요!'라고 외쳐 준다는 걸 웃어넘기며 손사래 치는데, 라라가 벌써 밧줄을 잡았다. 결국, 고개를 가로젓는 폴을 꽁지에 달고 마지막 고지를 기어올랐다. 그런데, 이럴 수가! 밧줄에 의지해 지구가 당기는 내 무게를 느끼는 것이 굉장히 짜릿했다. 왜 도시 사람들이 가짜 암벽까지 만들어서 매달리려고 하는지 알 것 같았다.

  바로 다음 주말, 이성적인 폴은 놔두고 라라와 나는 다시 나섰다. 서쪽 따부르는 동쪽보다 더 심한 바위투성이다. 그래서 일단 떡부터 주려는지 등산 십 분 만에 절경을 선사한다. 등산로 왼쪽으로는 쿠알라룸푸르 시내가 펼쳐지고, 반대쪽은 산등성이 사이로 빨려가는 저수지 풍경이 발을 잡는다. 어쩌면 발을 떼지 않는 게 현명할 수도 있다. 앞에는 급격히 솟은 암벽 봉우리들이 기나리고 있기 때문이다. 봉우리를 오르락내리락하는 동안 두 손과 두 발로도 부족해 심장에 간장까지 기어올랐다가 내려간다. 심한 구간은 밧줄 말고는 의지할 것 없는 낭떠러지다. 자칫하면 큰일을 당할지도 모르니 등산객들은 저마다 숨 고르고 발 디딜 곳을 찾느라 기다리는 줄이 늘어진다. 저 밧줄을 과연 얼마나 믿을 수 있는지를 놓고 이야기하는데 정답은 아무도 모른다. 오늘은 괜찮지 않겠냐고 하면 조금 위안이 되려나? 서쪽 따부르는 네다섯 개의 봉우리를 넘은 뒤에 남쪽 산허리를 따라서 시작점으로 돌아오는 산행으로서 세 시간 정도 걸린다. 하지만 감상하고 사진 찍고 벼랑길을 더듬느라 족히 반나절도 머물게 된다.

부낏따부르 일대는 세계에서 가장 긴 석영맥을 이룬다고 한다.[119] 산을 오르다 보면 잘게 쪼개진 희고 반짝이는 돌이 밟히는데 이게 석영이다. 앞선 사람의  발에 스친 석영 조각이 머리 위로 떨어지기도 한다. 한 신문 매체에 게재된 어느 등산객의 말에 따르면, 이곳에 설치된 밧줄은 잘 관리되지 않는다고 한다. 안타까운 인명 사고도 종종 발생한다. 부낏따부르는 분명히 값진 경관을 안겨주지만 결코 얕잡아 볼 수 없는 산행이다. 모험보다 안전이 우선임에는 논란의 여지가 없다. 왕사마주Wangsa Maju 역 승차장에 서면 한쪽에는 쿠알라룸푸르 시내가 막힘 없이 펼쳐지고, 반대쪽을 바라보면 부낏따부르 산세가 눈 안에 꽉 차니, 산행하지 않고도 산을 즐길 수 있다.

산에 가는 길

부낏사가	부낏사가는 쿠알라룸푸르 동남쪽에 있다. LRT 빤단인다Pandan Indah 역에서 택시를 타면 등산로 입구(Jalan Saga28)까지 15분쯤 걸린다.
부낏브로가	슬랑오르 주 동쪽 끝자락에 걸친 이 산까지는 쿠알라룸푸르 도심에서 자동차로 사오십 분 걸린다. 노팅엄 대학Universiti Nottingham Malaysia에서 동쪽으로 약 3km 떨어져 있으며, 브로가힐파크 Broga Hill Park라고 부르는 등산로 입구에 주차장이 있다.
부낏따부르	등산로 입구는 곰박 역이나 왕사마주 역에서 택시로 15분쯤 걸린다. 등산로는 따만멜라와띠Taman Melawati라는 동네의 꼴람아이르 길 Jalan Kolam Air 끝에서 시작한다. 이 길은 끌랑게이츠 댐에 가까워지면서 두 갈래로 나뉘는데, 동쪽 길 끝에서 작은 개울을 건너면 동쪽 따부르 산행로가 있고 서쪽 길 끝 왼편에는 서쪽 따부르 길이 있다. 산행 중 사고에 대비해 두 명 이상 동행하는 게 현명하다.

끊임없이 끌어안고
|쿠알라룸푸르 공원

쁘르다나 식물원 Perdana Botanical Garden

레이크가든Lake Gardens이라는 이름으로 널리 알려진 쁘르다나 식물원은 쿠알라룸푸르에서 가장 크고 오래된 녹지대다. 지도상으로 이 공원은 케이엘센트럴과 매우 가깝지만, 역사를 휘감은 도로 때문에 공원 입구는 까마득해 보인다. 그래도 길을 찾아보기로 했다. 역 쪽에서 힐튼호텔 주차장을 통과해 건물을 빠져나오자 자동차 도로 너머로 국립박물관이 보인다. 현지인처럼 자연스럽게 무단횡단하고 허술하게 놓인 계단을 내려가면 박물관 건물 왼쪽을 따라서 식물원 길로 접어들게 된다. 십 분도 되지 않아 공원 남쪽 입구에 닿았다.

호숫가를 따라 천천히 걷자니 도시 소음이 잦아든다. 한발 한발 제대로 걷는지 점검한다. 중요한 서류에 도장을 찍듯이 발을 디디고 무릎과 아랫배, 가슴, 어깨를 곧추세워 멀리 바라본다. 언제나 가장 가까이에 있었을 숨소리가 새삼스럽다. 나쁜 기운은 길게 뱉어내고 햇살에 바짝 살균된 공기를 깊이 들이마신다. 가까이에 이렇게 좋은 녹지대가 있다는 소문을 듣고도 직접 오기까지 몇 달이 걸렸다. 무언가 새로운 것을 시도하는 것은 왜 이렇게 어려운지 모르겠다. 저녁을 먹고 문득 돌아보면 어제와 똑같은 오늘이기 일쑤고, 규칙적으로 살았다고 내세우기에도 뭔가 개운치 않다. 하루는 24시간이나 되고 매시간을 분으로 쪼개다 보면 많은 일을 할 수 있을 것만 같지만, 변화보다는 적당히 게으르게 하던 대로 살기가 훨씬 쉽다.

쁘르다나 식물원은 남북으로 길게 뻗어 있다. 식물원처럼 길쭉한 모양의 호수는 산책로와 숲이 에워싼다. 식물원 구석구석은 열대 나무나 생강목, 약초, 희귀 과일나무 등을 주제로 꾸며 놓았다. 말레이시아의 국화인 히비스커스를 키우는 공원과 난초 정원 외에 염소 공원과 사슴 공원도 한쪽을 차지한다. 식물원과 그 동쪽에 있는 차이나타운 사이에는 국립 모스크, 이슬람박물관, 새 공원, 나비 공원이 있다. 또한, 남쪽으로는 쿠알라룸푸르 기차역과 국립박물관이 이어져 있어 이 일대가 거대한 자연·문화 복합 공간을 이룬다.

KL 타워와 부낏나나스 Bukit Nanas

작아도 괜찮다. 침대에 누웠을 때 창문이 곁에 있으면 좋겠다. 창틀을 액자 삼아 밖을 내다볼 수 있는 숙소에 잠시 머물렀다. 아름드리나무 네 그루가 어울려 잔잔하게 나뭇잎 파도를 그리고, 그 뒤로는 KL 타워가 솟은 풍경이다. 낮에는 그저 그래 보이던 그 탑이 어느 밤 성큼 말을 걸어왔다. 가만있자. 내가 먼저 말을 걸었던가? 뭐, 그건 중요하지 않다. 어쨌든 기분이 가라앉을 때면 탑과 나는 서로 바라보았으니까. 사실 어떨 땐 며칠씩 탑에 관심 두지 않기도 했다. 가끔은 야속할 만큼 건조한 눈빛을 주기도 했다. 그런데도 탑은 그 자리에 그대로 있어 주었다.

KL 타워 송신탑은 페트로나스 트윈 타워와 함께 쿠알라룸푸르를 대표하는 상징물이다. 머리 위에 반짝이는 팽이 모양 보석을 얹은 이 탑은 부낏나나스라는 작은 숲이 둘러싼다. 부낏나나스는 도시에서 유일하게 자연 그대로 보존된 열대우림이다. 이 산은 본래 부낏곰박으로 불렸는데 19세기에 이 언덕에 살던 사람들이 파인애플(나나스)을 많이 심으면서 '파인애플 산'이라는 이름을 얻었다.[120] 최근에는 이 산에서 무슨 공사를 하다가 굴이 발견되었다고 한다. 끌랑강 쪽으로 파진 이 굴은 슬랑오르 내전 때 무기와 음식을 숨겨두거나 전략적 목적으로 쓰인 것으로 여겨져 관광지로 개발될 예정이다.[121] 그런데 산책로 입구는 몇 개월째 닫혀있다. 관리소 청년에게 물어보니 1980년대에 멈춘 케이블카를 다시 운행하기 위해서 공사 중이라고 한다. 이 작은 숲에 케이블카가 필요한지

의문이지만, 다시 부낏나나스의 문이 열린다면 근처에 사는 주민들에게 더없이 좋은 휴식처가 될 것이다. 하지만 투덕거리는 소리는 들리지 않아 언제 공사가 마무리될지 모르겠다. 숲속이 궁금해도 나무에겐 평화로운 시절이겠구나 싶어 가만히 기다려본다.

띠띠왕사 호수공원 Taman Tasik Titiwangsa

쿠알라룸푸르 전경을 담은 광고 영상이 뇌리에 꽂혔다. 대략 도심의 북서쪽에서 찍었다고 짐작하고 지도를 뒤적이면서 가능성 있는 지명 몇 곳을 인터넷 검색창에 넣었다. 그리고 검색된 사진 가운데서 광고와 비슷한 장면을 찾았다. 생각보다 추적이 너무 쉬웠음에도 자신의 추리 실력과 방향감각에 찬탄하고 토닥여준다. 호숫가에 앉아서 도시와 하늘의 경계를 더듬으며 오후 한때를 보내기 좋은 이곳은 띠띠왕사 호수공원이다.

공원에 들어서자 호수 뒤로 쿠알라룸푸르 시내 전경이 한눈에 들어온다. 도시에 내려앉은 구름이 차분하다고 생각하는 순간 번개와 눈이 마주쳤다. 하지만 비가 올 것 같은 날씨는 하늘 사정이라는 듯 광장에서는 노인들을 위한 체조 수업이 한창이다. 광장을 에둘러 지나서 호숫물 위에 얼굴을 비춰주고 물가를 따라 걷는다. 이렇다 할 장비도 없이 낚싯줄만 손에 쥐고 고기잡이에 여념 없는 아이들이 눈에 띈다. 꼬마 어부를 중심으로 도시 풍경을 사진기에 구겨 넣어 본다. 광고처럼 찍어 보겠다고 무게 잡는데 발목이 따끔하다. 개미 서너 마리가 살갗을 앙 물고 놔줄 생각을 안 한다. 개미랑 씨름하다니 참 한가한 오후다.

호수 북쪽에 서면 쿠알라룸푸르 시내가 한눈에 들어온다. 왼쪽 멀리 페트로나스 트윈 타워와 KL 타워가 있고, 오른쪽 가까이 호수 반대편에는 특이하게 생긴 푸른색 지붕이 보인다. 종이를 접어서 겹쳐 올린 것 같은 지붕이 전통 말레이 가옥을 연상시킨다. 이 건물은 국립극장으로서 바로 옆에 있는 국립미술관과 함께 다양한 공연과 예술품을 감상할 기회를 제공한다. 띠띠왕사 호수공원에서는 카누와 페달 보트를 즐길 수도 있다.

바뚜 동굴 Batu Caves

시내에서 기차를 타고 조금만 가면 산과 계곡이 있고 바다와 동굴이 있어 쿠알라룸푸르가 매력적이다. 도시 근교에 산과 계곡이 널렸으며, 가장 가까운 해안인 끌랑까지도 한 시간이면 닿는다. 쿠알라룸푸르의 유명 관광지 바뚜 동굴은 케이엘센트럴 역에서 KTM 기차로 이십 분 남짓한 거리에 있다. 이 도시에서 볼만한 것이 뭐냐고 사람들에게 물어보면, 가장 만만한 대답이 페트로나스 트윈 타워와 바뚜 동굴이다. 그 동굴은 어떤 곳이냐고 내가 다시 묻자, 힌두사원인데 별것 아니라고 말해준 사람들 덕에 직접 봤을 때 더 흥미로웠다. 별것 아닌 것으로 치기에 동굴 규모가 꽤 크고 기이하게 자란 종유석도 볼만하다. 너무 자세한 정보가 실망을 낳는가 하면, 기대가 없어 오히려 감탄하기도 한다.

동굴은 272개의 가파른 계단 위쪽에 있는데, 계단을 오르기 전에 먼저 눈을 사로잡는 게 있다. 계단 옆에 서 있는 힌두 입상이다.

높이가 무려 42m에 이르는 이 입상은 전쟁의 신 무루간을 표현한 것으로서 세계에서 두 번째로 큰 힌두신 입상이라고 한다.[122] 바뚜 동굴 무루간 입상은 자신의 키만 한 창을 들고 있다. 악마를 물리칠 수 있는 이 신성한 창을 어머니로부터 받은 일을 기념하는 축제가 타이푸삼이고, 그 핵심 장소가 바로 바뚜 동굴이다. 매년 1월 타이푸삼이 돌아오면 볼이나 혓바닥에 쇠창을 낀

고행자와 신도 행렬이 바뚜 동굴로 향한다. 이 축제를 위해 전 세계 힌두교도가 순례 행렬에 동참한다니 필시 장관이 펼쳐질 테다. 하지만 동굴 주변 어디에도 여기가 어떤 곳이라고 자랑스럽게 소개하는 문구도 설명해주는 이도 없다. 동굴로 오르는 계단에서 원숭이들이 날뛸 뿐이다. 아무 음식이나 던져주고 유인해서 사진 찍는 이늘에게 길들어진 탓인지 바뚜 동굴의 원숭이가 유난히 사나운 것 같다.

계단을 다 오를 즈음 드디어 동굴 입구가 나타난다. 동굴 천장에 붙어서 거꾸로 자라는 돌들이 내 머리 위로 곧 쏟아질 것만 같다. 좌우에 늘어선 기념품 가판대를 지나쳐서 안쪽으로 들어가면 동굴 내부가 한눈에 들어온다. 동굴 속이 어찌나 넓던지, 무릎간상이 들어 앉으면 걸맞을 것 같다. 동굴 곳곳에는 작은 힌두 사원이 마련되어 있으나 동굴 구경하느라 사원 참배는 대강이다. 사실 바뚜 동굴이 매력적이기만 한 것은 아니다. 동굴 바닥은 미끄럽고 내부 공기는 축축하며 퀴퀴한 데다가 잡상인이 파는 물건은 시시하다. 그래도 운동삼아 계단을 올라가 동굴을 구경하고 원숭이랑 승강이 벌이다 내려와서 코코넛 주스를 마시는 재미가 있다. 무료로 공개된 동굴 외에도 안내인을 따라서 본격적으로 동굴을 탐험할 수도 있다. 바뚜 동굴 지대는 암벽 등반으로도 유명하다. 동굴 동쪽으로 이어진 부낏따부르의 산세를 생각하면 이곳 등반이 얼마나 짜릿할지 짐작된다.

프림 FRIM(국립산림연구원 Forest Research Institute Malaysia)

쿠알라룸푸르 북서쪽, 산에 가로막혀서 더는 도시가 확장할 수 없는 곳에 국립산림연구원 프림이 있다. 프림은 1929년에 설립된 이래 나라 밖 생태환경 전문가들도 찾아오는 이름난 연구소가 되었다. 연구동 외에 자연 교육 및 여가 시설을 위한 부속건물과 모스크까지 있어 숲을 낀 작은 마을처럼 보인다. 내가 대중교통으로 숲을 찾는다고 하자, 한국어 가르치는 것도 허술하더니 여행도 서툴다며 학생들이 프림으로 안내해 주었다. 그들이 프림을 좋아하는 이유는 구름다리와 계곡이다. 키가 크고 몸통이 굵은 나무들을 연결해서 만든 구름다리는 애초 숲 생태 연구를 위해 만든 것이었으나, 지금은 일반에게도 개방하고 있다. 지상 30m 높이를 걸으면서 숲을 굽어볼 수 있는데, 사실 숲에 관한 관심보다는 모험심을 더 자극한다. '좀 높긴 하지만 이쯤이야, 볼레!' 하곤 당차게 발을 내딛는데, 안내원이 다섯 명 이상 다리에 오르지 말라고 외친다. 그 말에 내 몸무게를 떠올리고 다리를 톡톡 두드려본다. 숲

은 아찔하게 높다. 집에 돌아가기 위해 겨우 건너긴 해도, 다리 밖으로 고개를 내밀 만한 강심장은 못 된다.

프림에는 계곡과 폭포도 있다. 경사가 완만한 바위를 타고 미끄러지는 폭포가 조금 실망스러울 수도 있지만 땀을 식히기에는 충분하다. 킴과 멜이 네발로 기어서 폭포를 거슬러 올라갔다가 구르듯 내려오는 사이, 물가에 앉아서 먹고 이야기 나누던 우리 중 두엇은 거머리 배를 불려주고 있었다. "신발에 소금을 쳐두면 거머리를 피할 수 있는 거 알아요?" 피 묻은 양말이 점점 더 붉어지는데도 괘념하지 않고 루안이 말한다. 거머리에게 피를 빨리고 폭포를 거슬러 오르는 것쯤은 말레이시아 여자들에겐 호들갑 떨만한 일이 아닌가 보다. 프림은 어디에 있어도 나무 그늘 속이라서 친구 손 살포시 잡고 천천히 걸으며 나무 구경하고 맑은 공기 마시기에 좋다. 혹여 친구가 손잡기를 거부해도 머쓱하지 않고 커다란 나뭇잎이라도 주워 쥔다. 룰루랄라, 어찌해도 나는 기분이 좋다.

끄뽕 메트로폴리탄 파크 Kepong Metropolitan Park

도시 생활에 익숙해지자 열대 지방이라는 사실이 무색하게도 초록에 목이 마르다. 그럴 땐 지도를 펴서 녹지대나 호수를 찾는다. 찬찬히 지도를 짚으면서 그곳을 걷는 나를 상상하고 낯선 지명을 수첩에 적어 두었다가 문득 떠오를 때 찾아 나선다. 이번에는 끄뽕 메트로폴리탄 파크다. 그런데 그리로 가자고 택시기사에게 말하면 무슨 소리냐는 듯한 눈길이 돌아온다. 대신 잘 알려진 이름은 따로 있다. "따만 라양라양Taman Layang-Layang 말이에요, 라양~라양!" 해야지, 기사님은 "아하!" 하고 차를 몰기 시작한다.

라양라양 공원은 연날리기로 유명하다. 말레이어로 하늘에 띄워 날리는 연을 라양라양이라고 한다. 잔디밭에 서서 하늘에 둥실 뜬 연 무리를 눈에 담자, 미간이 벌어진다. 연을 날리는 데는 아이, 어른 구분이 없다. 연 놀이를 하지 않는 사람들은 비눗방울을 불거나 배드민턴을 하고 롤러스케이트를 탄다. 아이들이야 좋다고 깔깔거리는 게 일이지만 잠시 한가함을 누리며 흐뭇해하는 어른들 모습이 보는 마음을 더 푸근하게 한다. 호숫가에서는 이런 단란한 삶을 꿈꾸는 남녀의 결혼사진 촬영이 한창이다. 라양라양

이라는 사랑스러운 단어가 참 잘 어울리는 공원이다. 나도 무지개 연을 하나 샀다. 연 날리는 법을 잊었겠거니 했는데 팔과 손이 자연스럽게 어린 시절을 되돌려준다. 연줄을 살짝 당겼다가 놔주길 반복하니 무지개 연이 바람을 타고 떠오른다. 젊은 연인들의 '밀당 철학'처럼 밀었다 당기는 느낌이 짜릿하다. 하지만 사랑하는 사람을 줄에 맨 듯 당겼다가 밀치고 싶지는 않다. 시시하다며 도망가더라도 끊임없이 끌어안고 사랑한다고 말해줄 테다.

　라양라양은 말레이어로 와우Wau라고도 한다. 그중 달 모양을 한 것을 와우 불란Wau Bulan이라고 하며, 히비스커스 꽃과 더불어 말레이시아를 대표하는 디자인 소재로 애용된다. 와우 불란은 명절이면 쇼핑몰이나 거리 장식물로 종종 등장하고, 1링깃짜리 지폐에 그려져 있으며 말레이시아 항공의 로고도 이것을 상징화했다. 라양라양 공원에서 하늘에 가득한 연 떼를 보려면 주말 오후 다섯 시 이후가 좋다. 말레이반도에서는 동북부의 끌란딴 지역이 연 날리기와 전통 연 제작으로 유명하다.

공원 가는 길

부낏나나스	라자출란 길Jalan Raja Chulan에 부낏나나스 숲 정보 안내소가 있고, 그 뒤로 숲과 KL 타워를 연결하는 산책로가 있다.
띠띠왕사 호수공원	모노레일, LRT, KTM 교통편이 모두 지나가는 띠띠왕사 역에서 호수공원까지는 차로 5분 정도 되는 가까운 거리지만, 차량 위주의 큰길이어서 걷기에 나쁘나. 공원과 LRT 센툴티무르Sentul Timur 역 사이에서는 금요일에 야시장(Jalan 9/48a)이 열린다. 호숫가 남쪽에 있는 국립극장 앞으로 도심 관광버스인 케이엘 홉온홉오프KL Hop-on Hop-off도 지나간다.
바뚜 동굴	바뚜케이브 행 KTM 기차의 마지막 정거장 바로 앞에 있다.
프림	케이엘센트럴 역에서 라왕Rawang 행 KTM 열차에 올라 이십여 분 달리면 끄뽕센트럴Kepong Sentral 역이고, 여기에서 택시를 타고 십 분쯤 더 가면 울창한 프림에 안길 수 있다. 출입할 수 있는 요일과 시간에 제한이 있으므로 방문 전에 확인하는 게 좋다. 카메라 소지 시 소정의 요금을 받는다.
끄뽕 메트로폴리탄 파크	끄뽕과 바뚜 동굴을 잇는 고속도로 중간쯤에 있다. 끄뽕센트럴 역에서 택시를 타면 유턴하려고 고속도로를 한참 달려서 거의 바뚜 동굴 근처까지 가므로, 바뚜 동굴 앞 끄뽕방향 도로에서 택시를 타는 게 더 빠르다. 바뚜 동굴 역에서 공원까지는 차로 십 분 거리다. 오후 다섯 시 이후에는 공원 주차장으로 들어가려는 차와 고속도로 갓길에 주차한 차들 때문에 교통체증이 심하다. 그래서 역으로 돌아가는 택시를 부르기 어렵다. 시간은 조금 걸리지만 호수를 따라 끄뽕 쪽으로 걸어나갈 수 있다.

잘란잘란 짜리 마깐
|끌랑과 믈라까 외

쿠알라슬랑오르 Kuala Selangor

말 없는 뱃사공이 나무 가까이 뱃머리를 돌린다. 작은 불빛 하나가 어둠을 흩뜨리며 둥실. 손에 잡혀주면 좋으련만, 불빛은 나무배 구석만 찾다가 춤추듯이 사라진다. 물 위에 가지를 드리운 나무마다 수많은 불꽃이 피었다. 반딧불이다. 반딧불이는 우리말로 개똥벌레라고도 하고 영어로는 파이어플라이 firefly, 말레이어로 끌립끌립 kelip-kelip이라고 하는데, 어떤 언어로 불러도 어떻게 생겼는지 꼭 보고 싶어지는 이름을 가졌다. 오염되지 않은 환경에서만 서식하는 반딧불이는 애벌레일 때 서너 번 허물을 벗어야 비로소 어른이 되지만, 한 달도 채 못 산다고 한다. 사람의 약한 입김에도 사그라질듯한 반딧불이가 제법 관광 거리가 되나 보다. 십여 척의 나무배가 쉴 새 없이 선착장을 드나든다.

반딧불이로 유명한 쿠알라슬랑오르는 쿠알라룸푸르에서 차로 한 시간 정도 걸린다. 멀지 않은 거리지만 대중교통으로 다녀오기엔 불편하다. 차를 가진 친구와 어렵게 약속을 잡고 나섰는데 반딧불이를 볼 수 있는 시간은 이십 분에 불과하다. 지역 주민들도 그렇게 손님을 보내기 안타까웠는지 주변에 몇 가지 연계 관광 상품을 짜내었다. 원숭이에 둘러싸여 믈라까 해협을 바라볼 수 있는 말라와띠 언덕 Bukit Malawati과 노을을 마주하고 식사할 수 있는 해산물 식당 거리가 덩달아 발달했다. 뻔한 구경거리 같아도 깜깜해야 볼 수 있는 반딧불이 관광에 안성맞춤이다. 말라와띠 언덕에서는 바닷가에 이웃한 쿠알라슬랑오르

자연공원Kuala Selangor Nature Park이 내려다보인다. 1987년 골프장이 될뻔했던 이 녹지대는 말레이시아 자연협회의 노력 덕분에 보호 구역으로 남을 수 있었다.

쿠알라슬랑오르는 뿌뜨라자야나 겐팅하일랜드, 끌랑, 믈라까 등과 더불어 쿠알라룸푸르에서 하루 만에 다녀올 수 있는 대표 관광지로 꼽힌다. 뿌뜨라자야는 말레이시아의 행정 기능을 맡은 계획도시로서 깔끔한 시가지와 자유분방한 외형의 건축물이 인상적이다. 겐팅하일랜드Genting Highlands는 호텔과 놀이 공원을 비롯해 나라에서 유일한 카지노 등의 오락 시설을 갖춘 산 위의 리조트 마을이다. 쿠알라룸푸르에서 북쪽으로 50km 정도 떨어진 이 신식 산마을은 부낏따부르 꼭대기에서도 보인다. 끌랑은 말레이시아에서 가장 큰 무역항으로서 쿠알라룸푸르에서 가까운 서쪽 해안에 있다. 좀처럼 오지 않던 끌랑에 가볼 기회가 드디어 왔다.

끌랑Klang과 끄땀 섬Pulau Ketam

"언니, 어디 가고 싶은 곳 있어요?"

"나 끌랑항에 가보고 싶었는데 지금 출발하기 너무 늦었지?"

"음. 왠지 오늘 오후는 떠나야 할 것 같아요. 우리 지금 가요!"

쾌활한 웃음처럼 결정도 시원스런 크리스탈이다. 그녀는 기본적으로 중국어와 말레이어, 영어를 할 줄 알고 독학으로 한국어까지 구사한다. 덕분에 우리의 대화는 대개 한국어로 이뤄진다. 그녀는 어렸을 때 부모님과 오곤 했다는 끌랑의 하라빤 곶Tanjung Harapan에 나를 데려다주었다. 얕은 둑 위에 간단히 자리를 깔고 앉아서 바닷바람을 쐬는 가족과 연인이 몇몇 있었고, 고기 잡는 아저씨들과 소년들도 여유롭게 자리를 차지했다. 하라빤 곶은 여객선이 드나드는 끌랑항과 무역선을 취급하는 선적항 사이에 있어 한적한 편이다.

끌랑항은 슬랑오르 주의 주석 광산과 함께 개발된 무역항이다. 1890년에는 항구와 쿠알라룸푸르를 잇는 철로가 놓여 물자 수송이 원활해지고 교통도 편리해졌다. 쿠알라룸푸르에서 이 항구까지는 한 시간 남짓한 거리지만, 우리는 시간이 넉넉지 않아 항구와 해변만 둘러보고 와야 했다. 다시 말해 그 유명한 끌랑의 바쿠테를 먹지 못했다는 말이다. 바쿠테는 돼지고기에 계피, 정향, 스타아니스, 당귀, 마늘 등을 넣고 푹 삶은 중국 음식으로 끌랑이 원조라고 알려졌다. 냄새만 맡아도 힘이 솟을 것 같은 재료 조합인데, 싱가포르나 쿠알라룸푸르에서 바쿠테를 먹었다고 하면 현지인은 하나같이 "에이, 바쿠테는 끌랑에서 먹어야 한다니까!"라고 훈수하니 먹은체할 수가 없다.

끌랑이 바쿠테라면 끄땀 섬은 게 요리로 유명하다. 끄땀 섬Pulau Ketam은 끌랑항 기차역 앞 선착장에서 배로 삼십 분쯤 떨어진 거리에 있는 어촌이다. 내륙을 향한 섬 동쪽에 마을 두 곳이 있는데 그중 남쪽에 있는 깜뽕 뿔라우 끄땀Kampung Pulau Ketam이 더 크다. 상대적으로 크다뿐이지 마을에 뚫린 모든 길을 산책하는 데 한 시간이면 된다. 이 마을에는 자동차가 다닐만한 길이 없고 자전거가 유일한 교통수단이다. 끄땀 섬의 주민은 대부분 중국계며 인구 6천 명 중 80% 가까이가 어업에 종사한다.[123] 끄땀 섬에서 잡힌 수산물은 주로 수도권에 공급되는데 그중에서도 특히 새우와 게가 유명하다. 섬 이름인 끄땀은 말레이어로 '게'를 뜻한다. 그래서 게 요리를 꼭 먹겠다는 다짐을 하고 깜뽕 뿔라우 끄땀 선착

장에 도착했다.

 이 마을의 모든 건물은 땅에서 떨어져 있다. 나무나 콘크리트로 만든 기둥이 집과 도로를 받치는데, 기둥의 높이는 짧게는 1m에서 길게는 10m에 달한다. 개펄에 꽂은 기둥의 모양새가 시루떡에 대충 꽂아 놓은 젓가락처럼 어설프다. 하지만 이 지지대는 섬을 두 세계로 나누는 막중한 역할을 한다. 지지대 위와 아래를 나누고, 햇살 받은 나무집과 그늘진 개펄을 나누며, 인간의 생활 공간과 그들이 버린 쓰레기 더미를 구분한다. 그렇다. 온갖 생활 쓰레기가 개펄 흙과 구덕구덕 뒤엉켜 있다. 쓰레기를 버리거나 태우면 2천 링깃의 벌금을 부과한다고 쓴 표지판 주변에도 쓰레기가 쌓여있다. 공중 화장실에서는 입이 더 벌어진다. 변기 구멍 아래로 개펄이 훤히 보이는 것까진 괜찮은데, 그 구멍 바로 밑에서 게 두 마리가 누군가의 눈치를 보며 게걸음 치는 게 아닌가! 게 먹으러 왔는데……. 강아지 똥도 쓸모가 있고, 흙에서 나와 흙으로 돌아가고, 너를 먹은 내가 다시 너의 양분이 되는 섭리는 머리로 알 뿐이다. 게 볶음에 대한 애초 계획은 접어두고 나물 반찬에 밥을 비벼 먹고 만다.

믈라까Melaka

믈라까는 쿠알라슬랑오르나 끌랑보다 거리가 좀 멀지만, 쿠알라룸푸르에서 당일치기하기에 알찬 여행지다. 믈라까의 위치는 말레이반도와 수마트라섬이 가까이 닿은 곳, 믈라까 해협이 최대한 좁아지는 해안가에 위치한다. 15세기의 시작과 함께 역사에 등장한 믈라까 왕국은 한 세기 동안 동남아 무역의 중심이었다. 명나라의 정화가 이끈 함선이 이곳에 들렀고 명나라 공주로 알려진 항리포와 그 수행원들이 정착했으며 주변 지역에서 다양한 민족이 모여 국제적 항구를 형성했다. 이런 지리적 이점 때문에 믈라까는 침략자에게 쉽게 노출되기도 했다. 1511년에 포르투갈에 함락된 것을 시작으로 1641년부터 한 세기 반은 네덜란드의 지배를 받았으며, 19세기에는 삐낭, 싱가포르와 함께 영국 해협식민지가 되었다. 믈라까는 싱가포르의 번성과 맞물려 서서히 쇠퇴했지만, 여전히 말레이시아 제1의 역사 도시로 여겨진다. 이에 여행객들은 쿠알라룸푸르에서 채워지지 않는 시간의 깊이를 찾아 믈라까로 향한다.

믈라까를 여행하는 데 가장 요긴한 준비물은 색다름을 발견하는 눈이다. 포르투갈부터 네덜란드와 영국으로 이어지는 식민 흔적뿐만 아니라, 유럽인·인도인·중국인·말레이인의 민족 생활상을 도시 곳곳에서 찾을 수 있기 때문이다. 아파모사A'Famosa 요새는 포르투갈인들이 믈라까를 점령하자마자 지은 방어 시설이다. 하지만 그 후에 포르투갈을 밀고 들어온 네덜란드인들은 요새의 문만 남기고 모두 파괴했다. 요새 문을 지나 언덕으로 오르면 포르투갈인들이 세운 세인트폴 교회St. Paul's Church의 잔해가 기다린다. 지붕도 문도 사라지고 벽만 남아 옛 유럽인의 묘비를 위태롭게 받치고 있다. 포르투갈의 유산을 거부한 네덜란드인들은 평지에 그리스도 교회Christ Church Melaka를 세워서 신앙의 중심지로 삼았다. 이 교회 건물은 20세기 초반에 붉은색으로 칠해졌으며 지금은 믈라까를 상징하는 건물이 되었다.

그리스도 교회가 있는 네덜란드 광장 앞으로 믈라까 강이 흐른다. 광장 쪽에서 강을 가로지르는 짧은 다리를 건너자마자 기막히게 구수한 냄새가 풍긴다. 다리를 지나 바로 오른쪽에 있는 치킨라이스 식당에서 흘러나온 냄새다. 닭 육수에 밥을 지어서 동그랗

게 뭉친 주먹밥과 닭고기를 먹기 위해서 기다리는 줄이 옆집까지 늘어지곤 한다. 그리고 그 냄새가 미처 사라지기 전에 존커 스트릿Jonker Street이 시작된다. 주말 야시장으로 유명한 이 길의 공식 이름은 잘란 항즈밧Jalan Hang Jebat이지만, 존커 스트릿이나 존커 웍Jonker Walk으로 흔히 불린다. 이 길 주변은 오래전부터 페라나칸 주거지였다. 깨끗하게 정돈된 거리와 건물에서 섬세한 손길이 이어짐을 짐작할 수 있다. 카페와 수공예품 가게 사이를 배회하다 보면 중국 절과 힌두 사원에 모스크까지 모인 골목에 닿기도 한다.

네덜란드 광장에서 멀지 않은 거리에 리틀인디아가 있고, 아파모사 북동쪽에는 항 리포를 따라온 중국인들이 살았다는 부낏치나Bukit Cina가 있는가 하면, 관광지에서 약간 벗어난 동쪽 바닷가에는 포르투갈인 후예들의 정착지가 있다. 이처럼 믈라까는 다양한 민족의 흔적이 뒤섞여 있어 말레이시아 축소판처럼 느껴진다.

외국인들이 말레이시아의 역사를 되짚을 때, 믈라까를 찾은 말레이시아인들은 좀 더 실질적인 즐거움을 추구하고 있었다. 어느 주말 믈라까에 간다는 피욘과 그 친구들을 따라나섰다. 피욘처럼 그녀의 친구들도 한국 문화에 관심이 많다. 운전하는 친구는 한국 노래를 틀어주었다. 덕분에 뒷자리에서는 엉덩이 넷이 부딪치는 어색함을 무마할 수 있었다. 그런데 이 친구들, 쿠알라룸푸르를 벗어나기도 전에 딤섬 식당 앞에서 차를 멈춘다. 일단 먹고 시작하자는 뜻이다. 좋지! 제때 위를 달래주지 않으면 쉬이 짜증이 난다. 딤섬 식당에서 늦은 아침을 먹고 두 시간쯤 되었을까, 한국 노래가 지겨워질 즈음 믈라까에 도착했다. 차를 주차하자마자 그들이 찾은 곳은 존커 거리의 한 국숫집이었다. 락사와 첸돌을 각자 하나씩 시키고 다 같이 나눠 먹을 튀김도 한 접시 주문했다. 식탁에 올라온 것 중 어느 하나 빠지지 않고 맛이 아주 좋았다. 과연 이들이 지난 몇 달을 꼬박 그리워할 만한 맛이었다. 귀한 맛에 비해 터무니없이 싼 값을 치르고, 이래도 되나 싶은 마음으로 다시 길을 나섰다.

나는 역사적인 거리를 걸으며 귀동냥 좀 할까 하고 친구들 대화에 귀 기울여보았다. 그런데 열띤 대화 주제는 옛날이야기가 아닌 후식이었다. 그제야 이들이 먹기 위해 믈라까를 찾았다는 것을 알아챘다. 무역항으로 이름을 날린 믈라까였기에 인도네시아와 태국, 인도, 중국, 유럽 등에서 온 여러 민족의 손맛이 이 고도를 거쳐 갈 수 있었다. 그중에서도 특히 중국인 후예들이 발전시킨 뇨냐 음식이 발달했다. 이에 쿠알라룸푸르 사람들은 '잘란잘란 짜리 마깐Jalan-jalan cari makan(맛집 찾아 산책하기)!'을 외치며 믈라까로 달린다. 피욘의 친구들과 나는 파인애플을 갈아 넣은 파이와 떼따릭, 굴라믈라까로 만든 엿과 프랑스식 크레이프 케이크에 홋카이

도식 컵케이크 등 각종 후식을 쫓아 오후를 보내고, 상경하던 도중에는 어느 도시에 들러 게 볶음을 먹었다. 차 안에서 꾸부러져 졸다가 일어나서 부은 얼굴로 게를 먹는 모습들이란. 친구들! 일찍이 공자 선생이 과유불급이라 하지 않았소! 속으로 뜨악하면서도 그들을 따라 젓가락을 드는 까닭은 때 되면 끼니를 챙기는 습관 때문일 것이다. 어쨌든 식욕은 원 없이 해소했다. 현지인이 동행하면 여행은 더 맛있어진다.

항 뚜아와 항 즈밧

네덜란드 광장에서 므르데까 길Jalan Merdeka을 따라 남쪽으로 가다 보면 왼편에 전망대가 있다. 사람들을 태우고 회전하면서 오르내리는 이 전망대의 이름은 따밍 사리 타워Menara Taming Sari다. 따밍사리는 이것을 소유한 사람을 보호해준다는 신비의 검으로서, 믈라까 왕국의 항 뚜아가 썼다고 전해진다. 항 뚜아는 말레이시아 역사상 가장 인기 있는 영웅이자 전설적인 이야기를 낳은 인물이다. 항뚜아는 평범한 시골 가정에서 태어나 총명하게 자란 청년이었다. 어느 날 그는 우연히 위험에 빠진 수상을 돕게 되고, 그 공로로 친구들과 함께 왕실 근위병이 된다. 언어와 무술에 뛰어난 항 뚜아는 곧 왕의 신임을 얻는다. 하지만 다른 대신들의 시기로 모함을 받고, 진실을 모르는 왕은 항 뚜아를 제거할 것을 명한다. 그런데 항 뚜아를 총애한 수상은 아무도 모르게 그를 살려둔다. 한편 항 뚜아를 대신해 근위병 대장이 된 옛 친구 항 즈밧은 항 뚜아를 둘러싼 음모를 알고 반란을 계획한다. 항 뚜아 처단을 후회하던 왕은 수상으로부터 항 뚜아가 살아있음을 전해 듣고, 항 뚜아를 다시 왕궁으로 불러들여 반역을 꾀한 항 즈밧 처단을 지시한다. 이때 항 뚜아는 왕을 거역하지 않는다. 그는 왕명을 받들어 자신의 억울함을 밝히고 명예를 되살리려 했던 친구를 죽이고, 훗날 외교 사신이 되어 믈라까 왕국의 위상을 떨친다.[124]

항 뚜아 이야기는 믈라까 왕국 멸망 후 『히까얏 항 뚜아Hikayat Hang Tuah』라는 문학 작품으로 태어난다. 이 작품은 1956년 〈항 뚜아〉라는 영화로도 제작됐는데, 당시 말레이시아는 물론 동남아시아 공연계의 큰 별이었던 피 람리P. Ramlee가 주연을 맡았다. 말레이시아에는 항 뚜아의 이름을 딴 호텔이나 식당, 길 이름을 종종 볼 수 있다. 쿠알라룸푸르 차이나타운과 부낏빈땅 근처에도 항 뚜아와 친구들(항 즈밧, 항 르끼르, 항 카스투리)의 이름을 붙인 길이 있다. 물론 항 뚜아 길이 제일 넓다.

충성을 다한 항 뚜아와 신의를 지킨 항 즈밧 중 누가 더 영웅다운지에 대한 질문은 말레이시아 문학계에서 논쟁거리다. 말레이시아 문예진흥원의 사이풀리잔 야야 Saifullizan Yahaya 교수는 '항 뚜아가 항 즈밧을 처단한 이유는 대내적으로 분열을 일으켜 침입을 노리는 외적에게 빌미를 제공하지 않고, 믈라까 왕국을 지키려는 애국심의 발로'이며, '아직도 왕이 존재하는 나라에서 왕에게 충성을 다한 항 뚜아의 행동을 말레이시아인들은 높이 사는 것'으로 해석한다.[125] 아무리 '항뚜아 이야기' 속에서 항 즈밧이 무례하고 참을성 없는 인물로 묘사되었다고 해도, 친구에게 배신당한 그의 죽음은 좀 안타깝다. 그나마 믈라까에서 가장 흥미로운 거리의 이름이 항 즈밧인 점이 조금 위안이 된다.

나비처럼 팔랑팔랑
|삐낭과 랑까위

삐낭 Pinang

쿠알라룸푸르에서 삐낭섬까지는 버스로 다섯 시간, 기차로는 여덟 시간이 걸린다. 버스를 타면 13km가 넘는 삐낭 대교를 건너서 섬 안까지 들어가지만, 기차를 타면 뭍에서 내려 배로 갈아타야 한다. 그래도 기차를 타기로 했다. 버스보다 기차가 좋으니까. 긴 여행으로 엉덩이가 짓무른 느낌이나 허리를 펼 수 없는 침대칸의 답답함, 또는 코를 찌르는 화장실 냄새도 '기차 여행'이라는 단어의 '낭만'을 이길 순 없다. 말레이시아에서 하는 첫 장거리 기차 여행인 데다가 밤 기차라서 나는 더욱 들떴다. 하지만 그 기분은 오래가지 못했다. 침대칸을 먼저 장악하고 있던 웬 날것들 때문이었다. 파리보다 희미하게 생기고 나방이기엔 지나치게 날쌘 모기 군단이었다. 모기들은 사람 냄새를 맡자 기쁨을 감추지 못한 채 방정맞게 날갯짓을 했고, 나는 경악을 금치 못했다. 침대 안쪽을 가리도록 마련된 커튼을 단단히 치고 양말을 신고 침대 시트에 쏙 들어가 옷자락으로 얼굴을 가렸다. 기차는 가다가 멈추길 반복했고 나는 그때마다 커튼을 단속했다.

기차에서 내려 배로 갈아타고 십오 분 뒤에 삐낭 주의 중심인 조지타운 George Town에 닿았다. 체크인하기엔 이른 시간이지만 짐이라도 맡길 요량으로 숙소 쪽으로 걷기 시작했다. 숙소는 십여 분만에 닿는 거리에 있었다. 그런데 숙소에 닿기도 전에 그만 동네 구경에 푹 빠져버렸다. 비슷하게 생긴 2층짜리 건물이 반복되면서 골목을 꽉 채우고 있는데, 그 통일감이 전혀 단조롭지 않고 흥미

진진했다. 건물 외벽 색깔은 각양각색이고 2층 전면에 세로로 길게 낸 창문 모양도 조금씩 달라서 지루하지 않았다. 현관 앞에 놓인 화분에서는 정성 어린 손길이 느껴지고, 바닥과 벽에 바른 도자기 타일 문양도 집마다 달라 구경하는 재미가 있었다. 보통 아래층에 가게를 두고 위층은 주거 공간으로 쓰는 이런 건물을 숍하우스Shophouse라고 부른다. 숍하우스는 동남아의 대표적인 식민지풍 건축 양식이다. 숍하우스 정면에는 바람이 잘 통하도록 창을 여러 개 내고, 창문에는 햇살을 가려주는 나무 창살을 촘촘히 박는다. 건물 앞쪽에는 까끼 리마Kaki Lima라고 하는 다섯 보 길이의 아치형 차양을 둔다. 까끼는 '발', 리마는 '다섯'을 뜻한다. 이 장치는 햇볕과 비로부터 행인을 보호하기 위해 고안된 구조물이다. 조지타운의 숍하우스들은 꽤 낡은 인상을 감추지 못하지만, 그런대로 멋이 되어 관광객의 발길을 사로잡는다.

이곳에 오기 전에 한 친구에게 삐낭이 무엇으로 유명한지 물은 적이 있다. 친구는 "당연히 음식이지! 거긴 어디에서 뭘 먹어도 다 맛있어. 일단 가봐!"라고 말했고, 그의 말은 들리지 않았다. 삐낭에서는 굳이 맛집을 찾아 나서지 않아도 된다. 작은 조리대를 이끄는 요리사들이 주요 거리마다 등장해 먹거리 장터를 이루는데 개중 맛없는 음식을 찾기가 힘들 정도다. 플라스틱 그릇과 젓가락 부딪치는 소리가 침대맡 창문으로 흘러들어 야식을 부르고, '어디에 가면 뭐가 맛있더라'보다 '어디에서 먹어도 다 맛있는' 내외국인이 엄지손가락을 치켜드는 맛의 고장이 삐낭이다. 여행서와 언론에서도 앞다투어 소개할 정도로 삐낭의 음식 맛이 좋은 데에는 지리적 위치가 한몫한다. 삐낭섬은 믈라까 해협의 서쪽 관문에 자리하여 중국과 인도, 아랍, 유럽 선박이 들락거리며 자연스럽게 항구가 형성되었다. 1786년 영국이 이 섬을 점령한 이래 1969

년까지 자유 무역항으로 이름을 날렸으며, 삐낭의 중심이었던 조지타운은 다른 동남아 도시와 비교할 수 없는 독특한 지위를 인정받아 2008년 믈라까와 함께 유네스코 세계문화유산에 등재되었다.[126] 오랫동안 국제무역의 중심이었던 삐낭은 동서양 무역상을 따라서 갖은 입맛이 흘러들었고, 그런 다양한 입맛을 만족시키고자 삐낭 사람들은 부단히 노력했을 것이다. 삐낭 음식은 말레이시아의 다민족 특성을 모두 반영하는데, 그중에서도 특히 뇨냐 음식과 중국 음식이 발달했다. 현재 삐낭 주에는 중국계와 말레이계가 비슷한 비율로 거주하며, 이웃 나라에서 온 노동자를 포함한 외국인도 삐낭 인구의 약 6.2%를 차지한다.[127]

삐낭은 말레이시아 음식의 수도라는 화려한 별칭에 만족하지 않는다. 연중 끊임없는 공연과 축제로 삐낭을 찾는 관광객에게 보답한다. 각종 민속 공연부터 재즈와 오케스트라 공연, 마라톤, 사자춤 대회에 보트 경주까지 개최하며, 각 민족의 주요 명절과 종교 행사도 삐낭의 달력에서 빠지지 않는다. 혹시 행사 운이 없어도 괜찮다. 조지타운은 그 자체로 예술 공간이기 때문이다. 도시를 걷다 보면 곳곳에서 선으로 된 조형물이나 벽화가 깜짝 선물처럼 등장한다. 이는 2012년 조지타운 페스티벌 때 거리 예술 계획으로 만들어진 작품들로서 이후에도 새 작품이 꾸준히 등장해 조지타운을 걷는 재미를 더해

준다. 조지타운 페스티벌은 유네스코 문화유산 등재를 축하하기 위해 2010년부터 시작된 행사로 매해 8월쯤 벌어진다. 재치와 익살이 넘치는 거리 예술 작품은 삐낭 거리를 마냥 배회하고 싶게 하고, 숍하우스에 달린 창문의 오래된 나무 질감이나 타일 바닥이 지닌 이국적 매력은 이곳에 얼마간 살아보고 싶다는 마음이 솟게 한다.

랑까위 Langkawi

삐낭에서 배로 세 시간쯤 떨어진 거리에 아흔아홉 개 섬으로 이루어진 군도가 있다. 서말레이시아 서북쪽 끝 태국 국경에 인접한 이 군도가 랑까위다. 우리말 '사랑'의 어여쁜 한 음절과 같아서일까, 랑까위라는 이름은 꼭 안아주고 싶다. 하지만 만약 옥빛 바다와 하얀 모래밭뿐이었다면 랑까위는 그저 그런 휴양지였을지도 모른다. 섬 어느 곳에 있어도 초록이 눈에 띄고, 바다와 해변이 기댄 그림 같은 산이 있어 랑까위가 아름답다. 산은 기운차고 바다는 보석 같으며 들판을 덮은 풀은 싱그럽다.

사실 휴양지라고만 생각하고 특별한 계획 없이 온 랑까위였다. 그런데 우연히 친구의 소개로 어느 말레이시아인의 집에 머물게 되었다. 외국 여행은 현지인의 도움으로 훨씬 수월해질 수 있다. 무엇보다 자가용이나 택시가 유일한 교통수단인 랑까위에서 현지인이 운전해준다면 아주 감사한 일이다. 차로 이동하면서 짧은 시간에 더 많은 곳을 보고, 바가지 쓰지 않으면서 맛있는 음식만 골라

먹을 수도 있다. 그런데 나를 재워주고 태워준 현지인 그녀와 있는 동안 나는 전기 플러그만 생각했다. 한국 플러그는 동그란 모양 기둥이 두 개지만, 말레이시아 것은 직사각형 모양 세 개짜리다. 모양이 맞지 않기 때문에 어댑터를 끼워야 한국 전자제품을 쓸 수 있다. 그녀와 함께 있으면 기둥 세 개짜리 플러그가 구멍 두 개뿐인 나를 사정없이 찌르는 기분이었다. 그녀는 세상의 다양한 콘센트 모양에 무조건 자기식 플러그를 꽂아댄다. 어댑터도 없이 말이다.

그녀의 차에 타면 다음 네 가지로 시달렸다. 급발진, 급정차, 과속 그리고 욕. 그 욕이란 자동차 경주 컴퓨터 게임을 할 때처럼 뱉는 단순한 지껄임이 아니다. 다른 민족이 얼마나 우둔한지 운전하는 꼬락서니만 봐도 질린다는 내용이다. 어찌나 중국의 우월성을 강조하고 다른 민족을 진저리치게 싫어하던지, 말레이시아인 아니었느냐고 물어봤다. 그랬더니 자기는 '중국인'이란다. 나는 좀 헷갈리기 시작했다. 그래서 그녀에게 중국 국적이냐고 물었다. 그녀는 썩 내켜 하지 않으면서 "중국계 말레이시아인이지." 하고 꼬리를 내렸다.

그녀가 나에게 무엇이 보고 싶은지 물었다.

"동쪽에 킬림공원이라고 맹그로브 숲을 둘러보는 투어가 있다던데."

"뭘 본다고?"

"그 왜, 해안가에 뒤엉켜 자라는 나무말야. 동남아에 많이 자라고 생태계에 매우 이롭다는."

아무래도 그녀는 나무 따위에 별 관심이 없는 눈치였다. 그래도 자기 친구가 관광 일을 한다면서 걱정하지 말라고 했다. 하지만 그녀는 누군가와 통화하면서 잔뜩 신경질을 부렸고, 여차여차한 사정으로 나는 섬 남서쪽에 있는 다양분땅Dayang Bunting 공원에 배달되었다. 그곳에는 관광객이 매우 많았다. 다양분땅을 찾은 관광객은 대부분 투어 상품을 이용한다. 투어 내용은 아이를 잃은 어느 여인의 슬픈 전설이 얽힌 호수를 둘러보고 독수리에게 먹이를 준 뒤 바다 수영을 하는 것으로 짜여 있다. 야생 동물에게 먹이를 줘도 되는지 의문스럽고 맹그로브는 보지 못했지만 맑은 바다 구경은 잘했다. 세 시간 후에 나를 데리러 온 그녀가 말했다.

"거기나 여기나 똑같은 투어인데, 너는 훨씬 싸게 했으니 얼마나 좋니?"

이튿날에는 높은 곳에 가보고 싶다고 했다. 랑까위섬 가운데에 있는 구눙 라야Gunung Raya에 오르면 섬 전체 윤곽을 더듬어 보기에 좋을 것 같았다. 산 정상에는 별다른 건 없고 TM이라는 정보통신 회사의 통신탑이 있었다. 하지만 안타깝게도 산허리 아래쪽은 안개가 깔렸다. 이곳에 오기를 석연찮아 했던 그녀가 한마디 했다.

"자, 봤지? 여기서 볼 수 있는 건 TM하고 구름뿐이라고."

그녀는 쾅, 차 문을 닫고 어쩌면 TM 덕분에 연결이 잘 되는지도 모를 휴대전화를 붙잡고 재잘댔다. 하늘 아래에서 누가 쫑알대거나 말거나 안개는 빠르게 걷히고 있었다.

그녀는 한 바퀴 도는 데 몇 시간 걸리지 않는 작은 섬이 답답해 미칠 것 같다고, 자기는 여기에서 절대 오래 있지 않겠다고 버릇처럼 말했다. 카레밥을 만들어 주면서 쑥스럽게 웃는 걸 보면 그녀에게도 이런저런 사연이 있을 것 같았지만, 나는 아무것도 묻지 않았다. 그녀의 태도, 자기가 아는 것만이 옳고 자기 말이 바르지 않느냐며 질문도 아닌 확답을 요구하는 태도가 숨통을 조였다. 결국 나는 탈출을 시도했다. 보고 싶은 폭포가 있으니 혼자 다녀오겠다고 했다. 그랬더니 그녀는 한 치도 망설이지 않고 말했다.

"왜, 나랑 있는 게 싫은 거야?"

그제야 깨달았다. 적어도 그녀는 나보다 솔직했다는 것을. 아무리 그녀를 험담해도 후련치 않은 이유는 사흘만 참으면 된다고 생각한 자신 때문이다. 그녀의 폭력적 발언을 묵과한 게 비겁했고, 아무렇지 않은 척해서 그녀에게 조금 미안했고, 이 아름다운 섬에서 보낸 내 인생 사흘에 부끄러웠다.

내가 긴 여행길에 나설 때면 엄마는 늘 이렇게 말한다. "나비처럼 날아다니며 구경하고 와." 새처럼 높이 나는 게 아니고 쏜살처럼 멀리 가는 것도 아닌, 나비처럼 팔랑거려라. 아무래도 다시 랑까위에 돌아와야겠다. 엄마의 주문대로 이쪽 꽃에 한동안 앉았다가 저쪽에서 한 바퀴 돌았는데 향이 좋아 두어 바퀴 더 돌아보는 여행으로. 혹시 그녀가 아직 그곳에 있다면, 이번에는 운전대 놓고 입 좀 다물고 같이 걸어보자고 해야지!

랑까위는

섬 대부분이 열대우림으로 남아 있고 암석해안이 많으며 전체 면적의 삼 분의 이가 자연식생으로 남아있다. 아름다운 자연경관과 생태 지질학적 중요성이 높이 평가되어 2007년 유네스코 세계지질공원으로 지정되었다. 섬 서북쪽에 기세등등하게 솟은 맛친짱 산Gunung Mat Cincang의 지질학적 나이는 대략 5억 5천만 년으로서 말레이시아에서 가장 오래된 암반이다.[128] 맛친짱 공원 북쪽 해안가에 있는 다따이 만Teluk Datai의 다양한 지형 구조는 높은 지질학적 가치를 지니며, 맹그로브 숲과 동굴이 형성된 동북부의 킬림생태공원Kilim Geoforest Park은 수많은 야생 동물의 보금자리다.

랑까위의 특별함을 의식한 말레이시아 정부는 1987년에 섬 전체를 면세 구역으로 정했다. 1990년에는 랑까위개발청을 설립했으며, 2011년에는 생태 관광지를 목표로 '랑까위 관광 청사진'을 발표했다. 세계 관광 명소로 만들겠다는 투철한 의지가 반영된, 속된 말로 랑까위는 뜨는 여행지가 되었다. 덕분에 제주도의 삼 분의 일도 안 되는 이 작은 군도는 현대적인 관광지로 탈바꿈하며 유명세를 치르게 되었다. 그 결과 랑까위는 세계지질공원 명함을 잃을 위기에 처하기도 했다. 세계지질공원으로 지정되면 사 년마다 유네스코의 시찰을 거쳐 재허가를 받아야 한다. 그런데 2014년 랑까위는 그 자격을 잃을 수도 있다는 경고를 받았다. 이유는 '자연과 지역사회를 파괴하지 않는 개발'을 하고, '자연과 현지 문화를 제대로 알리는 관광 산업'에 주력하며, '지역 주민 교육'에 특별히 관심을 가져야 한다는 유네스코 지침을 제대로 따르지 않았기 때문이다.[129] 다행인지 불행인지 뒤늦은 수습에 나선 정부와 개발청의 노력으로 랑까위는 세계지질공원 자격을 2019년까지 연장하게 되었다. 여전히 아름답다니 다행이고, 점점 많은 이가 찾을 테니 불행이다.

이끼 숲과 안내인, 그리고 딸기 |캐머론하일랜드

7월에 접어들자 게스트하우스는 대학생과 회사원으로 가득 찼다. 그와 더불어 면세점 봉투를 수북이 남기고 떠나는 여행객도 늘었다. 그런 여행객 사이로 기억에 남는 손님들이 있다. 공주처럼 생긴 여자와 정말 공주처럼 사는 여자가 함께 여행 온 적이 있다. 그들은 내가 소개해준 곳을 다녀보고 돌아와서 이건 이렇고 저건 저랬다고 꼬박꼬박 보고했다. 야단스러우면서 순진한 반응이 재밌어서 나는 매일 일정을 짜주었고 그들은 모든 장소에 열광했다. 내 정보의 위력이라며 으쓱했지만, 사실 그들은 어디에서도 즐길 줄 아는 진짜 공주들이었다. 어떤 남자는 혼자 도착해서 있는 듯 없는 듯 그림자처럼 다녔는데, 주변의 번잡스러움은 자기와 무관하다고 눈빛으로 말하면서도 날벌레가 일으키는 약한 바람조차 느낄 줄 아는 자였다. 어느 무협지의 한 장면 같지만, 정말 꼭 그런 도사 같은 느낌에 끌린 나는 두리안이라도 함께 먹자며 그에게 손을 내밀었고, 도사는 동남아 여행을 마치고 돌아가는 길에 작은 선물을 들고 일부러 찾아주었다. 한 장기 투숙객은 이불 속에 머물고 싶은 나의 아침을 지치지 않는 수다로 깨우면서 '삶은 뜨겁다, 그러니 우리 함께 맛있는 거 먹으러 가자'고 살갑게 부추기곤 했다. 국립공원에서 손에 칼을 쥐고서 혼자 야영하던 어떤 이는 그런 대범함과 어울리지 않게 자질구레한 민박 일을 돕기도 했다. 또 한 친구는 징 박힌 모자를 삐딱하게 눌러쓰고 여우 꼬리 인형을 바지춤에 차고 다녔는데, 떠나기 전에 내가 좋아하는 두리안으로 냉동실을 채워줘서 나를 감동시켰다. 이런 사람들을 만나면 마음이 동하여 얼렁뚱땅 일을 마치고 함께 나서게 된다.

그런 사랑스러운 손님 중 두엇이 어느 날 쿵작쿵작하더니 몇 밤 자고 온다며 훌렁 길을 나섰다. 녹차로 유명한 캐머론하일랜드 Cameron Highlands가 목적지였다. 그들은 같이 가자고 나에게 제안했지만, 사나흘씩 일을 놓을 순 없었다. 은근히 물어봐 주길 기다린 마음은 위로받았으니, 절도 있게 사양했다. 며칠 뒤 그들이 돌아왔을 때 내가 물었다.

"여행 어땠어?"

"히야! 거기 녹차 밭 말이야, 가슴 뻥 뚫리게 좋더라. 아주 시원해! 그런데 숙소 꼴이 좀 그래서 밤새 덜덜 떨고 고생 좀 했지. 게다가 가는 길이 험한 바람에 지독히 멀미했잖아."

이런저런 불평을 늘어놓는 그들에게서 상큼함이 느껴졌다. 그 후 캐머론하일랜드라고 하면 그들에게서 풍기던 녹즙 같은 냄새가 떠오른다.

해가 바뀌고서야 나도 그 청량한 공기를 마시게 되었다. 라라는 운전석이 자기 나라와 반대쪽이라면서 사전 연습을 한 뒤에 차를 빌리고 방도 잡고 투어까지 예약했다. 망각의 공기라도 마신 것처럼 라라가 천사라는 중대한 사실을 깜박깜박한다. 어쨌든 '주연배우 노릇 하기 좋게 밥상이 잘 차려진' 셈인데, 주인공은 허약하고 까탈스러웠다. 굽이굽이 오르는 길 내내 멀미에 시달리며 사탕 있느냐, 없으면 아까 그 껌 좀 내놔라, 창문 좀 열어줄래, 아니 그건 바람이 너무 세잖아, 반 뼘만 열어줘, 안 되겠다, 저 앞에서 잠깐 쉬었다 가자고 주문하다 보니 숙소에 닿기 전에 해는 이미 져버렸다.

해발 천오백 미터에 자리를 잡은 캐머론하일랜드는 낮 기온이 25도를 잘 넘지 않는다. 그래서 식민 시절 영국인들은 기후가 선선한 이곳을 차 재배지로 개발하고 피서지로 삼았다. 지금은 녹차와 더불어 꽃과 딸기 재배로도 유명하다. 브린창Brinchang 마을에서 열리는 주말 저녁 장에는 먹을 수 있는 딸기보다 입에 넣을 수 없는 딸기가 더 많다. 딸기 귀마개, 딸기 머리띠, 딸기 모자, 딸기 바지, 딸기 앞치마, 딸기 전등갓, 딸기 부채, 딸기 우산, 딸기 가방, 딸기 연필, 딸기 공책, 딸기 자석……. 도대체 없는 딸기는 뭐냐고 묻는 것이 딸기 동네 사정을 파악하기 더 쉽겠다. 캐머론하일랜드는 예닐곱 마을이 모여서 이루는데, 주말이나 방학 때면 마을 간 도로가 꽉 막히도록 붐빈다. 마을과 마을은 서로 떨어져 있어서 걷기엔 조금 멀지만, 따나라따Tanah Rata와 브린창처럼 관광객이 많은 곳은 숲속 산책로를 따라 옆 마을로 건너갈 수 있다. 등산로가 표시된 지도를 얻으면 본격적인 열대 우림 산행도 가능하다. 우리는 따나라따에서 브린창까지 한 시간 정도 걸었는데, 한적한 숲길을 걷자니 짐 톰슨을 생각하지 않을 수 없었다.

짐 톰슨Jim Thompson은 예술에 관심이 많은 건축가였다. 뉴욕에서 활동하던 그는 2차 세계대전 때 군에 입대해 아프리카와 유럽, 아시아 등을 다녀보는 기회를 얻게 되었다. 수많은 이국적 풍경 중 태국 비단이 유독 그를 매료했고, 톰슨은 전쟁이 끝난 뒤 방콕에 돌아와 비단 회사를 설립했다. 그리고 이 회사의 비단으로 만든 의상이 뮤지컬 <왕과 나>에 오르며 사업은 번창했고, 그는 방콕에서 이십 년 남짓을 보내며 태국의 아름다움을 세계에 알렸다. 그러던 1967년 어느 날, 캐머론하일랜드에서 휴가를 보내던 그는 산책에 나선 뒤 사라졌고, 방대한 수색작업에도 아무런 흔적이나 단서도 잡지 못했다고 한다.[130] 풀리지 않는 짐 톰슨의 마지막 안타까운 신화로 남아 캐머론하일랜드와 함께 회자한다.

이튿날 오전에는 가이드 투어를 하기로 했다. 사실 나는 오랫동안 여행 안내자에 대한 편견을 갖고 있었다. 그들은 자유를 제한하는 존재에 지나지 않는다고 생각했다. 한번은 앙코르와트에서 한국인 안내인과 함께 여행한 적이 있는데, 한국 음식 세 번 먹는 동안 현지 음식 한 번 먹은 그 여행은 즐겁지 않았다. 하지만 놀랍게도 안내인이 우리보다 더 기분이 좋지 않았다. 그가 소개하는 토산품에 대한 구매력이 저조했기 때문이다. 안내인으로서는 다양한 여행객을 상대하는 일이 쉽지 않겠지만, 안내인 눈치를 봐야 하는 여행자도 피곤했다. 그런데 서울 종묘가 내 생각을 바꿔주었다. 학생 때 가끔 종묘에 갔지만 드넓어서 사진찍기를 좋아했을 뿐 문화재에는 별로 관심이 없었다. 그리고 몇 해 전 어느 가을엔가 일 때문에 종묘를 다시 찾았고, 문화재 해설사를 따라 종묘를 걷게 되었다. 해설사의 이야기는 막힘이 없었다. 그분 말씀이 얼마나 재밌던지 그분의 입에서 이야기 실이 흘러나와 내 귀를 꿰어버린 것만 같았다. 그 후로 가이드 투어를 앞두면 안내인이 어떤 세계를 열어줄지 궁금해지니 여행에 새로운 재미가 생겼다.

 캐머론하일랜드를 안내해 줄 청년이 아침 일찍 숙소 앞으로 왔다. 참가자는 우리 말고도 예닐곱 명이 더 있었다. 첫 투어 장소인 녹차 밭이 가장 기대되었다. 두리뭉실한 골이 이어진 녹차 밭은 사진 찍기 설레는 장소다. 좀 오래 머물고 싶은데 주어진 시간은 얼마 안 되었다. 젊은 안내인은 다음 장소로 우리를 몰아댔다. 캐머론하일랜드에서 녹차 밭 말고 뭘 본다는 건지 모르겠다. 하얀색 지프는 캐머론하일랜드에서 가장 높은 지점인 바뚜브린창 산 Gunung Batu Brinchang 정상으로 향했다. 차 안에는 안전띠가 없었다. 차창 밖으로 따라오는 낭떠러지를 보자 안전띠가 있어도 무용

지물이지 싶었다. 산 정상은 아직 밤의 기운이 가시지 않았다. 물방울이 머리에 내려앉아 차갑게 식고 시야는 안개에 가려 답답했다. 조금만 기다리면 안개가 가실 것도 같은데, 안내인은 다시 서둘렀다. 빛바랜 청바지를 입은 그를 따라 숲으로 들어갔다. 숲의 땅은 담요 같았다. 두꺼운 이끼가 땅을 덮고 있어서 걸음마다 푹신푹신했다. 이끼 숲Mossy Forest으로 불리는 이곳에 들어서자 안내인의 얼굴이 밝아졌다. 그가 이끼 한 주먹을 뜯어 쥐어짜니, 그의 손에서 맑은 물이 주룩 넘쳤다. 눈에 보이지 않지만 숲은 엄청난 양의 물을 머금고 있었다. 이끼 숲은 선선한 날씨와 바람, 습기, 안개가 유지되는 환경 속에서 만들어진다고 한다. 안내인이 심심하게 생긴 나무의 잎사귀를 따서 손에 넣고 비볐더니 그의 손에서 계피 향이 퍼졌다. 근육통에 바르는 연고처럼 톡 쏘는 냄새를 풍기는 나뭇잎도 있었다. 가공된 것만 먹고 쓰다가 그 원료를 직접 마주하니 새로웠다. 식물학을 공부한다는 청년이 자기 고향에 대해 열성적으로 설명하는 모습이 좋아 보이기 시작했다.

청년은 한 꽃에 대해 한참 설명했다. 독이라도 품었는지 시퍼렇게 질려서 아가리를 벌린 꽃이었다. 컵처럼 생긴 꽃에는 항상 물이 차 있는데, 무심한 곤충이 들어오기만 하면 거미줄에 걸린 것처럼 다시 빠져나가지 못한다고 했다. 그런데 이 무시무시한 꽃이 지역 숲의 생태계에 중요한 역할을 한다고 했던 것 같다. 아니, 어쩌면 매우 중요하다고 강조했던 것은 벌 이야기를 할 때였는지도 모른다. 이런, 잘 생각이 안 난다. 솔직히 설명해줄 때 제대로 이해

한 것도 아니었다. 영어로 진행됐기 때문이다. 영어를 잘하는 라라에게 그 꽃에 관해 물어봤다. "어, 맞아. 그런 꽃이 있었지. 그런데 그게 왜 그렇게 중요하다니?"라고 되묻는 것을 보니 이해했다고 모두 기억하는 것도 아닌가 보다. 나도 지금은 종묘가 어떤 중요한 의미를 지니는지 자세히 설명할 수 없다. 그렇지만 여름 장마 때의 종묘가 가장 좋다고 했던 해설사의 말은 생생히 기억한다. "비가 쏟아지는 아침에 한구석에 서서 종묘 정전을 바라봐요. 월대 위로 빗방울이 튀며 뿌옇게 안개를 만들거든요? 그 안개를 한참 바라보다 보면 박석 사이로 흐르는 물줄기가 보여요. 그게 그렇게 아름다울 수 없어요." 그분의 얼굴은 기억나지 않지만, 그의 눈에 빨려 들어갈 듯한 강렬한 느낌은 잊지 않았다.

파리의 에펠탑이나 호주의 울루루처럼 특별한 공간 덕분에 어느 순간이 오래 기억될 수 있다. 하지만 내 추억은 장소보다 사람을 편애한다. 곁에 있는 이에게 귀를 열어주고 서로를 이해하려는 노력이 만났던 그런 공간이 더 애틋하게 기억된다. 나에게 캐머론하일랜드는 파릇한 아침과 촉촉한 숲, 수수한 청년의 열정으로 남았다. 쿠알라룸푸르로 돌아오는 길, 캐머론하일랜드의 청정함을 치켜세우듯 누런 먼지가 쿠알라룸푸르를 덮치고 있었다. 메케한 공기가 차 속으로 빨려 들어왔다. 앞이 거의 보이지 않는 도시는 끔찍했다. 뿌연 대기를 앞에 두고 우리는 할 말을 잃었다. 꼬부랑 고갯길도 괜찮으니 산으로 되돌아가고 싶었다.

행동만이 변화를
|플랜테이션[131]

며칠 동안 여행 다녀온 사이 다른 사람이 명당을 차지했다. 커다란 창으로 볕이 흠뻑 들어오고 침대에 누우면 나뭇잎 물결과 하늘을 볼 수 있는 자리. 내 자린데. 침대 배정은 호스텔 직원 마음이니 선점한 사람을 탓할 수는 없다. 다른 침대에 짐을 풀면서 언제쯤 자리를 탈환할 수 있을지 탐색에 들어갔다. 그녀에게 말을 건넸다.

"좋은 하루 보냈어?"

"응, 오늘 연무 관련 학회에 다녀왔어. 지금 그 기사 쓰던 중이야."

"뭐? 이 불쾌하고 숨 막히고 우울한 쿠알라룸푸르의 뿌연 공기 얘기하는 거야?"

"응, 아직 영국에서 공부 중인데, 말레이시아 지구환경센터에 인턴으로 오게 됐거든."

내가 연무에 대해 민감하게 반응하자, 그녀는 노트북을 덮었다. 리즈는 쿠알라룸푸르에서 열리는 '아세안 연무 대책회의'에 참가해 기사화하는 일 외에도 '아세안이탄지연구'에 관여한다고 했다. 피트랜드라는 단어를 거듭 쓰기에 그게 뭐냐고 물어봤다. 그녀는 습지라고 뜻을 풀어줬는데, 나중에 사전을 찾아보니 피트랜드 peatland는 습지 중에서도 퇴적된 토탄으로 이뤄진 이탄지의 영어 이름이었다.

습지는 지구에 이로운 땅이다. 습지의 풍부한 영양분은 왕성한 미생물 활동과 수생식물이 번식할 수 있는 환경을 제공하며 그 덕분에 습지를 중심으로 먹이사슬이 원활하게 돌아간다. 또한, 유속을 낮춰 홍수를 조절하고 수질을 정화하거나 기후를 조절하는 것도 습지의 중요한 기능이다.[132] 항상 젖어있는 습지 특성상 잎이나 풀, 관목, 이끼 같은 식물 사체가 쉽게 분해되지 않고 쌓이는데, 이 압축된 물질을 토탄 혹은 이탄이라고 한다. 이때 식물이 저장하고 있던 이산화탄소도 함께 땅에 잡힌다. 즉, 이탄지는 지구 온도를 높이는 원인물질을 자기 안에 담아두는 역할을 한다. 지구 습지의 절반 정도는 이탄지로서 지표면의 3%를 차지한다. 웻랜즈인터내셔널Wetlands International의 2009년 발표에 따르면 '이탄지가 저장하고 있는 탄소는 450기가톤으로, 이는 석탄 매장량인 585기가톤에 가까운 수치며, 숲이 저장한 탄소량의 두 배면서 대기 중 탄소량의 75%'에 맞먹는다고 한다.[133] 이탄지는 모든 대륙에서 발견되는데 캐나다와 러시아의 툰드라지대에 가장 넓게 퍼져있고, 인도네시아가 그 뒤를 따른다. 인도네시아 이탄지는 열대형 이탄지 중 제일 넓은 동시에 가장 빠르게 파괴되고 있다.

1996년 메가 라이스 프로젝트Mega Rice Project는 가장 심각한 이탄지 피해 사례로 꼽힌다. 당시 인도네시아 수하르또 정부는 식량 자급 정책으로 쓸모없어 보이는 깔리만딴Kalimantan(보르네오섬 내 인도네시아 땅)의 이탄지 백만 헥타르를 농지로 개간한다는 목표를 세웠다. 하지만 토탄은 완전히 탄화하지 않은 석탄의 전 단계라고 할 수 있어 농사에는 적합하지 않은 땅이다. 사업은 실패했지만 숲은 이미 파헤쳐졌다. 삼 년도 안 되어 4,000km 이상의 관개·배수로가 건설되었고, 그 때문에 습지의 물은 급속히 빠져나갔다. 게다가 깊은 숲으로 접근하기 쉬워진 바람에 상품가치가 있는 나무는 모두 베어졌다. 대부분의 벌목은 불법으로 행해졌고 나무 잔해나 풀을 손쉽게 없애기 위해 불을 놓는 일이 빈번했다. 이런 화전식 개간은 이 지역에 극심한 가뭄을 일으킨 1997년의 엘니뇨 현상과 맞물려 유례없는 산불로 번졌다. 이듬해까지 계속된 산불로 백오십만 헥타르의 이탄지를 포함해 총 천만 헥타르의 인도네시아 땅이 불탔고, 그중 반 이상의 피해는 깔리만딴에서 났다.[134] 산불로 생긴 연무가 동남아시아를 덮쳐 항공기 운항에 차질이 생기고 학교가 휴교했으며 호흡기와 피부 질환 환자가 급증했다. 이 산불은 농업과 임업, 관광, 운송, 건강, 환경 비용 등으로 동남아시아 지역에 막대한 경제적 손실을 남겼다.[135] 재앙을 주도한 독재자 수하르또의 측근들에게 사업자금이 흘러갈 때, 농사를 지으려고 이주한 사람들은 벌목꾼이나 화전민으로 전락했다.[136] 오랑우탄과 코주부원숭이 같은 동물은 연기를 피해 마을로 도망쳤고, 사람들은 동물을 잡아먹거나 다른 나라에 팔았다.[137] 서식지를 잃은 동물의 개체 수는 급격히 감소했다. 기능을 잃은 습지는 비가 많이 내리면 홍수로 답했고 건기에는 쉽게 불이 붙었다. 이탄지는 그 특성상 불씨가 땅속까지 번져서 진화가 어려운데, 깊게는 1.5m까지 타버린 땅의 기능이 되살아나기까지는 수천 년 이상 걸린다고 한다.

타들어 가는 이탄지의 가장 강력한 경고는 기후변화다. 1997년과 1998년 인도네시아 산불로 방출된 탄소는 당시 한해 화석연료 사용으로 인한 탄소 방출량의 13~40%에 달한 것으로 보고된다.[138] 더욱이 최근의 한 연구는 '산불로 발생한 연기는 유기물로 쌓여있어 보통 검댕보다 열 흡수량이 강하다'고 밝혀, 산불로 인한 온난화 영향이 알려진 것보다 훨씬 심각할 것으로 보인다.[139] 결국, 산불로 인한 연기 속 입자가 대기에 남아 지구의 온도를 높이고, 온난화는 러시아와 북미의 영구동토를 녹여 탄소를 분해하는 악순환을 일으킨다.

1997년 산불이 크게 퍼지기 전까지 말레이시아와 싱가포르 정부는 침묵을 지켰다. 두 나라의 기업이 플랜테이션 산업에 관련되었음을 의식한 인도네시아 정부 역시 대응에 지지부진하기도 했다. 그러나 삼림파괴로 인한 온난화와 국경을 넘나드는 연무 문제는 곧 외교 갈등으로 번졌고, 더는 모른 체할 수 없게 되었다. 이에 관련국은 2002년 '아세안연무오염방지협정'을 체결해 산불과 연무 피해를 줄이기 위해서 공동 대응에 나섰다. 그 후 십 년이 넘는 세월이 흘렀다. 하지만 인도네시아와 말레이시아, 싱가포르는 여전히 산불과 연무에 시달리고 있다. 리즈가 참여하는 아세안이탄지연구에서는 이탄지의 중요성과 탄소 배출 위험을 알리고 보존 사업을 추진한다. 리즈는 쿠알라슬랑오르의 이탄지 연구가 활발하다고 알려주었고, 나무 심기에도 동참할 수 있다면서 관련 자료를 주었다. 그녀가 나보다 더 오래 머물 예정이라서 자리 탈환은 어렵게 되었지만, 행동하는 그녀와 이탄지를 위해 침대쯤은 얼마든지 양보하겠다.

 우리가 한참 이야기를 나눌 때 호스텔 직원이 등장했다. 그는 공구 두어 개를 들고서 리즈가 쓰는 침대의 독서등을 고치겠다고 했다. 그 자리가 명당이긴 하나 아쉬운 점이 있다면, 고장 난 독서등과 신호가 약한 인터넷이었다. 나는 두어 달 전에 이 침대를 처음 썼는데, 그때 호스탈 측에 이런저런 걸 고쳐달라고 말했었다. 관리자가 와서 등을 뜯어보는 성의를 보였지만 문제를 해결하지는 못했고, 인터넷은 원래 그 침대 쪽이 잘 안 된다는 말로 무마했다. 직원이 의지가 없어 보였고 나도 없으면 없는 대로 산다며 포기했다. 그런데 같은 직원이 이번에는 다른 사람으로 변했다. 그는 독서등에 적극적으로 달려들었고 십여 분만에 불이 반짝 들어오는 기적을 일으켰다. 어떻게 이러실 수 있느냐는 시선을 보내면서도 손뼉을 쳐주었다. 지난 사정을 모르는 리즈는 그에게 "전기 공부했어요?"라고 물었고, 직원은 "임기응변이죠, 뭐!" 하며 방에서 나갔다. 그리고 리즈는 더 재밌는 이야기를 들려주었다.

"숙소 두 곳을 놓고 고민하다가 다리미를 쓸 수 있다고 해서 여기를 택했거든. 그런데 그 다리미 쓰기가 얼마나 힘든지, 첫날 한 번 쓰고 다음 날부터는 구경도 못 했잖아. 직원들은 다른 손님이 쓰고 있다, 고장이 났다, 고쳤는데 어떤 손님이 가져간 것 같다, 이런 말만 계속하는 거야."

일주일 동안 구겨진 옷을 입고 출근하던 그녀는 호스텔 측에 시정을 촉구하는 이메일을 보냈다. 그리고 다음 날 퇴근하고 돌아온 리즈는 침대 위에 놓인 편지와 다리미를 보았다. 뒤늦게 사정을 알게 된 책임자가 다리미를 하나 더 샀고, 직접 쓴 사과의 편지를 남긴 것이다. 리즈는 "내가 글로 먹고사는 사람이잖아. 나름 흥분해서 쓰긴 했는데 이렇게까지 해줄지 몰랐어. 공유기도 고쳐놔서 인터넷도 아주 잘 돼."라고 덧붙였다. 나는 소심하게 두어 번 시정을 요구하다 말았던 일을 생각하니 머쓱했다. 그래도 그녀의 이야기는 통쾌했다. 리즈의 움직임은 변화를 일으킨다. 그녀 덕분에 명당이 더욱 빛난다.

1997년 인도네시아 산불 이후 강산이 두 번 변했을 세월이 지났다. 하지만 기적은 일어나지 않았다. 지구는 더할 수 없는 몸살을 앓고 있으며 인간의 이기로 뭇 생명이 허물어지고 있다. 곳곳에서 산불과 홍수, 가뭄이 끊이지 않고 사막화와 빙하가 녹는 현상엔 가속도가 붙어 대재앙을 예고한다. 누구나 이 사실을 알고 있다. 뉴스에 가끔 나오니까. 각국 정상들이 모여서 기후 변화 대책 회의를 한다고도 한다. 그런데도 돈과 식량을 포함한 더 나은 생활 조건은 힘 있는 쪽으로만 기울어지고, 기후 재앙은 유독 힘없는 나라에 닥친다. 그리고 사람들은 살던 대로 살고 있다. 더 편리하고 더 많이 가질 수 있길 바라거나 최소한 지금껏 누려온 만큼의 생활 수준이 유지되길 기대한다. 그에 부응하기 위해 우리는 할 수 있는 만큼 땅속 깊이 파헤쳐서 에너지를 조달하고 공장은 숨차게 돌아가며 새 건물은 꾸준히 들어선다. 하지만 없는 자들이 발 뻗고 누울 곳은 여전히 없다. 하루에 최소 여덟아홉 시간씩 일해도 먹고 살기 퍽퍽하며 세상은 점점 이해할 수 없는 일들이 늘어만 간다. 곳곳에서 자살과 살인, 테러와 전쟁을 비롯한 반인류적인 행위가 만연하고 현실을 잊게 할 퇴폐적인 오락물이 극성을 부린다.

살기가 왜 이렇게 힘든지, 현자의 통찰과 학자의 연구 결과를 예로 들면서 쉬운 말로 풀어주는 『녹색평론』의 김종철 발행인이 어느 강연에서 이런 말을 했다.

"유한한 지구에서 무한한 진보를 추구한다는 것은 절대로 화합할 수 없는 모순입니다. 그런 모순을 시초부터 내포하고 있는 게 근대 자본주의 문명입니다."

그러므로 '온갖 무리와 부조리가 따를 수밖에' 없고 '경제 성장에 따르는 윤리·사회적 문제가 만연하다'는 것이다. <성장시대의 종언>이라는 주제의 이 강의는 '석유를 기반으로 대량생산·대량유통·대량폐기에 의존한 결과 자원고갈과 환경오염을 낳았고, 기후 변화로 인해 식량이 인구수보다 급격히 줄어들게 될 상황에서 경제 규모나 산업활동이 종래와 같을 수 없으므로, 더는 성장이 불가능하다는 것을 직시하고 성장 없는 사회에서 어떻게 사람답게 살 것인가를 고민해야 한다'는 내용을 담고 있다.[140]

돈이 주인인 사회에서 값없는 것들의 소중함은 쉽게 잊힌다. 하지만 물 없이 공기 없이 땅 없이 어떻게 살겠는가? 자연은 인간이 존재하기 위한 필수 조건이다. 그렇다면 인간은 자연에게 어떤 존재일까? 자연도 우리가 필요할까? 그만 손을 놓아버리고 싶지는 않을까? 골치 아픈 환경문제는 피하고 싶을 것이다. 어쩌면 심각함을 알기 때문에 모른 체하고 싶은지도 모른다. 변화보다는 하던 대로 살기가 편하니까. 하지만 기후 변화는 다른 행성 이야기가 아닌, 바로 지구에서 벌어지는 일이다. 밑 빠진 욕구를 채우려고 안달하는 동안 우리의 터전이 어디로 곤두박질치는지 돌아봐야 한다. 우리는 광풍 속에 살다가 재빨리 고꾸라지려고 이 땅에 태어난 것이 아니다. 모든 것에 존재 이유가 있다면, 과연 인간에게 무엇을 기대한 것일까?

이탄지와 팜유 산업

이탄지에서 탄소가 풀려나는 이유는 물 빠짐과 불이다. 개간이나 목재 운반을 위해 만든 운하 때문에 이탄지에서 물이 급속히 빠지게 되고 건조해진 땅은 화기에 약해진다. 방화는 가장 쉽고 싼 개간법인데, 불을 놓는 바람에 땅을 덮고 있던 나무와 풀마저 사라지면 이탄지에 묶여 있던 탄소가 풀려난다. 그리고 갑자기 공기에 노출된 탄소는 이산화탄소가 되어 대기로 방출된다. 인도네시아와 말레이시아에서 이탄지 파괴를 부추기는 가장 큰 원인은 팜유 산업이다. 팜유는 저렴하고 가공할 때 다루기 쉬우며 제품 보존력이 뛰어나 식품, 화장품, 세제 및 화학제품의 원료로 주목받는다. 여기에 신생에너지인 바이오디젤의 원료로 활용되면서 팜유 수요는 급증했고, 2005년에는 식물성 기름으로 가장 많이 만들어지던 콩기름 생산량을 넘어섰다.[141]

팜나무는 숲을 밀어버리고 단일 품종을 대규모로 키우는 플랜테이션의 대표적 작물이다. 인도네시아 팜유 산업의 25%는 이탄지에 기대고 있으며 이탄지 2,250만 헥타르 중 천만 헥타르 이상이 파괴되었다.[142] 말레이시아는 2006년 인도네시아에 추월당하기 전까지 팜 산업을 호령했으며, 팜 플랜테이션 중 8%가 본래 이탄지였다.[143] 환경 단체 그린피스는 플랜테이션 산업이 '생물 다양성을 파괴'하고 '지역 공동체를 위협'할 뿐만 아니라, '바이오 연료를 위한 플랜테이션 농업 확대가 식품 가격 상승과 식량 부족이라는 역기능을 낳는다'고 경고한다.[144] 그런데 지난 2010년 세계적인 식품 기업 네슬레는 지속 가능한 방법으로 생산된 팜유만을 쓰겠다고 선언해야 했다. 그린피스가 만든 패러디 광고 때문이었다. 영상 속에서 한 회사원은 네슬레의 대표 상품인 킷캣KitKat 초콜릿을 들고 있다. 그런데 그가 포장지를 뜯고 먹은 것은 초콜릿이 아닌 오랑우탄의 손가락이었다. 오랑우탄의 서식지를 파괴하는 인도네시아 팜유 업체와 그 제품을 쓴 네슬레를 겨냥한 이 영상을 본 전 세계 수많은 사람이 킷캣 불매운동을 벌였고, 광고가 공개된 지 두 달 만에 네슬레는 열대우림을 파괴하는 팜유 공급업체를 교체하기로 약속했다. 킷캣 불매운동 사례는 우리 사회를 바꿀 가장 강력한 힘이 소비자의 '환경 의식'과 '윤리적 선택'에 있음을 시사한다.

야생이 덮고 덮친
|따만느가라

충전기. 아무래도 애가 제일 무거워. 두고 가자. 숙소가 허술하다니 잘됐네. 값나가는 건 빼놔야지. 화장품은 로션 하나로 때우고 밀림이니 모기약은 꼭 넣고……. 찬물만 나온다고 그랬는데, 긴소매 옷을 하나 넣어야겠지? 습할 텐데 옷이 잘 마르려나? 여분을 더 챙겨? 아뿔싸! 기억하면 안 될 물건이 떠올랐다. 수건. 꼭 필요하지만 부피가 크고 숙소에서 제공하기도 하니 망설여진다. 에이, 관두자. 언젠가 입었던 옷으로 물기를 닦은 경험을 떠올리며 손수건 한 장으로 타협한다.

드디어 말레이시아의 국립공원 따만느가라Taman Negara에 가기로 했다. 서울 면적의 일곱 배가 넘는 따만느가라는 아주아주 오래된 원시림이다. 1억 3천만 년이라는 세월을 어떻게 가늠할 수 있을까? 인류는 고려되지도 않았을 까마득한 그때, 말레이반도 깊숙한 곳에 숲이 자라기 시작했다. 이 숲은 아주 오랜 세월 꽁꽁 얼지도, 짠물에 잠기지도 않고 원시 그대로 남아 지구에서 아주 오래된 열대우림으로 손꼽힌다. 하지만 따만느가라로 향하는 길은 기대보다 기우가 앞선다. 밀림이라면 옷이 몸에 축 달라붙고 벌레가 사정없이 달려들 테다. 버스는 얼마나 자주 있고 제때 다니기나 할지, 먹거리는 구하기 쉬울지 걱정하다 보면 어느새 여행사 홈페이지를 뒤적이게 된다. 따만느가라는 정보가 별로 없어서 여행사를 통해 가는 경우가 많다. 돈만 주면 쿠알라룸푸르 출발부터 도착까지 전부 해결되니 끌리지 않을 수 없다. 그래서 가까운 여행사 문턱을 넘었다.

"몇 자리 안 남았으니 얼른 예약해야 할 겁니다."

한가해 보이는 여행사 직원이 딱딱하게 말했다. 그녀는 자기네 상품이 어떻게 특별하다는 설명도 없이 손바닥만 한 광고지 한 장만 건네줬다. 나는 그 종이 쪼가리를 주머니에 넣으며 다짐했다. 하라는 대로 따르다 보면 두어 시간도 못되어 짜증이 날 테다. 돈 주고 불평하느니, 내 맘대로 하고 내 탓을 하는 편이 마음 편하다.

대중교통으로 따만느가라에 가려면 제란뜻Jerantut이라는 소도시를 거쳐야 한다. 쿠알라룸푸르에서 제란뜻까지는 버스로 세 시간 거리다. 여기부터 따만느가라 입구인 쿠알라따한Kuala Tahan까지 보트나 버스를 이용한다. 보트는 버스보다 배나 오래 걸리고 삯도 비싸지만, 물길을 거슬러 가는 것이 왠지 정글 탐험의 정법 같아서 결심이 쉽게 안 섰다. 고민하는 시간을 얼마나 줄이느냐가 삶의 질을 좌우할지 모른다는 다소 고차원적 고민을 하던 차, '소변 마려운데 보트 모터 진동을 느껴야 하는 두 시간 반은 정말 끔찍했답니다'라는 인터넷 후기를 읽고 단번에 생각을 정리하게 되었다. 뱃길을 포기했어도 아직 고민할 게 남았다. 어느 숙소에 묵느냐? 공원 입구에 있는 단 하나의 리조트를 제외하면 쿠알라따한의 숙소 시설은 대체로 평이 안 좋다. 고만고만한 중에서도 고르고 골라서 값을 치렀다. 끙! 어쩌면 생각이 많아서 시간이 부족한 건지도 모르겠다.

쿠알라따한은 여행객을 위한 최소의 편의시설을 갖춘 작은 마을이다. 구멍가게와 여행사, 몇 개의 식당과 여관이 뜸블링강

Sungai Tembeling을 향해 앉아 있다. 강은 누렇고 폭이 좁다. 이쪽에서 먹고 자고 볼일 보고 배를 타고서 저편으로 건너면 따만느가라 입구다. 공원 사무실에 입산 신고를 하고 지도를 얻어 숲으로 들어갔다. 빠항과 끌란딴, 뜨릉가누 세 개 주에 걸친 이 넓은 원시림에서 우리가 밟는 곳은 티끌에 불과하다.

  다리를 움직이자 머리가 맑아진다. 걱정과 달리 숙소는 그리 나쁘지 않다. 창문에 잠금 고리가 없긴 해도 문은 잠기니 다행이다. 방문을 열면 바로 정원이고 풀밭에는 빨랫줄도 설치되어 있다. 물이 제대로 나오는 변기와 작은 세면대가 있고 침대에는 모기장도 걸쳐 있다. 그리고 무려 수건까지 준비되어 있지 않던가? 식당 음식도 짠 것 빼면 괜찮다. 주문할 때 기억을 못 해서 그렇지 덜 짜게 요리해 달라고 말레이어로 말할 줄도 안다. 사정이 그러하면 그런대로 살 수 있는 것 같다. 하지만 아무래도 쭈그려 앉는 변기는 적응하기 힘들다는 라라에게 나는 어릴 적 이야기를 들려준다.

  "나 어릴 때도 이런 화장실이었는데, 집에서 좀 떨어진 데 지은 거였어. 우리 숙소 화장실처럼 타일도 아니고 나무로 만든 바닥이었거든. 갑자기 바닥이 꺼질까 봐 무지 겁났지. 옆집 애는 숨바꼭질하다가 진짜로 빠진 적도 있잖아. 어우! 그러면 똥 귀신 물러가라고 떡을 돌린다고 어른들이 그랬어. 나는 좀 늦게까지 화장실을 쓸 줄 몰랐어. 핑계야 많았는데, 그중에서도 화장실 안팎에서 어기적거리는 구더기가 제일 징그러웠거든. 그래서 부모님은 막내 둘만 뒤뜰에서 볼일을 보도록 봐주셨지. 그땐 내 동생 정말 귀여웠다. 밤에 응가 하러 갈 때면 재밌는 얘기 해준다고 누나 하나는 꼭 데리고 갔는데, 그 해준다는 얘기가 맨날 똑같아. '누나, 있잖아, 옛날에 말이야, 어떤 마을에 말이야, 바보가 살았는데……. 근데 누나 거기 있어?' 이게 이야기의 끝이었어. 흐흐. 나 여덟 살 땐가, 처음으로 화장실을 쓰고 엄마에게 달려가서 자랑했잖아."

휴지 대신 신문지를 구겨서 쓰던 이야기를 할 즈음 구름다리 앞에 닿았다. 흘끗 다리 밑으로 눈길을 주니 속이 울렁인다. 높은 곳에서 잘 못 버티면서도 구태여 오르려는 내 무의식의 속셈을 도통 이해 못 하겠다. 발을 뗄수록 구름다리는 점점 높아지지만 나는 여전히 숲 안이다. 다리는 총연장 530m 길이에 지상 40m 높이까지 오른다. 마침내 땅을 밟고서야 후들거리는 두 다리가 제대로 느껴진다.

넋 잃고 흩어진 세포들을 초콜릿으로 불러모으고 뜨르섹산Bukit Teresek으로 향한다. 구름다리 쪽에서 산 정상으로 가는 등산로는 경사가 완만하고 길 상태가 온전한 편이다. 그런데 정상을 지나자마자 산길은 곤두박질친다. 땅이 고르지 않은 곳에는 계단이 설치되어 있는데, 계단 하나에 발을 딛자 다리가 밑으로 쑥 빠진다. 오랫동안 빗물을 먹은 나무판이 썩어버린 것이다. 겨우 중심을 잡고 곁에 있는 나무를 잡으려 하자 이번

에는 손이 까무러친다. 몸통에 무시무시한 가시가 돋은 살락 나무였다. 옷이 땀에 흠뻑 젖을 만큼 무덥고 바람을 느낄 수 없는데도 스산함이 밀려든다. 밑동 썩은 나무가 등을 덮치거나 나무뿌리가 발목을 휘감을 것만 같다. 참, 따만느가라에는 호랑이도 산다고 했는데! 그러고 보니 마주치거나 앞지르는 사람이 보이지 않아 더욱 길이 의심된다. "야, 우리 살아서 나가겠냐? 되돌아갈까?" 하고 라라에게 물으며 뒤를 돌아보니 가파른 흙길이다. "아니다. 그냥 어서 가자." 엎치락뒤치락 걷는데 두 아름도 훨씬 넘을 나무가 쓰러져서 등산로를 막았다. 위로 넘자니 다리가 짧아서 안 되겠고, 밑으로 기어갈까 하는데 개미떼가 선점했다. 개미가 어찌나 큰지 긴다기보다 성큼성큼 걷는 것만 같다. 내 손가락 하나가 멋모르고 건드린 개미 한 마리가 분노의 페로몬을 분비하면 나는 여기에 영원히 묶일지도 모른다! "어이, 정신 차려!" 라라가 손을 잡아 준다. 평지로 접어들고 얼마 되지 않아 드디어 다른 산책로를 만났다. 휴! 갈림길을 둘러보지만 우리가 왔던 길에 출입금지 표시 따위는 없다. 걸어도 좋은 길이었단 말인가? 다시 한 번 오싹해진다. 한 시간 정도의 짧은 산행을 하면서 우리가 확인한 것은 인간의 흔적을 덮치고 덮친 야생이었다.

뜨르섹 정상은 높이 334m로 따만느가라에서 가장 높은 구능 따한Gunung Tahan에 비하면 언덕에 불과하다. 따한산의 높이는 2,187m로 말레이반도에서 가장 높다. 어떤 여행객들은 따한산에 오르기 위해서 며칠씩 야영하면서 열대우림을 헤치고 강을 직접 건너는 산행을 감행한다. 라라와 나는 산속 깊이 못 들어가는 게 못내 아쉬워서 배를 타고 강물을 거슬러 조금 멀리 가보기로 했다. 늦은 오후 선착장은 한가했다. 우리 둘이서 보트 하나를 차지했다. 시원스런 웃음을 가진 남자가 배를 운전해 주었다. 이이라는 이름을 가진 그는 배 한 척으로 관광업을 시작했는데, 이제는 여덟 척이나 소유한 관광업자가 되었다고 한다. 이이는 나무 섬유질로 어떻게 배를 만드는지 보여주면서 그것도 자기 것이라며 쑥스럽게 자랑한다. 나는 버릇대로 이이에게 말레이어 몇 마디를 건넨다. 우선, 묻지도 않은 자기소개를 한 뒤에, 밥은 먹었는지 고향은 어딘지 묻는 족족 이이는 호쾌하게 웃는다. 큼직한 반응에 라라와 나도 기분이 좋다. 하얗고 커다란 치아를 드러내고 웃는 그의 매력을 보려고 나는 엉터리 말레이어를 계속 지껄인다. 나의 말레이어 흉내와 보트 바닥을 구르며 깔깔대는 라라의 추임새에 힘입어, 우리는 나무배로 갈아타고 더 깊숙한 숲으로 들어가게 되었다.

이이는 오랑 아슬리Orang Asli를 소개하고 싶어 했다. 오랑 아슬리는 말레이반도의 원주민을 일컫는다. 오랑 아슬리에는 여러 부족이 있는데, 농사를 짓는 부족이 있는가 하면 물고기를 잡거나 먹거리를 찾아 이동하며 수렵채집 생활을 하는 이들도 있다. 따만느가라에도 오랑 아슬리 촌락이 있다. 이곳에서는 원주민들이 죽통에 화살을 넣고 입으로 불어서 쏘거나 불을 지피는 것을 관광객에게 보여주고, 관광객은 돈을 낸다고 안내지에서 읽은 적이 있다. 왠지 신발 신고 남의 집 안방에 들어서는 것 같아 주저되지만 원주민 삶이 궁금하기도 하다. 이이에게 못 이기는 척 배에서 내렸다. 사진기는 가방에 넣었다. 그들 언어는 할 줄 모르니 말레이어로 한 아주머니에게 인사를 건네지만, 돌아오는 대답이 없다. 옆집 처마 아래에는 바구니 같은 꽤 단단해 보이는 수공예품이 몇 점 놓여있으나 팔려고 내놓은 건지 살림살이인지 분간이 안 된다. 딱히 무얼 해야 할지 몰라 마을을 서둘러 빠져나오는데 이이가 공터 옆에 있는 오두막으로 들어가더니 대나무로 엮은 팔찌를 들고 나온다. 그는 선물이라면서 라라와 나에게 하나씩 건네준다. 공터 옆에서 공차던 아이 중 하나가 나서더니, 자기가 만든 장신구를 몇 가지 더 보여준다. 아까 본 바구니만큼 물건들이 똘똘하다. 그런데 이이가 내게 준 팔찌는 너무 작다. 차라리 바늘구멍에 밧줄을 넣지, 아무래도 맞을 것 같지가 않다. 그래도 이이는 맞을 거라고 우긴다. 그렇다면 대나무는 고무줄이 아니니 어쩔 수 없이 사람 손을 구긴다. 아프다고 엄살 부리는 통에 아이들이 더 모여든다. 어떻게든 팔찌가 손목에 안착해야만 할 것 같다. 손에 붉은 자국이 점점 짙어져서 퍼렇게 될 때쯤, 결국 팔찌는 손을 통과하고야 만다. 그러자, 와하하 하고 모두 웃는다. 라라는 아픔을 참으면서 몸으로 익살부리는 나를 통 이해 못 하겠다는 얼굴이고, 나는 아이들과 손바닥을 마주치고 헤어진다. 이이 말에 따르면 오랑 아슬리 아이들은 학교에 가지 않는다고 한다. 삶에 대한 그들 나름의 교육이 있을 것으로 생각하면서도 그의 말에 적잖이 놀랬다. 오랑 아슬리가 강가를 주거지로 삼는 건 일반적이라고 한다. 하지만 우리가 찾은 마을은 쿠알라따한에 꽤 가까웠다. 왠지 관광객을 위한 맞춤형 마을 같아서 조용한 삶은 못될 것 같다.

이이를 만나기 전날 밤, 라라와 나는 야생 동물을 보기 위해서 '야간 사파리 투어'를 했다. 지프를 타고 야자나무 플랜테이션을 돌아다니면서 한 시간 반 동안 본 동물이 고양이와 소, 새 한 마리씩이었다. 고요한 밤 자동차 엔진과 바퀴 돌아가는 소리가 울려 퍼지는데 달아나지 않을 동물이 있겠는가. 그 흔한 원숭이 꼬리도 보지 못하고 주객 모두 몸 둘 바를 모른 채 투어를 마쳐야 했다. 그런데 그날 밤의 아쉬움은, 이튿날 이이를 만나면서 값어치를 따질 수 없을 만큼 보상받게 되었다. 우리가 말레이어를 배운다고 하자, 이이의 입에서는 영어가 싹 사라졌다. 이이는 말레이어로 대화를 이끌고 나는 새로운 단어를 받아 적었다. 이이가 물 위로 떨어진 새를 건져 올리는 바람에, 그가 배를 뭍에 대는 동안 라라는 날개 다친 새를 손에 쥐고 있어야 했다. 이이는 자신을 키운 강을 거슬러 배를 몰았고 가끔 격의 없이 자신의 이야기를 했으며 자주 입이 찢어질 듯 웃었다. 라라와 나도 덩달아 많이 웃었다. 우리는 한참이 지난 후에도 대나무 팔찌를 만지작거리면서 따만느가라의 귀퉁이를 유영했던 때를 이야기했다.

평화의 순간
|꼬따끼나발루

보르네오섬 북부를 차지하는 동말레이시아는 사라왁 주와 사바 주, 연방직할령인 라부안으로 구성된다. 동말레이시아는 전체 국토의 약 61%를 차지하지만 인구의 오 분의 일 정도만 거주한다.[145] 그나마 사람은 도시에 몰려있으니 대부분 땅은 자연 차지다. 아니, 땅은 원래 자연 것이던가? '부엌 위에 부엌 있고 거실 밑에 거실 있는' 서울 삶에 비하면, 보르네오는 땅 한 꺼풀 벗겨 이불 삼고 싶을 만큼 넉넉하고 푸르다. 쿠알라룸푸르에서 비행기를 타고 정다운 그녀와 함께 꼬따끼나발루Kota Kinabalu에 도착했다. 정다운 그녀는 회사를 관두고 쿠알라룸푸르에 놀러 온 장기 여행자로서, 한 식당에서 나와 눈이 맞아 함께 여행에 나서게 되었다.

꼬따끼나발루는 사바 주의 주도로서 동말레이시아에서 꾸칭에 이이 두 번째로 큰 도시다. 그런데 한 나라 안에서 이동하는데도 출입국관리소를 지나야 했다. 입국 날짜를 표시한 도장까지 받았다. 외국인뿐만이 아니다. 서말레이시아에 사는 말레이시아인도 보르네오섬의 자기네 나라 땅으로 들어갈 때면 신분 확인 절차를 거친다고 한다. 한 나라 안에서 별도로 출입국을 관리하는 사실이 예사롭지 않은데, 그 이유는 동말레이시아가 자치 의식이 높아서라고 한다. 1963년 말레이시아 연방 결성 시 사라왁과 사바는 민족 구성과 종교 등에 있어 서말레이시아와 다른 특수성을 인정받아서 주 정부의 권한이 비교적 넓다.[146]

꼬따끼나발루에 도착한 다음 날은 마침 가야Jalan Gaya 거리에 장이 들어서는 일요일이었다. 장터 물건이 쿠알라룸푸르 시장과 사뭇 달랐다. 채소는 아는 것보다 모르는 게 훨씬 많고 과일은 익히 알던 것도 달라 보일 만큼 큼직큼직했다. 먹거리뿐만 아니라 기념품과 도자기, 자개 용품, 화초, 약재 외에 소라나 조개를 파는 가게가 있고, 골동품을 쌓아 놓고 독특하게 생긴 타악기 연주로 시선을 끄는 상인이 있는가 하면, 직접 만든 서화나 공예품을 들고나온 예술가도 있어 구경할 거리가 많았다. 가족 단위의 현지인과 관광객으로 붐비는 시장 덕분에 일요일 아침이면 주변 식당까지 덩달아 호황을 맞는 모양이었다. 시장터에 있는 중국 음식점에서 늦은 아침 식사를 한 뒤에, 서쪽 해안가 도로를 따라서 시내를 둘러볼 겸 버스 하나를 골라서 올라탔다. 그런데 지도를 짚으면서 버스가 지나온 길을 훑어보니 시가지가 꽤 작다는 걸 알았다. 버스에서 내려 걷기 시작했다. 바닷가를 따라가다 보니 꼬따끼나발루의 명물이라는 필리피노 시장Filipino Mrket과 중앙 시장Pasar Besar Kota Kinabalu이 나왔다. 중앙 시장은 채소와 과일, 건어물, 향신료 등이 주제별로 정연하게 구획되어 있고, 공예품을 다루는 필리피노 시장과 바닷가 사이에는 생선전과 야외 식당이 빽빽이 늘어서 있었다. 식당가 주변에 해산물 굽는 연기가 짙게 퍼지며 행인의 식욕을 자극했다.

  중앙 시장 뒤쪽에 있는 허름한 선착장에 섰다. 금방 뭍을 떠난 조각배는 가야 섬Pulau Gaya을 향해 있었다. 가야 섬은 선착장에서 맨눈으로도 볼 수 있을 정도로 가까웠다. 섬은 숲으로 덮여있고 숲과 물의 경계에 점점이 집들이 보였다. 필리핀 사람들이 산다

는 수상가옥이었다. 이런 수상가옥들이 모여 만들어진 마을이 가야 섬에 몇 군데 있는데 모두 뭍을 향한 섬 주변에 몰려있으며, 섬 반대쪽에는 아름다운 해변을 낀 휴양 시설이 들어서 있다. 두어 시간이면 제일 가까운 마을에 다녀올 수 있을 것 같았지만, 섣불리 나설 용기는 나지 않았다. 가야 섬의 수상가옥은 우범지대로 알려졌기 때문이다. 이민자들이 불법으로 집을 짓는 통에 마을은 점점 커지고 있지만, 생활 기반 시설은 고사하고 위생 관리조차 제대로 되지 않으며 이미 여러 번 큰불에 휩싸였다고도 한다.

불법 이민자는 사바 주의 큰 고민거리다. 사바 주에 있는 감옥 여섯 곳의 구금 및 재소자 중 58%가 외국인일 정도로 절도·폭력·마약·출입국 관련 외국인 범죄가 심각하다.[147] 맹그로브 숲을 파괴하고 집을 지어서 은신처로 삼는 불법 이민자들이 있는가 하면, 방치된 생활 쓰레기로 인한 해양 오염 문제도 지적된다. 한편 선주민들은 외국인에게 땅과 일자리를 빼앗기는 것도 모자라 증가하는 범죄 때문에 불안하다고 고통을 호소한다. 근래에는 사바 주에 뿌리를 내린 필리핀 이민자 중 필리핀 이슬람 반군 조직의 조력자가 있다는 의심이 제기되어 외국인에 대한 반감이 늘고 있다.[148] 필리핀 반군이 일으키는 문제는 사바 주에 머물지 않고 말레이시아와 필리핀 간 국가 분쟁으로 발전하기도 하는데, 그 배경에는 두 나라의 뿌리 깊은 영토 분쟁이 있다. 사바 주는 1963년 유엔의 주도로 이뤄진 주민투표 결과 말레이시아 연방에 편입되었다. 하지만 필리핀은 이 결과를 인정하지 않는다. 필리핀 당국은

18세기 전후로 사바 동부와 필리핀 남부를 지배하던 술루 술탄국 Sulu Sultanate의 후계를 자처하며 사바 주 일부에 대한 영유권을 주장해오고 있다.[149] 분쟁은 쉽사리 해결되지 않는 한편, 필리핀 이슬람 반군 조직이 사바 주의 영토 일부를 침입하고 인질극을 벌이면서 무력 충돌을 유발하기도 한다.

필리핀과 인연이 깊은 곳에 왔으니 저녁 식사는 필리핀 음식을 먹어보기로 했다. 정다운 그녀가 어렵지 않게 필리핀 식당을 찾았다. 식당은 한가했다. 자리를 잡고 메뉴판을 펼쳤는데 배고픈 욕심만 앞설 뿐 뭘 골라야 할지 몰랐다. 필리핀 여행 전문가인 병아리콩알이 없어 아쉬웠다. 정다운 그녀가 자기도 잘 모르지만 주워들은 게 있다면서 새콤한 맛이 나는 국 요리와 생선구이, 채소볶음, 바나나 잎에 얹은 밥을 시켰다. 역시 먹는 입이 두 개는 있어야 밥상이 빛난다. 우리는 맛깔스럽게 차려진 그릇을 깨끗이 비웠다. 어두운 밤길을 되짚어 숙소로 돌아오니, 마침 필리핀 세부에 있던 병아리콩알로부터 십여 개의 문자가 도착해 있었다. 그리고 느긋하기만 했던 여행은 순식간에 불안으로 바뀌어버렸다. 병아리콩알의 문자는 이렇게 시작되었다.

낮에 웬 할매가 한국어로 된 편지를 읽어달라 카는 기라.
어어 하고 따라 갔드만, 사기 도박단 소굴 아이드나.

그녀는 도박단 패거리가 자기를 온종일 끌고 다녔고 이튿날에도 숙소로 데리러 온다고 했으니 어떻게든 세부를 떠나야겠다고 했다. 가능한 한 빨리 세부를 떠날 수 있는 항공권 검색을 도왔다. 연락을 주고받는 동안 내 손이 벌벌 떨렸다. 위험은 어쩌면 그리도 병아리콩알을 잘 찾아내는지, 언젠가 그녀는 삐낭에서 택시기사에게 인신매매를 당할뻔하기도 했다. 그런데 기사는 초범이었던가 보다. 그는 고속도로에서 차 문을 열고 뛰어내리려는 피해자의 강심장에 기가 죽어서 몇 푼 빼앗고 달아났다고 한다. 강도에게 잡동사니만 든 가방을 내밀거나 사기꾼이 주는 밥을 싹싹 긁어먹고 얼마 지나지 않아 사건 장소에 다시 갈 만큼 태연한 병아리콩알이라 해도, 위험에서 벗어났을 땐 깊숙한 곳에 있던 것까지 토해버려야 했다고 말했다.

지구에서 그 누구에게도 나쁜 일이 일어나지 않는 평화의 순간이 과연 단 일 초라도 있을까? 순식간에 운명을 바꿀 사건·사고가 곳곳에 도사리고, 전쟁과 무력을 피해 목숨을 걸고 강과 바다를 건너는 이들이 있는가 하면, 불법 이민자가 많은 말레이시아에서는 인신매매와 대규모 암매장에 대한 뉴스가 보도되기도 한다. 병아리콩알의 소식을 들었던 그날 밤 우리의 여행도 멈춰버린 것 같았다.

하지만 해는 다시 떴다. 이튿날 아침 일찍 병아리콩알은 마닐라로 피신했다는 문자를 남겼다. 정다운 그녀와 나는 십년감수 한 기분을 안고 버스에 올랐다. 마음은 뒤숭숭했지만 가만히 있는 것보다 뭐라도 하는 게 나을 것 같았다. 끼나발루산에 다녀오기로 했다. 해발 4,096m인 끼나발루산은 말레이군도에서 가장 높은 산이다. 보통 등산객들은 정상에서 일출을 보기 위해 산 중턱에서 하룻밤을 묵지만, 우리는 당일치기 여행으로 멀찍이서 산 얼굴만 보고 오기로 했다.

  버스로 두 시간쯤 달렸을까. 드디어 끼나발루산이 보였다. 시원스럽게 치솟은 산봉우리를 보자 탄성이 절로 나왔다. 마음에 깔린 불안이 슬슬 걷히기 시작했다. 어디에서 내릴 줄 몰라서 우물쭈물하다가 산이 더 멀어지기 전에 서둘러 내렸더니, 꾼다상 Kundasang이란 마을이었다. 제대로 내렸다. 끼나발루 산의 남쪽 모습이 한눈에 들어왔다. 마을과 끼나발루산 사이에는 산등성이가 몇 겹을 이뤘다. 완만한 땅을 차지한 집들은 곧 숲에 먹히고 숲은 하늘로 달리다가 점점 잦아져 바위만 남았다. 치솟은 바위가 이어지며 산마루가 되었다. 끼나발루산은 지반 운동으로 융기한 화강암이 빙하에 깎이면서 지금의 날카로운 봉우리가 되었다고 한다. 늠름한 산의 기세에 압도되어 한참을 서성이다가 조금 더 가까이 가보기로 했다. 지나가는 차를 세워서 얻어타고 끼나발루 공원으로 갔다. 산자락에 들어섰으니 멋진 산세는 눈에 보이지 않지만 숲속을 걸으며 마음을 가라앉힐 수 있었다. 등산로를 거닐며 낙엽을 줍다가 헐레벌떡 막차에 올랐다. 버스 안에서 고개를 돌려 끼나발루산을 다시 확인했다. 참으로 장엄한 자연이었다. 보이는 그대로 담을 수 없다는 것을 잘 알고 일일이 누군가에게 보여주지 않을 것도 알지만, 그래도 사진기를 꺼내 그 순간을 담았다.

동말레이시아의 인구 구성[150]과 프로젝트IC

대부분 서말레이시아 지역은 말레이계 인구 비율이 높지만, 동말레이시아는 말레이계를 제외한 선주민이 큰 비중을 차지한다. 사라왁 주에는 이반Iban 족이 가장 많이 살고 그 뒤를 이어 중국계와 말레이계가 많다. 이반 족은 사라왁 토착민으로서 옛날에는 사람을 사냥하는 민족으로 이름을 날렸다. 그 외에 한때 사람을 사냥해서 머리만 취해 전시품으로 쌓았다고 알려진 비다유Bidayuh 족과 강가나 해안 평야에 사는 믈라나우Melanau 족, 문신을 즐기는 오랑 울루Orang Ulu 족 등도 사라왁 인구를 구성한다. 사바 주 역시 사라왁 주처럼 선주민 비중이 높다. 민족별 비율을 보면 카다잔 두순Kadazan Dusun과 바자우Bajau, 무룻Murut 외 기타 선주민이 전체 인구의 55%를 이루고, 중국계가 9%, 말레이계는 6% 정도다. 그리고 주목할 것은 나머지 인구 중 약 27%가 외국인이라는 점이다.[151]

사바 주는 전국에서 세 번째로 많은 사람이 사는 주다. 1970년 65만 명에 불과했던 사바 주 인구는 사십 년 만에 다섯 배 가까이 불어 320만 명이 되었다.[152] 사바 주의 인구 증가와 특히 외국인이 급증한 원인으로 주 정부가 지목된다. 독립 이후 사바 주는 주변국의 난민을 꾸준히 받아왔다. 1960년대 인도네시아 쿠데타를 피해 도망 온 중국인들과 필리핀 남부 민다나오와 술루제도의 내전을 피해 온 난민이 대표적이다. 이후 1970년대 말부터는 일자리를 찾는 이민자가 증가했다.[153] 그런데 인도네시아나 필리핀, 파키스탄, 인도 등지에서 온 이민자에게 불법으로 신분증명서를 내주어 선거에 이용했다는 주장이 공공연히 제기되었다. 일명 '프로젝트IC'로 불리는 이 조직적 관행은 무슬림이 많지 않던 사바 주의 민족 비율을 역전시키려는 정치적 의도로 해석된다.[154] 결국, 2012년 나집 라작Najib Razak 총리는 사바 주 불법 이민자 진상을 조사할 것을 지시했다. 사건 보고서는 2년 후 발표되었는데 증언에 나선 마하티르 전 총리를 포함한 정치 거물들은 어떠한 범법 행위나 그에 관련된 제도의 존재를 부인했으며, 사바 주의 부패한 관료나 연합체가 연관됐다는 결론이 내려졌다.[155] 결과가 시원스럽진 않지만 이 보고서는 '90년대 사바 주의 인구가 78%나 증가한 점과 관련자 진술로 미루어 볼 때 프로젝트IC가 실재했을 가능성이 있다'고 밝혔다.[156] 2010년 기준으로 사바 주 인구의 27%가 넘는 약 88만 명 이상이 외국인이며, 그중 84%가 무슬림이다.[157]

동말레이시아의 자연공원[158]

사라왁 주의 주도 꾸칭Kuching은 동말레이시아에서 가장 큰 도시다. 꾸칭에서 북동쪽으로 30여 킬로미터 떨어진 곳에 바꼬 국립공원Taman Negara Bako이 있다. 이 공원은 보르네오섬에만 사는 코주부원숭이를 볼 수 있는 최적의 장소로 알려져 있는데, 코주부원숭이가 좋아하는 맹그로브 숲이 많기 때문이다. 맹그로브 나무는 소금기에 강해 바닷가에 뿌리를 내려도 잘 자란다. 맹그로브 나무들이 모여 이룬 숲은 작은 물고기들의 서식처가 되며 자연재해 피해를 줄여주어 생태계 다양성 보존에 큰 역할을 한다. 브루나이 국경 지대에 있는 구눙물루 국립공원Taman Negara Gunung Mulu은 세계에서 가장 넓은 지하 공간과 긴 동굴로 이루어져 있고, 제비집 요리의 재료를 제공하는 흰집칼새와 박쥐가 서식한다. 방대한 이탄 습지를 낀 니아 국립공원Taman negara Niah에는 사만 년 전에 사람이 살았던 흔적이 발견된 동굴이 있다.

사바 주에서는 야생동물의 보금자리인 웨스턴 습지Weston Wetland와 스삐록 오랑우탄 보호구역Sepilok Orang Utan Sanctuary, 전 세계 잠수부들이 아름답기로 다섯 손가락 안에 꼽는 시빠단 섬Pulau Sipadan 등이 유명하다. 꼬따끼나발루 북동쪽의 끼나발루 공원Taman Negara Gunung Kinabalu 일대는 히말라야·중국·호주·열대 지역에 분포하는 식물군을 모두 찾을 수 있어 동남아 생물상 연구에 중요하다.[159] 끼나발루 공원은 자연 식생이 93%를 이룬다. 세상에서 가장 큰 꽃으로 알려진 기생식물 라플레시아Rafflesia가 있고, 긴 통처럼 생긴 잎에 곤충이나 벌레가 빠지면 소화액으로 죽여서 영양분으로 삼는 네펜시스Nepenthes 종류도 다양하다. 네펜시스는 우리 이름으로 벌레잡이통풀이라고 하는데, 캐머론하일랜드에서 보고 이름을 잊었던 그 식물이다.

아이처럼 숨김없이
|말레이반도 동부

쿠알라룸푸르를 등지고 동쪽을 향한다. 도시를 벗어나 시골 마을을 지나쳐 깊은 숲을 헤치고 땅끝까지 달리면 등장하는 해변, 그것은 날것 그대로다. 비행기를 타지 않되 말레이어를 많이 쓰면서 때 묻지 않은, 한 마디로 여행 정보를 찾기 힘든 곳이 라라와 내가 원하는 마지막 여행지였고, 말레이반도 동부 해안으로 합의하는 데 오래 걸리지 않았다. 끌란딴Kelantan 주와 뜨릉가누Terengganu 주로의 여행이다.

여행객이 말레이반도 동쪽을 찾는 주된 목적은 국립공원 따만느가라를 탐험하거나 뻐르헨띠안섬Pulau Perhentian과 르당섬Pulau Redang을 즐기기 위해서다. 뻐르헨띠안과 르당은 천혜의 아름다움과 해양스포츠로 유명해 특히 젊은이들에게 인기 있는 여행지다. 르당의 옥빛 바다에 발을 담그고 구릿빛 피부를 뽐내는 선남선녀 사진을 보면 내 몸도 달아오르는 것 같다. 그런데 라라가 며칠 전 심각한 뱃멀미로 고생했다. 증상이 꽤 심했던지 정신을 잃고 쓰러지기까지 했다는 그녀에게 또 배를 타자고 할 순 없었다. 아쉽긴 하지만 사실 내가 바닷가 놀이를 좋아하는 편도 아니다. 들뜬 젊은이들과 어울리려고 용쓰기보다 심심한 시골 해변이 나을 테다. 꼬따바루Kota Bharu에서 해안을 따라 남쪽으로 가면서 큰 도시들을 둘러보기로 했다.

꼬따바루는 서말레이시아 동북쪽 끄트머리에 있는 끌란딴의 주도다. 아침 일찍 시내 구경에 나섰다. 끌란딴 주의 대표 모스크인 무함마디 모스크Masjid Muhammadi로 갔다. 기도 시간이 끝났는지 사람들이 사원에서 몰려나왔다. 저희끼리는 까르르 웃으면서 나를 경계하는 동네 아이들을 가가멜이 스머프를 쫓듯이 따라갔다. 꼬맹이들이 쪼르륵 멈춰 선 곳은 지대가 조금 높았다. 둔덕에 올라서 보니 그 너머에 강이 있었다. 도시 서쪽을 비스듬히 가로질러 타이만으로 빠져나가는 끌란딴강Sungai Kelantan이었다. 붉은 강물은 잔잔히 흘렀다. 강폭이 널찍하고 강가에 건물이라곤 보이지 않아 가슴이 후련했다. 비가 많이 내려 강물이 불어나는 연말쯤이면 더욱 볼만할 테다. 나랑 놀아주지 않는 아이들을 뒤로하고 사람들이 많을 시장으로 향했다.

   꼬따바루에서 제일 유명한 시장은 시띠카디자Pasar Siti Khadijah이다. 이 시장이 들어선 삼 층짜리 건물은 체육관처럼 건물 둘레만 층이 올려지고 중앙은 텅 빈 구조다. 위층으로 올라가면 일 층 시장통을 내려다볼 수 있고, 건물 천장이 유리로 되어 있어 일 층은 자연채광을 받는다. 건물 삼 층에 올라서 알록달록한 장판 모습을 한참 내려다보고 싶었는데 시장은 문이 닫혀 있었다. 때는 마침 무슬림에게 중요한 연휴인 하리 라야 하지 첫날이었다. 더구나 이 지역에서는 수도권보다 연휴가 하루 더 길다고 했다. 끌란딴 주와 그 남쪽에 이웃한 뜨릉가누 주는 인구의 95% 이상이 무슬림이기 때문이다. 그중 끌란딴 사람들은 특히 보수적이라고 알려져 있다. 언젠가 꼬따바루 시의회는 식당이나 가게 여자 직원이 몸매가 드러나게 옷을 입으면 벌금을 부과하겠다고 선언하기도 했다. 부적절한 옷을 입음으로써 범죄를 유발한다는 논점을 벗어난 주장이었다. 여성단체의 반대에 부딪힌 시의회는 막판에 벌금형을 철회하면서도, 경고가 누적되는 인물에 대해서 엄중히 감시하겠다고 버텼다. 상황이 이 정도라면 끌란딴에서 여행할 땐 옷차림에 주의하는 것이 현명하겠다.

아쉬움에 시장 앞을 서성이다가 아침이라도 먹자며 나섰다. 끌란딴 음식은 코코넛 우유를 넉넉히 써서 걸쭉하고 달짝지근한 말레이 요리를 기본으로 하며, 여기에 지리적으로 가까운 태국식 요리법을 가미하기도 한다. 내가 가장 고대한 끌란딴 음식은 샬롯과 호로파씨를 넣고 코코넛 우유에 지은 찰밥에 생선 카레를 곁들여 먹는 나시다강Nasi Dagang이었다. 하지만 말레이 식당은 빠짐없이 문을 닫았다. 역시 연휴 때문이었다. 상인 없는 장터마큼 굳게 닫힌 식당 문도 애석했다. 현지 음식을 못 먹는 것보다 굶을지도 모른다는 두려움이 아주 잠깐 스쳤으나, 어렵지 않게 영업 중인 중국 식당을 찾을 수 있었다. 말레이시아의 다문화 덕을 본 셈이다.

배를 채우고 나니 여유가 생겼다. 시내에서 서쪽으로 40km쯤 떨어져 있는 란따우빤장Rantau Panjang이라는 마을을 찾아가기로 했다. 이곳에 태국 국경 검문소가 있다. 검문소 주변은 한가했다. 검문을 기다리는 자동차와 오토바이 말고도 걸어서 국경을 오가는 사람들이 있었다. 한 여자는 덜렁 바랑 하나만 메고 북쪽으로 걷고 있었다. 저 너머에서 장사하는 걸까? 가족이라도 만나러 가는 길일까? 국경 넘기가 싱거워 보였다. 삭막한 싱가포르 국경에 비하면 이곳을 오가는 사람들은 참 가뿐했다. 라라는 여기까

지 왔으니 잠깐 태국 땅 좀 밟고 오자고 제안했다. 선을 넘지 않는 이상 국경에 온 게 무슨 의미가 있겠는가? 하지만 나는 계획에 없던 일이라면서 남쪽으로 차를 돌렸다. 매콤한 쏨땀에 찰밥을 곁들여 먹고 돌아와도 괜찮았을 텐데. 소용없는 후회만 남았다.

꼬따바루에서 해안을 따라 남쪽으로 달리는 여정이 본격적으로 시작됐다. 날씨는 쾌청했다. 하늘은 맑고 물빛은 자연 그대로에 야자수는 빼죽하니 한가로웠다. 마침 오토바이를 타고 바닷가에 놀러 온 젊은이들이 있었다. 연휴라고 하나같이 바주 믈라유를 차려입었다. 나는 곧 비장의 무기를 몇 개 꺼냈다. "수다 마깐? 마깐 아빠? 띵갈 디 마나?" 밥은 먹었는지, 뭘 먹었는지, 어디에 사는지, 할 수 있는 말로 몇 마디 나누는 동안 어디선가 서너 명이 더 모여들었다. 그들이 나에게 물었다. "어디에서 왔니? 한국?" 어쩐지 한국 배우 누구인 줄 알았다는 거짓말에 호호 웃으면서 고맙다고 능청스레 대꾸했다. 사람들 인상이 밝았다. 일과 공부를 접은 연휴 첫날이고 새 옷까지 걸쳐서 그래 보였는지도 모른다. 우리를 반겨주는 그들의 눈엔 호기심과 부끄럼이 함께 깃들었다. 그들과 잠시 웃고 떠들다가 다시 차에 올랐다. 자동차 여행의 최대 강점은 언제든 멈춰서 구경할 수 있다는 점이다. 이 기능은 노점을 만났을 때도 효과적이다. 물론 대부분 가게는 연휴라서 문을 닫았다. 그래도 무얼 판다고 알리는 표지판만은 그대로였다. "산탄Santan? 저건 무슨 뜻이야?" 사전을 뒤지며, "어……. 산탄은 말이야, 코코넛 우유래." 이런! 코코넛 우유를 그렇게 좋아하면서 말레이어로 어떻게 말하는지 몰랐다니! 핑계지만 영어만 할 줄 알아도 살 수 있는 쿠알라룸푸르는 말레이어를 배우는 데 있어 독이다. 르망(대나무에 넣고 찐 찰밥)과 오딱오딱(어묵꼬치 구이), 자궁(옥수수), 부아낭까(잭푸룻) 등으로 다양하던 노점 표지판이 어느샌가 한 가지로 통일되었다. 끄로뽁. 어느새 뜨릉가누 주에 들어온 모양이었다. 말레이시아 어묵의 대표 명사인 끄로뽁은 특히 뜨릉가누 주에서 즐겨 먹는 간식이다.

쿠알라룸푸르에서 뜨릉가누의 주도 쿠알라뜨릉가누Kuala Terengganu로 가는 직선도로는 없다. 두 도시 사이에 있는 국립공원 따만느가라 서쪽을 돌아가거나, 넓은 고속도로가 뚫린 동부의 꽌딴Kuantan을 거쳐야 한다. 교통이 불편한 덕분에 외부 손길이 더딘 편이지만, 쿠알라뜨릉가누 시는 관광 개발에 힘을 쏟는다. 세계 유명 이슬람 건축물의 축소 모형을 옹기종기 모아서 이슬람 공원으로 꾸몄고, 시내 중심지 강가에는 번쩍이는 유리 모스크도 세웠으니 이름하여 크리스탈 모스크다. 강변 모래밭에는 플라스틱 나무를 줄지어 꼽고 현란한 색의 전구로 치장했으며, 모래밭을 확장하려고 강을 메꾸는 공사가 한창이었다. 연말이면 세계 요트 경주 대회인 몬순컵도 이 도시에서 열린다고 한다. 못생긴 바위라는 뜻을 가진 바뚜 부룩Batu Buruk 해변은 백사장이 꽤 넓지만 파도가 높은 탓인지 수영하는 사람들은 별로 없었다.

연휴 이틀째, 사람들은 전통 옷을 벗었다. 우리는 마막에 들러 카레에 로띠차나이를 찍어 먹으며 하루를 시작했다. 아직 연휴 기간이지만 혹시나 해서 빠양Payang 시장을 찾았다. 뜨릉가누 강가에 있는 2층짜리 시장 건물을 향해 걷는데, 지게에 바나나를 실은 짐꾼이 시장 모퉁이를 도는 게 보였다. 시장 문은 활짝 열렸다. 건물 위층은 바띡 천으로 만든 의류를 비롯한 갖가지 공예품을 팔고 일 층에서는 식품을 다룬다. 해산물과 채소, 과일, 소포장한 과자나 사탕류가 풍성한 가운데 끄로뽁이 가장 넓은 자리를 차지했고 양념한 고기를 말린 뒤 잘게 찢은 스룬딩Serunding 같은 지역 특산물도 눈에 띄었다. 비상식량으로 두꾸과 아쌈을 한가득 사두고 끄로뽁 한 봉지도 챙겨서 호수를 찾았다.

1985년에 발전소를 만들면서 생긴 끄니르호수Tasik Kenyir는 동남아에서 가장 큰 인공호다. 햇살 받은 호숫물이 짙은 옥빛을 반사했다. 호숫가에 뒤집어 놓은 배와 선착장을 칠한 페인트 색깔이 천연덕스럽게 자연과 어울렸다. 어떤 배는 민들레 꽃잎 색깔이고, 어떤 배는 하늘빛을 똑 닮았으며, 선착장 건물 지붕은 물에 젖은 황토색과 흡사했다. 통통배를 얻어타고 복잡한 물길을 따라 작은 섬들을 둘러보고 싶었다. 하지만 풍경을 즐길 만큼 마음이 한가롭지 않았다. 라라가 땅바닥에 풀썩 주저앉아 손으로 머리를 싸맸다. 자동차 연료가 바닥났기 때문이다. 호숫가 근처에 주유소가 있길 기대했는데, 문 닫은 구멍가게조차 없었다. 나는 설마 도로에 주저앉겠느냐며 안일했지만 라라는 안절부절못했다. 라라가 옛이야기를 꺼냈다.

"면허 따고 처음으로 혼자서 운전한 날이었어. 기름이 똑 떨어지는 것도 모르고 신나게 운전하다가 차가 멈춰버린 거야. 그때 아빠가 기름을 갖고 오실 때까지 나 때문에 도로가 꽉 막혀버렸잖아. 다시 생각해도 치가 떨려."

나는 그제야 차가 기름으로 움직인다는 생각은 까맣게 잊고 간식거리만 챙긴 게 미안해졌다. 나의 천사를 곤란에 빠뜨릴 순 없었다. 내가 말했다.

"내가 아까 오던 길에 봤는데, 어떤 집에서 누런 액체가 든 병을 파는 것 같았어. 자세히는 못 봤지만, 거기서 어떻게든 해결해보자."

정말 다행히도 그 집에서 파는 액체는 차가 먹는 기름이었다. 우리는 기름 파는 할아버지 도움을 받아 손으로 주유하고, 한 방울

씩 휘발되는 기름을 느끼며 엉금엉금 기어서 시내로 되돌아 왔다.

이튿날 아침 우리는 차에 연료가 꽉 찬 것을 여러 차례 확인한 뒤 꽌딴으로 향했다. 비슷한 해변이 펼쳐졌지만, 그 맑음을 눈에 담는 일은 지루하지 않았다. 한 바닷가에서 소풍 나온 아주머니 두 분과 꼬마 넷을 만났다. 이름과 먹거리를 넘어서 대화를 하려니 의사소통이 쉽지 않았지만, 아이들이 있어 웃지 않을 수 없었다. 가장 어린 꼬마는 새 앞니가 나길 기다리고 있었다. 아이가 고사리손으로 입을 가리며 "나는 이빨이 없어요." 하고 배시시 웃었다. "띠아다 기기Tiada Gigi." 나는 꼬마의 말을 되풀이했다. 어른이 자기 말을 그대로 따라 하는 것이 말 배우는 아기 같아서 우스웠나 보다. 까르르하는 아이들에 물들어 어른들도 주름살 잡히게 웃어 젖혔다. 뱃속 깊은 곳에서 우러나온 웃음이었다. 항상 이렇게 웃을 수 있으면 얼마나 좋을까. 언젠가 엄마에게 물은 적이 있다.

"요즘 김치도 마다하고 수로랑 비슷하게 먹는데 왜 내 거랑 다르게 수로 것은 황금색이지?"

네 살 된 조카의 대변 색깔이 하도 예뻐서 억울한 척 말했더니, 엄마는 바로 해답을 주었다.

"쟤는 우스우면 웃고 속상하면 화내고 슬플 때 울어버려서 속에 남기는 게 없으니 똥색도 좋은 거야."

아, 숨길 것도 남길 것도 없어 아이구나! 바닷가에 앉아 있던 우리 사이로 아이들의 웃음소리가 퍼졌다. 따뜻한 공기 속으로 끄로뽁 냄새가 스며들었고, 끄로뽁을 탐하던 남자아이와 그의 누이들은 빙글빙글 몸을 흔들었다. 아이들 발에 밟힌 모래는 사각사각했고, 바짝 살균된 대기로 내 머리카락이 마구 흩어졌다. 기우뚱한 야자수가 하늘에 머리를 기대고 해에게 속삭였다. 오늘은 좀 천천히 가자고.

 라라와 나는 그 해변에서 먼저 떠났다. 헤어질 때 앞니 빠진 꼬마는 내 손등에 입을 맞추며 "살람Salam!"이라고 말했다. 나는 그 말이 무슨 뜻인지 몰랐지만, 아이가 나의 안녕을 빈다는 걸 알 수 있었다. 서로의 말을 할 줄 몰라도 그때 아이와 나는 서로의 마음에 다녀갔다고, 나는 생각했다. 다시 남쪽으로 차를 몰았다. 십오 분쯤 달렸을까? 신호가 바뀌길 기다리는데 옆에 멈춰 선 차가 경적을 울렸다. 하! 소풍 나왔던 그 가족이었다. 바닷가에서의 만남이 상쾌하고 다시 만난 사실이 짜릿하여 눈꼬리가 찔끔했다. 아주머니가 말했다.

 "우린 이 마을에 살아요. 이제 집에 가서 저녁 먹으려고요."

 오라거나 가도 되냐는 말은 아무도 하지 않았다. 하지만 함께 가도 되냐고 물으면, 어서 가자고 할 것만 같았다. '오늘 밤 숙소 예약한 거쯤 상관없잖아? 저 사람들 따라가 보자!' 하는 라라의 마음을 알면서도 나는 다음 목적지인 꽌딴으로 재촉했다. 꽌딴에 도착하고 라라가 밤 풍경을 보러 나간 사이, 나는 정리할 게 있다며 여관에 남아서 자판을 두드렸다. 왜 그렇게 조급했을까? 그로부터 두 해가 지난 뒤에도 여전히 비슷한 문제로 고민할 줄 알았다면, 나는 그날 밤 라라를 따라나섰을까? 이제 더는 라라와 함께 말레이시아의 밤거리를 누빌 수 없다. 국경을 넘어 태국 땅을 밟지 않은 게 못내 아쉽고, 우연히 다시 만났던 그 가족과 조금 더 시간을 보내지 않은 것도 두고두고 마음에 남는다.

뜨릉가누 주의 어느 해안가에서 라라와 나는 서로에게 물었다.

"넌 여기에서 살 수 있을 것 같아?"

"글쎄, 잘 모르겠어."

우리 중 누구도 그러고 싶다고 대뜸 말하지 못했다.

"아까 그 배들 봤지? 촌스러워 보이는 알록달록한 색을 바다에 띄우니 어쩐지 말레이시아다우면서 보기 좋은 거. 그런데 내가 그 풍경에 잘 어울릴지 모르겠어. 뭔가 망치고 싶지 않아. 깊이 들어갈 수는 없을 것 같아."

"음……. 쿠알라룸푸르에 살면서 가끔 이 해변에 오는 게 어때?"

"그래. 그게 좋겠다. 아무래도 도시에 너무 오래 살았나 봐."

끌란딴과 뜨릉가누. 이 두 단어를 읊으면 따사로운 햇살과 청정한 날씨에 조용하고 깨끗한 해변이 떠오른다. 그리고 그런 바닷가에는 두어 시간씩 한자리에 앉아있어도 불안해하지 않는 사람들이 산다. 이곳은 아직 싱싱한 자연과 햇살이 어울려 눈부신, 목젖을 울리며 껄껄 웃어도 괜찮은 땅이다.

닫는 글

 먼저 맥없는 머리를 딴다. 희끗한 살갗을 엄지손톱으로 눌러 등을 가르고 내장을 발라낸다. 반으로 갈려 뼈가 댕강댕강 달린 놈을 동지 무덤에 던진다. 이른바 멸치 똥 따기. 손질된 멸치 두어 줌 쥐어 프라이팬 위에 놓고 구우면 수분이 빠지고 비린내가 달아난다. 바짝 마른 멸치를 주워 먹으면서 팬 위에 들기름을 두른다. 웬만큼 달궈진 팬에 꿀을 쪼록 따르자 기름과 꿀이 자르르 끓는다. 여기에 채 썬 고추를 던져 넣고 매운 냄새가 올라오면 불을 끈 다음, 한쪽에 치워둔 구운 멸치를 쏟는다. 뜨거운 기름옷을 입자 멸치는 꼬독꼬독 윤을 낸다. 엄마가 하는 대로 멸치 반찬을 만들어 보았는데 맛이 아주 좋다.

 말레이시아에서도 마른 멸치를 구하기 쉽다. 남해 멸치만큼 잘 생기진 않아도 종류가 다양하고 맛도 조금씩 달라 가게 주인 눈치 보며 집어먹는 재미가 쏠쏠하다. 그런데 부모님은 손 번거로운 멸치를 굳이 챙겨준다. 그 멸치가 내 입에 닿기까지 어떤 과정을 거쳤던가? 두 분이 저녁 식사를 끝낸 뒤 방바닥에 앉아서 텔레비전 소리를 들으며 몇 시간이고 걸려 손질한, 한참 만에 일어나려니 절로 터지는 신음을 '어이, 다했다!'는 말로 가리고, 허리며 무릎이며 죄다 말라버린 몸을 제대로 펴지 못한 채 어기적 걸어서 부엌 찬장에 잘 보관해 두었다가 내게 날아 온 멸치다. 사실 멸치라고 다 좋아했던 건 아니다. 어릴 땐 씹을 거리도 없는 잔 멸치만 찾았고 얼마 전까지 물에 빠진 멸치는 먹지 않았다. 국물에 감칠맛을 내어준 공을 살 만도 한 데, 불대로 불어버린 몸통에 젓가락이 닿는 것조차 께름했다. 그런데 말레이시아에서 지내면서 국물에 빠진 멸치를 먹기 시작했다. 젓가락으로 통통 불은 멸치를 집고 내리사랑을 받들 듯 쳐다본다. 두 분의 젖과 시간을 쪽쪽 빨아 마시고 이만큼 커버린 나는 지느러미 하나 버리지 않는 게 면죄부라도 되듯이 멸치를 꼭꼭 씹어 넘긴다.

내가 말레이시아에 있는 동안 나의 주변인들은 내가 떠나온 곳에서 여전히 일상을 이어갔다. 떠나는 것보다 같은 자리에 남는 게 더 어려웠던 나는 그들을 우러러보게 되었다. 자기 삶을 일구는 친구들, 가정을 지키는 형부들과 올케, 가족을 위해 응원을 아끼지 않는 언니들과 동생, 자식 다섯을 낳고 생긴 구멍마다 헌신이라는 마르지 않는 샘을 심은 엄마, 지금을 위해 무수한 것을 치렀을 아버지. 몇천 년 동안 인류가 그랬던 것처럼 작은 우주를 키우는 그들의 묵묵한 강인함을 존경한다. 곁에 두고 살 비비지 못하는 시간이 아쉽고 한달음에 오지 못할 거리가 두렵지만 그래도 떠난다. 나는 왜 떠나는 것일까?

'지난 겨울에 갔었죠.' 혹은 '올해 봄이었어요.' 같은 표현을 말레이시아 사람들은 선뜻 이해하지 못한다. 강수량에 차이가 있을 뿐 연중 날씨가 따뜻하기 때문이다. 여행이 아니었다면 생활이나 습관의 차이를 발견하는 이런 묘미를 몰랐을 것이다. 나는 생경한 건물이나 이해할 수 없는 언어, 색다른 관습에 둘러싸여 뇌가 자극받는 느낌이 좋다. 세상의 이런저런 다름을 차곡차곡 내 안에 쌓는 것이 여행을 계속하도록 나를 이끄는 힘이다. 어디여도 괜찮다. 어느 곳이나 의미가 있다. 그 뜻을 찾아내는 것은 자신의 몫이다. 나의 경험은 오직 나의 것일 뿐이다. 그리고 이 책은 말레이시아 전부가 아니다. 내가 아무리 말레이시아를 미화해도 빈부 격차 문제나 날로 증가하는 범죄율을 감출 순 없다. 말레이시아인들은 공문서에 종교와 민족을 적어야 할 때마다 차별을 생각할 테고, 일자리를 찾아서 이곳에 온 어떤 이들은 이 나라에 대해 나와 생각이 다를지도 모른다. 나는 내 경험에 말레이시아를 가둬두지 않겠다. 더 많은 곳을 두루 살펴보고 다양한 사례와 다른 생각을 담을 여지를 둘 것이다.

크리스탈은 장학생이 되어 핀란드로 떠난 뒤 근래에는 북유럽 언어까지 넘보고 있다. 작은 마을에 어떻게 살겠니, 하고 맞장구쳤던 라라는 카페 하나 없는 시골 마을에 정착했다. 병아리콩알은 민화 그리기에 빠졌다. 찬란한 색으로 덮인 그녀의 화판을 사람들은 동남아답다고 말한다. 지금 여기는 눈이 내린다. 케이엘센트럴에서 함께 방황했던 고양이가 내 허벅지에 앉아 온기를 나누고 있다. 곧 고양이 주인인 폴이 돌아올 시간이다. 오늘은 멸치 우린 뜨끈한 국물에 국수를 말아 주어야지.

2016년 1월 폴란드 바르샤바에서.

* 책을 쓰고 만드는 데 조언 주신 김성연 김성희 김종훈 송주이 안정섭 옥나영 유미경 이선희 이수정 이승연 이은환 정소영 허민 Ann Anne Chrystal Feia Zarina 그리고 Scott님께 깊이 감사드립니다.

* 이 책의 일부 서체는 네이버 나눔글꼴과 KoPub돋움체, 윤디자인 김남윤체를 사용했습니다.

* 표지와 지도 삽화는 Chrystal Giamchrystalgiam@gmail.com님의 작품입니다.

참고문헌

주요 참고 도서 및 자료

박종현, 『누구나 친구가 될 수 있는 나라, 말레이시아』, 즐거운상상, 2011.
신윤환, 『동남아문화 산책』, ㈜창비, 2008.
양승윤 외, 『말레이시아』, 한국외국어대학교 출판부, 2012년.
Wikipedia, Google Map, 네이버 국어/영어/인도네시아어 사전

본문 주 (괄호 안 날짜는 인터넷 자료 검색일)

1. Wikipedia, "Kuala Lumpur"/"Klang War"/"Yap Ah Loy". (2015.9.15)
2. 이진홍, 『여행이야기』, 살림, 2004.
3. 김정미, "인물 세계사:바스코 다가마", 네이버캐스트, 2011.5.18.
   이진홍, 앞의 책.
   이매진피스 임영신·이혜영, 『공정여행 가이드북 희망을 여행하라』, 소나무, 2009, 286-291쪽.
4. 아저씨들이 모르는 사실이 있었는데, 시청에서 주관하는 문화유산 걷기 여행에 참가하면 가슴 팍에 방문자 딱지를 붙이고 로얄슬랑오르 클럽에 당당히 들어갈 수 있다. www.visitkl.gov.my
5. 신윤환, 『동남아문화 산책』, ㈜창비, 2008, 73쪽.
6. 이영진, "라마야나 공동체로 가는 길", 서울신문 2014.12.9. 31면.
7. 강식, 『동남아시아의 도시화 동향 및 전망』, 경기개발연구원, 2014, 12쪽.
8. Wikipedia, "Malaysian Chinese" History/"Malaysian Indian" History. (2015.9.15)
9. Wikipedia, "Demographics of Malaysia" Ethnicity. (2015.9.15)
10. 양승윤 외, 『말레이시아』, 한국외국어대학교 출판부, 2012년.
11. 제인 구달, 박순영 옮김, 『희망의 이유』, 궁리출판, 2003, 168-177쪽.
12. J.Krishnamurti Online 누리집, The depths of violence 중 "When you call yourself an Indian or a Muslim or a Christian or an European, or anything else, you are being violent. Do you know why it is violent? Because you are separating yourself from the rest of mankind." 발췌하여 요약 인용. www.jkrishnamurti.org/krishnamurti-teachings/view-daily-quote/20131017.php (2015.9.15)
13. 나태주 시·윤문영 그림 외, 『풀꽃』, 계수나무, 2014.
14. Central Market Kuala Lumpur 누리집. http://centralmarket.com.my/about.php
15. 로버트고든, 유지연 옮김, 『인류학자처럼 여행하기』, 도서출판 펜타그램, 2014, 41쪽 재인용.
16. Wikipedia, "Demographics of Malaysia" Ethnicity. (2015.9.16)
17. Annalakshmi Singapore 누리집에서 인용. "Eat what you want, give what you feel, we believe in you, we trust you." http://www.annalakshmi.com.sg/?page_id=90 (2015.9.16)

18. Tourism Malaysia 누리집, "Little India Brickfields". www.tourism.gov.my
19. 신윤환, 앞의 책, 61-66쪽 인용.
20. 1970년 조사에 따르면 주식 시장의 지분 27%를 중국인이 소유했으나, 말레이인이 차지한 비율은 2.4%에 불과했다. James Chin, "The Costs of Malay Supremacy", 『The New York Times』, 2015.8.27.
21. Martin Vengadesan, "May 13, 1969: Truth and reconciliation", 『The Star Online』, 2008.5.11.
22. 박지원, 「말레이시아의 민족문제」, 『한국민족연구논집』 9, 2002, 167쪽.
23. 양승윤 외, 앞의 책, 제3장 중 '루꾸느가라의 등장' 참고.
24. YouTube, "Yasmin Ahmad Commercials" 참고. https://www.youtube.com
25. Amir Muhammad, "A Dreamer's Dreamer: Yasmin Ahmad(1958-2009)", 『Aquila Style』, 2012.4.13.
26. Amir Muhammad, 앞의 글.
27. 인구와 종교 통계는 Department of Statistics Malaysia 누리집 CENSUS e-ATALS 참고. http://statistics.gov.my/censusatlas/index.php(2015.11.11)
28. CIA The World Factbook, "Indonesia" People and Society. https://www.cia.gov/index.html(2015.9.21)
29. Wikipedia, "Malaysian New Economic" Criticism.(2015.9.22)
30. Anisah Shukry, "Do away with Bumiputera agenda, prominent economist tells Putrajaya", 『The Malaysian Insider』, 2015.1.2.
31. Petronas Twin Towers 누리집. http://petronastwintowers.com.my/
32. Alain Robert 공식 누리집. http://alainrobert.com/
33. 박종현, 『이슬람 경제의 새로운 메카 말레이시아』, 미래에셋투자교육연구소, 2007, 49쪽.
34. 박지원, 앞의 논문, 172-174쪽.
35. 장하준, 이순희 옮김, 『나쁜 사마리아인들』, 도서출판 부키, 2007, 58-66쪽.
36. 박종현, 『누구나 친구가 될 수 있는 나라, 말레이시아』, 즐거운상상, 2011, 163쪽 재인용.
37. 마하티르 모하맛 총리에 대한 자세한 이야기는 다음 책을 참고.
톰 플레이트, 박세연 옮김, 『마하티르와의 대화』, ㈜알에이치코리아, 2013, 242-255쪽.
38. 양승윤 외, 앞의 책, 제6장 중 '세계화와 마하티르의 도전' 참고.
39. 양승윤 외, 앞의 책, 제6장 중 '세계화와 마하티르의 도전' 참고.
40. James Chin, "The Costs of Malay Supremacy", The New York Times, 2015.8.27.
41. 세계관광기구, 『UNWTO Tourism Highlights』, 2013, p.6. http://www.e-unwto.org/doi/pdf/10.18111/9789284415427

42. 박종현, 앞의 책, 2011. 22-23쪽 참고하여 말레이시아 관광청의 2012년 통계 기록을 적용했다. 말레이시아 인구는 2010년에 2,833만 명(말레이시아 통계청)이었고, 2015년 7월에 3,051만 명(CIA The World Factbook)이었다. 말레이시아 입국 관광객 수는 2012년 이후 2,500만 명 이상을 유지하고 있다. http://mytourismdata.tourism.gov.my/
43. 통계청 국가통계포털. http://kosis.kr/
44. 해외 생활 정보 잡지인 인터내셔널리빙은 은퇴 이민자의 의견을 바탕으로 매년 '은퇴 후 살고 싶은 나라'를 꼽아 발표한다. 이 목록에서 말레이시아는 꾸준히 상위권을 차지한다. 2015년의 경우 중남미의 에콰도르, 파나마, 멕시코, 코스타리카 사이를 비집고 말레이시아가 네 번째에 올랐다. "The World's Best Places To Retire In 2015", 『International Living』, 2015.1.1.
45. Ministry of Home Affairs. http://www.epu.gov.my/documents/10124/583e0ef9-3607-42ea-8f08-2c265c373aba
    The World Bank, "Malaysia Economic Monitor, December 2015-Immigrant Labor". http://www.worldbank.org/en/country/malaysia/publication/malaysia-economic-monitor-december-2015-immigrant-labour
    International Labour Organization. http://www.ilo.org/wcmsp5/groups/public/---asia/---ro-bangkok/documents/publication/wcms_496923.pdf
46. Ministry of Home Affairs, 위 주소 참고.
47. "Malaysia has one of highest proportions of international students pursuing higher education", 『The Sun Daily』, 2015.1.29.
48. 말레이시아 포뮬러 원은 2015년까지 매년 3월에 개최되었으나, 2016년에는 10월에 진행되었고 2017년에는 9월 개최 예정이다.
49. Victor T. King, 『Culture Smart! Malaysia』, Kuperard: London, 2008, pp.30-34.
50. BBC, "1957: Malaya celebrates independence", ON THIS DAY. http://news.bbc.co.uk/onthisday/hi/dates/stories/august/31/newsid_3534000/3534340.stm
51. 양승윤 외, 앞의 책, 제2장 중 '다종족 사회의 독립 투쟁' 참고.
52. 하이디 무난, 정미훈 옮김, 『Curious 말레이시아』, 휘슬러, 2005, 43쪽.
53. 축산업과 낙농업이 초래하는 전지구적 피해에 대한 기록 영화 〈Cowspiracy〉 홈페이지 참고. cowspiracy.com
54. Michael Lipka and Conrad Hackett, "Why Muslims are the world's fastest growing religious group", Pew Research Center, 2017.4.6. http://www.pewresearch.org/fact-tank/2017/04/06/why-muslims-are-the-worlds-fastest-growing-religious-group/(2018.4.19)
55. Evangelia Komitopoulou, Recent facts on the global halal market and the role of halal certification, SGS News Center, 2015.11.23. www.sgs.com/en/

news/2015/11/recent-facts-on-the-global-halal-market-and-the-role-of-halal-certification(2016.5.26)
56. 각 전통 옷 특징은 Tourism Malaysia, Traditional Attire 참고함.
57. 신윤환, 앞의 책, 56-57쪽.
58. 엄익란, 『무슬림 마음속에는 무엇이 있을까?』, 한울, 2009, 178-179쪽.
59. 엄익란, 위의 책, 178-179쪽.
60. 신윤환, 앞의 책, 96-102쪽. 동남아 여성의 지위에 대한 더 많은 이야기는 같은 책 113-121쪽 참고.
61. 박종현, 앞의 책, 2011, 157-158쪽. 장하준, 앞의 책, 290쪽.
62. 신윤환, 앞의 책, 60쪽.
63. Wikipedia, "Batik" Culture-Malaysia. (2015.11.27)
64. 신윤환, 앞의 책, 85-86쪽 참고하여 2013년 The World Bank 발표 인도네시아 인구수 적용. Wikipedia "Malay Language" 항목에 따르면 전세계 말레이어 사용 인구는 약 2억7천만 명이다.
65. 신윤환, 앞의 책, 83-85쪽 인용. 말레이어에 대한 더 자세한 이야기는 같은 책 74-87쪽 참고.
66. Wikipedia, "Peranakan" History. (2015.07.13)
67. Wikipedia, "Laksa" Etymology. (2015.07.17)
68. Wikipedia, "Laksa" Etymology. (2015.07.17)
69. 커리락사 요리법은 Rasa Malaysia 참고. http://rasamalaysia.com/ (2015.07.17)
70. 아쌈락사 요리법은 Penang Tourism 참고. http://www.visitpenang.gov.my/download2/2013-foodtrail.pdf (2015.07.17)
71. Bonny Tan, "Mee Rebus", Singapore Infopedia. http://eresources.nlb.gov.sg/infopedia/ (2015.07.17)
72. 미르부스 요리법 "The Story Beind Mee Rebus", All About Food Heritage in Malaysia, 2014.6.12. http://welovemalaysianfood.blogspot.com/2014/06/the-story-behind-mee-rebus.html (2015.07.17)
73. 굴라믈라까 만드는 법은 Nonya Cooking 누리집 참고. http://nonya-cooking.webs-sg.com/gula_melaka.html (2015.07.20)
74. Wikipedia, "Otak-otak" Composition. (2015.07.18)
75. Wikipedia, "Kuih". (2015.07.18)
76. Iqbaal Wazir, "Why Mamak Stalls Are So Special In Malaysia?", 『Malaysian Digest』, 2014.9.5.
77. Iqbaal Wazir, 앞의 글.
78. Wikipedia, "Roti Canai" Etymology. (2015.07.20)

79. Wikipedia, "Chapati" Cooking. (2015.07.21)
80. Simple Indian Recipes, "Dosa". http://simpleindianrecipes.com/ (2015.07.21)
81. Simple Indian Recipes, "Fluffy And Soft Idli Recipe"/"Sambar"/"Chutney Varieties". (2015.07.21)
82. Wikipedia, "Papadum". (2015.07.21)
83. Wikipedia, "Vada". (2015.07.21)
84. Wikipedia, "Mutarbak" History. (2015.07.22)
85. Euromonitor International. www.euromonitor.com/noodles-in-malaysia/report (2015.08.11)
86. Simple Indian Recipes, "Chicken Biryani". (2015.07.21)
87. Ancient Organics. http://www.ancientorganics.com/about-our-ghee/ (2015.07.21)
88. THATfirst. http://www.that-first.com/show/article/thali-understanding-the-system-behind-indian-cooking/ (2015.08.21)
89. Pelita Restaurant 누리집. http://www.pelita.com.my/p_ourstory.html
90. Suchitthra Vasu, "Satay", Singapore Infopedia, 위 주소 참고. (2015.08.11)
91. Wikipedia, "Satay". (2015.08.11)
92. Tourism Malaysia. http://www.malaysia.travel/en/intl/experiences/a-taste-of-malaysia#page2 (2015.08.14)
93. Bonny Tan, "Rojak", Singapore Infopedia, 위 주소 참고. (2015.08.30)
94. 쁘따이 효능은 Aida Ahmad, "Wonder Beans", 『The Star Online』, 2010.11.07. 참고.
95. Wikipedia, "Nasi goreng" History. (2015.08.13)
96. Sjaiful A., "Sup Ekor", FriedChillies Food Network, 2012.10.15. www.friedchillies.com/recipes/detail/sup-ekor (2015.08.13)
97. Penang Tourism, Penang Street Food 인쇄물. http://visitpenang.gov.my/download2/2013-foodtrail.pdf (2015.08.14)
98. Tourism Malaysia, 위 주소 참고. (2015.08.14)
99. YourSingapor, "Fried Carrot Cake". http://www.yoursingapore.com/dining-drinks-singapore/local-dishes/carrot-cake.html (2015.08.14)
100. Wikipedia, "Rice Noodle Roll". (2015.08.16)
101. Folktales from Malaysia. http://jennysoyieng.blogspot.com/2011/01/folktales-from-malaysia.html (2015.08.30)
102. Wikipedia, "Coconut" Uses. (2015.08.30)
103. 이상 코코넛 나무 활용은 Wikipedia, "Coconut" Uses 참고. (2015.08.30)

104. 건강 관련 누리집 Mercola.com의 Food Facts, "What Are Mangosteens Good For?". http://foodfacts.mercola.com/indexpage.html(2015.08.31)
105. California Rare Fruit Growers, Fruit Facts, "Jackfruit". http://crfg.org/pubs/frtfacts.html(2015.08.31)
106. USDA 영양소 정보 검색 서비스 https://ndb.nal.usda.gov/ndb/foods(2015.08.31)
107. Suzanne Goldenberg, "Jackfruit heralded as miracle food crop", 『The Guardian』, 2014.4.23.
108. "Durians: 8 Myths and Facts about the King of Fruits". http://www.healthxchange.com.sg/healthyliving/DietandNutrition/Pages/durian-myths-truth-alcohol-cholesterol.aspx(2015.09.03)
109. Naidu Ratnala Thulaja, Nor-Afidah Abd Rahman, "Dragon Fruit", Singapore Infopedia, 위 주소 참고. (2015.09.02)
110. Food Facts, "What Is Dragon Fruit Good For?", 이하 위 주소 참고. (2015.09.02)
111. Wikipedia, "Mango" Cultural significance. (2015.09.02)
112. Food Facts, "What Is Star Fruit Good For?". (2015.09.02)
113. Wikipedia, "Carambola" Health-Risks. (2015.09.03)
114. Wikipedia, "Sugar-apple" Nutrition and uses. (2015.09.03)
115. Food Fact, "What Are Guavas Good For?". (2015.09.03)
116. Wikipedia, "Salak". (2015.09.03)
117. Food Facts, "What is Tamarind Good For?". (2015.09.04)
118. Wikipedia, "Tamarind". (2015.09.04)
119. Wikipedia, "Klang Gates Quartz Ridge". (2016.05.15)
120. Rainforest Journal. http://www.rainforestjournal.com/a-walk-through-the-bukit-nanas-forest-reserve/(2016.6.22)
121. Vijenthi Nair, "Bukit Nanas secret tunnel found", The Star Online, 2015.1.19. (2015.10.13)
122. Wikipedia, "Lord Murugan Statue". (2016.05.22)
123. http://www.pulauketam.com/v3/about/populate/(2016.03.10)
124. Wikipedia, "Hang Tuah". (2016.06.23)
125. Saifullizan Yahaya, 정영림 감수, "항 뚜아 이야기", 〈네이버 지식백과 낯선 문학 가깝게 보기: 말레이시아문학〉, 2013. http://terms.naver.com/entry.nhn?docId=2114839&contentsParamInfo=isList%3Dtrue%26navCategoryId%3D50864&cid=41773&categoryId=50864(2016.06.23)
126. UNESCO World Heritage Centre http://whc.unesco.org/en/list/1223/(2015.10.11)

127. Wikipedia, "Penang" Demographics. (2016.09.09)
128. Global Geoparks Network. http://www.globalgeopark.org/aboutggn/list/malaysia/6489.htm(2015.11.16)
129. Himanshu Bhatt, Langkawi risks losing Geopark status after Unesco 'Yellow Card', The Malaysian Insider, 2014.7.15.
130. Jim Thompson House 누리집. http://www.jimthompsonhouse.com/
131. 습지와 이탄지에 대한 전반적인 이해는 Wetlands International과 The Central Kalimantan Peatland Project 누리집을 참고함. https://www.wetlands.org/ http://ckpp.wetlands.org/
132. 국립습지센터 http://wetland.go.kr/information/marshyValue.do
133. Alex Kaat, Hans Joosten, "Fact book for UNFCCC policies on peat carbon emissions", Wetlands International, 2009. https://www.wetlands.org/publications/(2015.09.05)
134. Shiv Someshwar, Rizaldi Boer, Esther Conrad, "Managing Peatland Fire Risk in Central Kalimantan, Indonesia", World Resources Report, p.5. http://www.wri.org/sites/default/files/uploads/wrr_case_study_managing_peatland_fire_risk_indonesia.pdf
135. S. Someshwar, 앞의 글, p.5 재인용.
136. Jack Rieley, "Kalimantan's peatland disaster", 『Inside Indonesia 65』, Jan-Mar 2001.
137. World Wildlife Fund 누리집에서 재인용. http://www.worldwildlife.org/ecoregions/im0104(2015.09.25)
138. S. Someshwar, p.1 재인용.
139. 안영인, "온난화 부추기는 산불-산불 부추기는 온난화", SBS뉴스, 2014.8.20, 재인용. (Swarup China, Claudio Mazzoleni, Kyle Gorkowski, Allison C. Aiken, Manvendra K. Dubey, "Morphology and mixing state of individual freshly emitted wildfire carbonaceous particles". 『Nature Communication』 4, 2013.)
140. 이상 강의 내용은 김종철, 「성장시대의 종언」, 『녹색평론』 125(2012년7-8월), 녹색평론사, pp.2-32에서 참고 및 인용. http://www.greenreview.co.kr/archive/125KimJongchul.htm(기후 변화와 자본주의에 대한 더 깊은 이해는, 기술 신봉과 자본주의 사회가 초래한 현재, 그리고 우리의 미래를 바꿀 대안을 다룬 나오미 클라인의 책 『이것이 모든 것을 바꾼다』 참고.)
141. 강선임, "'약방에 감초' 되버린 팜유-열대우림 훼손 가속시켜", 녹색소비자연대, 2014.2.12. http://www.gcn.or.kr/community/issue_photo_view.php?page=1&pk_seq=56768&sc_cond=title&sc_board_seq=13&sc_week_flag=2(2015.09.21)
142. Greenpeace 누리집. http://greenpeace.org.uk/forests/palm-oil(2015.09.21)

143. The Central Kalimantan Peatland Project. http://ckpp.wetlands.org/Peatswampforest/Factsfiguresofpeatlanddegradation/tabid/854/language/en-US/Default.aspx(2015.09.12)
144. Greenpeace, FAQ: Palm oil, forests and climate change. http://greenpeace.org.uk/forests/faq-palm-oil-forests-and-climate-change(2015.09.21)
145. Wikipedia, "East Malaysia" Physical geography/Population.(2015.11.12)
146. 양승윤 외, 앞의 책, 제3장 중 '연방정부와 주정부' 참고.
147. "Foreigners make up 58% of Sabah prison inmates", 『The Star Online』, 2015.3.19.
148. Kanul Gindol, "'Localised' illegal immigrants helping 'foreign' relatives in Sabah", 『The Ant Daily』, 2014.6.1.
149. Wikipedia, "Sabah" History-southern Philippines Moro refugees problems and terrorism threat.(2015.11.12)
150. Tourism Malaysia, About-Culture & Heritage-People, 위 주소 참고.
151. Department of Statistics Malaysia. 위 주소 참고.
152. Syed Jaymal Zahiid, "Mahathir rejects Sabah RCI plan", 『Free Malaysia Today』, 2012.8.10.
153. Ramli Dollah and Jong-Eop Kim, "Immigrants and the National Security: A study of Philippines' territorial claim to Sabah, Malaysia", 『사회과학논집』 제41집 1호, 2010년 봄, pp.106-108.
154. Wikipedia, "Project IC".(2015.11.12)
155. Akil Yunus, "RCI report: Corrupt officials, syndicates blamed for alleged 'Project IC'", 『The Star Online』, 2014.12.3.
156. "Corrupt officials, syndicates behind Sabah's Project IC, no names revealed", 『Malaysian Insider』, 2014.12.3.
157. Department of Statistics Malaysia. 위 주소 참고.
158. Tourism Malaysia, Places-States of Malaysia-Sabah/Sarawak, 위 주소 참고.
159. UNESCO World Heritage Centre, World Heritage List-Kinabalu Park. http://whc.unesco.org/en/list/1012/(2015.11.16)